Tomar el control del TDAH
en la edad adulta

Russell A. Barkley

con la colaboración de
Christine M. Benton

Tomar el control del TDAH en la edad adulta

Octaedro

Colección Con vivencias

23. *Tomar el control del TDAH en la edad adulta*

Autores: Russell A. Barkley, con la colaboración de Christine M. Benton

Título original: *Taking Charge of Adult ADHD*, The Guilford Press, 2010

Traducción al castellano: Manuel León Urrutia

Revisión de la traducción: Beatriz Vega López

Dirección médica: J. Antoni Ramos-Quiroga. (Coordinador del Programa de TDAH del Hospital Universitari Vall d'Hebron. Investigador del CIBERSAM. Profesor asociado de la Universitat Autònoma de Barcelona.)

Primera edición: mayo de 2013

© 2010 The Guilford Press

© De esta edición:
Ediciones OCTAEDRO, S.L.
Bailén, 5, pral. - 08010 Barcelona
Tel.: 93 246 40 02 - Fax: 93 231 18 68
www.octaedro.com - octaedro@octaedro.com

Cualquier forma de reproducción, distribución, comunicación pública o transformación de esta obra solo puede ser realizada con la autorización de sus titulares, salvo excepción prevista por la ley. Diríjase a CEDRO (Centro Español de Derechos Reprográficos, www.cedro.org) si necesita fotocopiar o escanear algún fragmento de esta obra

ISBN: 978-84-9921-381-1
Depósito legal: B. 12.035-2013

Cubierta:Tomàs Capdevila
Diseño y producción: Editorial Octaedro

Impresión: Ulzama

Impreso en España - *Printed in Spain*

A mi nuevo nieto, Liam Stephen Barkley, un nuevo destello de luz y amor en mi vida.

SUMARIO

Agradecimientos 11

Introducción 13

PRIMER PASO: PARA EMPEZAR, EVALÚESE 15

1. ¿Es posible que padezca TDAH? 17
2. ¿Es capaz de sobrellevar los problemas sin ayuda? 25
3. ¿A quién puede acudir en busca de ayuda? 29
4. ¿Qué necesita para el análisis? 32
5. ¿Qué le dirá el análisis? 37

SEGUNDO PASO: CAMBIE DE ACTITUD 50

6. Conozca su TDAH 52
7. Resistir a los impulsos, el primer paso hacia el autocontrol 63
8. Autocontrol: cómo conseguir lo que quiere 69
9. Las funciones ejecutivas: las habilidades que conforman el autocontrol… y otras cosas 75
10. La naturaleza del TDAH y cómo dominarlo 96
11. Reconozca su TDAH 100

TERCER PASO: INTRODUZCA CAMBIOS EN SU CEREBRO 111

12. ¿Por qué tiene sentido probar la medicación? 113
13. Los estimulantes 121
14. Los no estimulantes 134
15. ¿Qué puede esperar del tratamiento? 140

CUARTO PASO: CAMBIE DE VIDA 149

16. Regla 1: ¡Deténgase! 151
17. Regla 2: Vea el pasado… y después, el futuro 155
18. Regla 3: Hable del pasado… y después del futuro 158
19. Regla 4: Exteriorice la información más importante 162
20. Regla 5: Sienta el futuro 167
21. Regla 6: Divida su tarea… y haga que cada paso cuente 172
22. Regla 7: Exteriorice, materialice y manipule los problemas 177
23. Regla 8: ¡Tenga sentido del humor! 182

QUINTO PASO: CAMBIE DE SITUACIÓN 185

24. La educación 187
25. El trabajo 198
26. El dinero 211
27. Las relaciones con las personas 219
28. Un peligro al volante y para su propia salud (los malos hábitos) 229
29. Otros problemas mentales y emocionales 242
30. Drogas y delitos 248

Apéndice: Análisis pormenorizado de los síntomas del TDAH 255

Recursos 263

Sobre los autores 279

AGRADECIMIENTOS

Muchas personas colaboraron en los proyectos de investigación que hicieron posible la mayoría de los hallazgos plasmados en este libro, y todas ellas merecen mi más sincera gratitud. En primer lugar, quisiera agradecer la colaboración de los doctores Mariellen Fischer y Kevin Murphy, con quienes he trabajado codo con codo en muchas investigaciones, incluidas las que llevamos a cabo gracias a las tres subvenciones estatales otorgadas por el Instituto Nacional de Salud Mental y el Instituto Nacional de Pediatría y Desarrollo Humano, cuando trabajaba en la Facultad de Medicina de la Universidad de Massachusetts. También quiero dar las gracias a Tracie Bush, Laura Montville, Lorri Bauer, Keith Douville, Cherie Horan, Hope Schrader, Kent Shiffert y Peter Leo por ayudarme a completar unos estudios de investigación de tanta envergadura. Muchas gracias también a todos los adultos con TDAH que participaron en nuestros estudios y a los que formaron parte de los grupos de control por compartir aspectos tan íntimos de sus vidas con nosotros para que pudiéramos aprender más sobre la naturaleza, el día a día y los impedimentos del TDAH y la forma de sobrellevarlo en sujetos adultos. Una vez más, me gustaría manifestar mi sincero reconocimiento a Kitty Moore y Seymour Weingarten de la editorial The Guilford Press por animarme y ayudarme en la publicación de este libro, y por una relación editorial que lleva brindándome apoyo más de 28 años.

INTRODUCCIÓN

Este libro está dirigido a usted si:

- se le ha diagnosticado un Trastorno de Déficit de Atención/Hiperactividad (TDAH) siendo adulto;
- se le diagnosticó cuando era niño y aún tiene síntomas;
- piensa que podría padecer TDAH porque tiene dificultades a la hora de…

  - concentrarse,
  - prestar atención,
  - organizarse,
  - planificar,
  - resolver problemas,
  - controlar sus emociones.

Este libro puede serle útil si:

- quiere averiguar los datos científicos sobre qué es lo que va mal;
- quiere encontrar el mejor tratamiento;
- quiere aprender estrategias y adquirir habilidades para superar sus síntomas;
- quiere saber cómo potenciar sus puntos fuertes.

El TDAH es real. Y no solo afecta a los niños. He dedicado más de 35 años a tratar, investigar y enseñar qué es el TDAH. Durante la mayoría de todos estos años, poca gente creía que los adultos pudieran padecerlo. Ahora tenemos pruebas científicas de que nada menos que dos tercios de los niños con TDAH seguirán sufriéndolo cuando crezcan, lo que significa entre un 4% y un 5% de los adultos. **Esto supone más de 11 millones de adultos solo en Estados Unidos.**

Si es uno de estos adultos afectados (o piensa que podría serlo), este libro es para usted. Lo escribí porque creo que debería recoger el fruto de todo lo que hemos aprendido durante décadas de investigación. El TDAH es quizá uno de los trastornos mentales o emocionales más estudiados. De hecho, la información y los consejos contenidos en este libro se basan en más de 7000 estudios publicados durante todo el siglo pasado.

Hemos llegado a entender bastante bien qué es el TDAH y cómo afecta al cerebro. Tenemos una visión más clara que nunca de cómo y por qué esos síntomas convierten su vida diaria en un camino cuesta arriba.

Lo mejor de todo es que disponemos de tratamientos tan efectivos que muchos adultos terminan por tener la sensación de que por primera vez el terreno de juego de su vida está nivelado. En estas páginas, va a conocer a algunos de esos adultos. Este libro también le ofrece una serie de estrategias basadas en una teoría sobre el TDAH que he desarrollado y que pueden dar un giro radical a su vida en el trabajo, en casa y en la escuela, así como con su familia y amigos. Estas estrategias derivan del conocimiento científico sobre qué hay detrás de sus síntomas, y pueden ayudarle a tener éxito en cualquier cosa que considere importante, pues no es más que lo que se merece.

PRIMER PASO: PARA EMPEZAR, EVALÚESE

El tiempo se me va de las manos y no puedo aprovecharlo como los demás adultos.

Mi mente y mi vida son un desastre. Casi nunca puedo organizarme en el trabajo o en cualquier otra actividad como hace cualquier otro adulto que conozca.

Sé que no paro de cambiar de una cosa a otra, de un proyecto a otro, y esto vuelve locos a todos los que trabajan conmigo. Pero tengo que hacer las cosas en cuanto pienso en ellas, porque si no, se me olvidan y nunca las termino.

Cuando era niña, no era capaz de estarme sentada y quieta, y no sabía qué hacer con toda la energía que tenía. Siempre me sentí como un bicho raro y lo odiaba. Recuerdo que tenía que ir cada día a la enfermería a tomar mis medicinas... ¡era lo peor! Nadie quería ser mi amigo porque no encajaba con el resto. Nunca seré la chica tranquila del grupo, la reservada o la serena. Soy la chica extrovertida, a veces ruidosa (bueno, quizá más de lo que estoy dispuesta a admitir), intensa, algo papanatas, sarcástica y divertida que de repente a todo el mundo le gusta tener cerca.

Pues esto es lo que pasó el fin de semana pasado y que irritó tanto a mi mujer. Saco el cortacésped el sábado por la mañana y me encuentro la lata de gasolina vacía, así que cojo mi Ford Explorer y voy a la gasolinera. Mientras estoy llenando la lata, me encuentro con un amigo que también viene a repostar. Al igual que yo, es aficionado a la pesca de la trucha y me dice que tiene una caña y unas botas de más, y me invita a pasar un rato en el arroyo. ¡Vamos!, le digo. Me meto en su coche y dejo el mío en la gasolinera. Pescamos durante una hora o así y después nos entra sed, así que nos acercamos al bar a tomarnos una cervecilla. Ya son las tres de la tarde cuando volvemos a la gasolinera a recoger mi coche y vemos a la policía. Por lo visto, mi mujer les ha llamado porque cree que me ha pasado algo; solo he ido a por gasolina y ya llevo varias horas fuera de casa. Estaba furiosa conmigo, tanto que no me habló durante varios días. Pero así es cómo soy, me dejo llevar por lo que ocurre a mi alrededor y muchas veces se me olvida qué tenía que hacer en un principio, o sencillamente pierdo el interés en lo que estoy haciendo y paso a cualquier otra cosa que me salga en ese momento.

1 ¿Es posible que padezca TDAH?

¿Le son familiares los testimonios que acaba de leer? Son las voces de adultos con TDAH. El primero de ellos da justo en la tecla de lo que es el trastorno. Es una descripción concisa de las serias dificultades para administrarse el tiempo que acarrea el TDAH en la vida diaria de muchos adultos.

¿Tiene la sensación de no estar sincronizado con el reloj, con sus horarios o con su agenda? ¿Llega siempre tarde, se siente disperso o no sabe qué hacer en las limitadísimas horas que tiene el día? Si es así, sabe muy bien lo incómodo que es estar continuamente decepcionándose a sí mismo y a los demás al entregar tarde las cosas o al hacer que los demás siempre tengan que esperarle. Sabe perfectamente lo duro que es mantener una imagen de adulto y competente cuando las demás personas de su entorno piensan que no pueden contar con usted para que las cosas salgan bien. Quizá sea ya hora de cambiar todo esto.

¿Cómo describiría sus dificultades?

Obviamente, los problemas para administrar su tiempo no solo los causa el TDAH, pero si experimenta algunas de las dificultades descritas en los testimonios anteriores, es posible que el TDAH sea el culpable. Si es así, hay muchas cosas que puede hacer para mejorar su vida.

Eche un vistazo a esta lista y marque las casillas en las que la respuesta pueda ser *sí*.

- ☐ ¿Tiene dificultades para concentrarse?
- ☐ ¿Se distrae fácilmente?
- ☐ ¿Se considera muy impulsivo?

- ☐ ¿Tiene dificultades para ser organizado?
- ☐ ¿Se ve incapaz de pensar con claridad?
- ☐ ¿Tiene la sensación de tener que estar siempre ocupado haciendo muchas cosas y casi nunca ser capaz de terminarlas?
- ☐ ¿La gente dice que habla mucho?
- ☐ ¿Le cuesta escuchar atentamente a los demás?
- ☐ ¿Interrumpe a los demás cuando están hablando o haciendo algo y después desearía habérselo pensado dos veces?
- ☐ ¿Le parece que su voz suena por encima de la de los demás?
- ☐ ¿Tiene dificultades para ir al grano cuando habla?
- ☐ ¿Se siente intranquilo a menudo?
- ☐ ¿Se le olvidan las cosas que tiene que hacer pero que no son urgentes?

> En el apéndice encontrará una lista con 91 síntomas adicionales asociados al TDAH, reunidos en un estudio llevado a cabo a lo largo de 7 años.

Aunque solo un análisis profesional podría decirle con certeza si padece TDAH, cuantas más respuestas afirmativas haya dado a las preguntas de arriba, más probable será que sufra este trastorno. Por el momento, lo que puedo asegurarle es que la gran cantidad de datos recogidos demuestran que existe una correlación entre los hechos arriba descritos (y cientos de hechos similares) y el TDAH en adultos.

Estos datos también nos muestran las consecuencias que acarrean sus síntomas. El TDAH puede provocar que alguien se gaste todo el sueldo en algo que parece divertido en ese momento, de modo que se le hace imposible ahorrar lo suficiente para pagar las facturas o para las vacaciones, el coche o la casa que tanto deseará mañana, por satisfacer hoy un deseo que parece irresistible. Puede inducirle a invertir todo su dinero en algo que siendo un poco paciente y tras un mínimo análisis resulta ser algo tremendamente arriesgado. Asimismo, puede obligarle a decir o a hacer cosas de las que más tarde se arrepienta. ¿Le suena?

▼ **No hay que ser hiperactivo para tener TDAH en la edad adulta.**

No obstante, puede que piense que es imposible que padezca TDAH. «¡Si no soy hiperactivo! Mi hermano (o mi hermana, mi sobrino, mi amigo de la guardería, mi compañero de clase) tenía ese trastorno de niño y era un rabo de lagartija, no paraba quieto y no dejaba de hacer cosas embarazosas. Yo no soy así.»

Una de las cosas que estamos empezando a entender acerca del TDAH es que la hiperactividad se ve más en niños que tienen el trastorno y que luego remite gradualmente en la adolescencia y en la edad adulta. A menudo, lo único que queda de la hiperactividad en los adultos es esa sensación de intranquilidad y esa necesidad de estar ocupado todo el tiempo que conoce tan bien.

> Todo lo que sabemos sobre el TDAH en los adultos proviene directamente de información científica:
> - Los datos recogidos desde 1991 en la Facultad de Medicina de la Universidad de Massachusetts, donde se estableció una de las primeras clínicas de Estados Unidos para tratar el TDAH en adultos.
> - Los resultados procedentes de un estudio en el que participaron 158 niños con TDAH (y 81 sin), a quienes se observó hasta que alcanzaron la edad adulta. Fue uno de los estudios más largos jamás llevados a cabo.

Si piensa que podría tener TDAH, hay muchas razones para hacerse un diagnóstico:

- *Estamos encontrando muchas respuestas que podrían ayudarle.* La ciencia entiende cada vez mejor el TDAH en los adultos, aunque no haga tanto que se ha reconocido el trastorno a esta edad.
- *Este trastorno puede causarle más daño que muchos otros problemas psicológicos y puede perjudicarle en todo momento y dondequiera que vaya.* El TDAH le limita en más áreas que la mayoría de los demás trastornos observados en pacientes externos de diversas clínicas de salud mental.
- *Y hay mucha más ayuda disponible, como distintos tratamientos y estrategias, que en cualquier otro trastorno que afecte a los adultos.* El TDAH es uno de los trastornos psicológicos más tratables que existen.

¿Cuánto tiempo hace que tiene estas dificultades?

Si piensa en lo que ha perdido esforzándose en administrar su tiempo, concentrarse o controlar sus impulsos, ¿diría que han sido solo semanas, meses o más bien años? Recuerde cuando era niño: ¿tenía ya estos problemas? ¿Recuerda ser incapaz de estarse quieto en el pupitre, de terminar un proyecto o de respetar las reglas en el campo de juego?

Los adultos con TDAH que he estudiado, diagnosticado y tratado conservan distintos recuerdos sobre los tipos de problemas que aparecían en la lista anterior. A muchos de ellos no se les había diagnosticado de niños. A veces el pediatra no creía que el TDAH fuera real o los padres no pensaban que «ser hiperactivo o incapaz de concentrarse fuera un motivo para llevar al niño al médico», tal como me contó un hombre al que no se diagnosticó hasta la veintena. Puede que esas personas se hayan creído el mito de que no había nada tan

> Si los síntomas son recientes y aparecen de forma repentina, por lo general se descarta el TDAH.

malo en ellos que no pudiera curar la fuerza de voluntad. A veces no se diagnostica el TDAH a la gente porque sus síntomas se encuentran en un área intermedia entre este y otro trastorno o porque tienen otras dificultades que enturbian la imagen.

Que no se le diagnosticara de niño no significa que no padezca TDAH.

Que se hayan reducido las dificultades que tenía cuando era niño a la hora de administrar su tiempo, concentrarse o controlar sus impulsos no implica que haya dejado de padecer TDAH. Ser hiperactivo de pequeño y no de adulto no significa no tener TDAH, aunque no haber tenido *ningún* síntoma de niño relacionado con este trastorno probablemente sí signifique que no lo padece. Los síntomas propios del TDAH que se desarrollan solamente en la edad adulta o que son recientes podrían estar causados por algo distinto, como una lesión cerebral u otra enfermedad no psicológica.

> ℹ️ El 98% de los casos diagnosticados en nuestras clínicas y estudios registraban síntomas desde antes de los 16 años de edad.

Si no logra recordar haber tenido las mismas dificultades cuando era niño, podría preguntarle a alguien cercano, quizá a sus padres, a un hermano o a alguien que le conociera bien de pequeño. Irónicamente, los mismos problemas que dificultan a las personas con TDAH terminar las cosas a tiempo, tomar decisiones acertadas e incluso llevarse bien con los demás pueden a su vez hacer que les resulte difícil recordar su propia historia con nitidez, por lo menos hasta que han cumplido los 25-30 años. Explicaré esto de forma más extensa en el Segundo paso.

> ❓ *No tuve dificultades de niño y no he tenido ninguna lesión cerebral. ¿Es posible que el TDAH no me haya causado demasiados problemas porque soy inteligente? Siempre obtenía puntuaciones altas en los tests de inteligencia del colegio.*

Con excepción de la escuela y, posiblemente, el trabajo, es muy poco probable que su inteligencia pueda protegerle de ciertas limitaciones; ya que no es el único factor implicado en ámbitos como la familia, las relaciones sociales, la conducción, la ejecución de acciones ilegales, las adicciones, las relaciones amorosas y de pareja, entre otros. Un coeficiente intelectual alto no le habría protegido en estas áreas si hubiera sufrido los síntomas del TDAH. La aparición repentina de dificultades en la edad adulta debe de estar causada por otros problemas no relacionados con este trastorno.

> Los niños y adolescentes con TDAH a los que he hecho un seguimiento hasta la edad adulta a menudo no saben hasta qué punto estos síntomas les afectan o interfieren en su vida diaria. Normalmente, lo que los adultos con TDAH cuentan sobre sí mismos no empieza a concordar con lo que explican los demás hasta la franja comprendida entre los 27 y los 32 años.

Creo que podría padecer TDAH ahora, aunque cuando era más joven no tenía dificultades de concentración ni otros problemas similares. ¿Puede ser que estuviera compensándolo con otras estrategias?

En nuestro estudio, los adultos afirmaron que el TDAH comprometía un promedio de 6 o 7 de cada 10 actividades importantes en su vida diaria. Esta afección causa serias dificultades en todos los ámbitos de la vida adulta, desde la educación hasta el trabajo y la familia. Sería casi imposible superar la niñez, la adolescencia y la juventud solo «compensando» el TDAH con otras habilidades. A la mayoría de los profesionales les resultaría bastante difícil aceptar la idea de que el TDAH no hubiera interferido en el desarrollo normal de una persona hasta la edad adulta, sin pruebas de una ayuda extraordinaria por parte de sus padres y la escuela. El TDAH se define como la *carencia* de compensación durante la niñez, no como una compensación eficaz durante esta etapa.

> Los síntomas deben llevar manifestándose al menos seis meses antes de tenerlos en cuenta al diagnosticar el TDAH.

¿Cuáles son sus síntomas?

Solo un profesional cualificado puede ayudarle a responder por completo a esta pregunta. Aun así, una respuesta afirmativa a las siguientes preguntas puede ayudarle a decidir si realmente necesita un análisis diagnóstico o no. En nuestro estudio, específico para el TDAH en adultos, identificamos los nueve criterios siguientes como los más precisos a la hora de reconocer el trastorno:

- ☐ ¿Suele distraerse fácilmente con estímulos superfluos o pensamientos irrelevantes?
- ☐ ¿Toma decisiones de manera impulsiva?
- ☐ ¿Tiene dificultades para dejar de hacer cosas que no debería hacer o abandonar un comportamiento que no debería tener?

- ☐ ¿Empieza un proyecto o tarea sin leer o escuchar las instrucciones con atención?
- ☐ ¿Es incapaz de cumplir las promesas o compromisos que contrae con los demás?
- ☐ ¿Tiene problemas para hacer las cosas en el orden adecuado?
- ☐ ¿Conduce más rápido que los demás; o si no conduce, le cuesta llevar a cabo actividades lúdicas o divertirse sin hacerlo estrepitosamente?
- ☐ ¿Se le hace cuesta arriba prestar atención en tareas o actividades de ocio?
- ☐ ¿Encuentra difícil organizar tareas y actividades?

> Dispone de información sobre cómo encontrar a un profesional para que le evalúe en el capítulo 3.

> La cuarta edición del *Diagnostic and Statistical Manual of Mental Disorders* (DSM-IV) [*Manual diagnóstico y estadístico de los trastornos mentales*, Elsevier Masson, Barcelona, 2012], publicado por la Asociación Americana de Psiquiatría, utiliza 18 síntomas para diagnosticar el TDAH, 9 de ellos centrados en el déficit de atención y otros 9 en la hiperactividad e impulsividad. Pero la lista (véase apéndice) se desarrolló exclusivamente para diagnosticar a los niños. Mis colaboradores y yo hemos compilado datos de investigación que demuestran que la lista de 9 síntomas anterior es más útil con adultos. Uno de mis compañeros de investigación, el doctor Stephen Faraone, realizó un estudio independiente con sus propios grupos de adultos, que demostró que estos síntomas definían muy bien a los adultos con TDAH.

¿Ha marcado cuatro de los primeros siete síntomas de esta lista, o seis de los nueve totales? Si es así, es muy probable que usted padezca TDAH. En tal caso, debería acudir a un profesional de la salud mental especializado para que le evaluara, si no lo ha hecho ya.

¿Cómo afectan estos síntomas a su vida?

El TDAH no es una categoría en la que usted entra o no, no es como el embarazo; sino más bien como la estatura o la inteligencia. Piense en ello como en una dimensión, en cuya escala se sitúan personas distintas en distintos puntos.

Pero, ¿dónde se encuentra la línea divisoria entre lo que se considera trastorno y lo que no? Allí donde aparecen dificultades en las principales actividades de su vida.

> El Quinto paso ofrece estrategias específicas para impedir que los síntomas del TDAH causen los problemas enumerados en la tabla.

Los síntomas son la manera en la que el trastorno se manifiesta en forma de pensamientos y acciones. Las *limitaciones* son las consecuencias adversas resultantes de la externalización de esos síntomas. La siguiente tabla enumera las dificultades típicas que causa el TDAH en la niñez y en edades más avanzadas.

Limitaciones típicas en la infancia	Limitaciones típicas en la adolescencia y la edad adulta
• Estrés y conflictividad familiar • Relaciones problemáticas con los compañeros • Pocos o ningún amigo íntimo • Comportamiento inadecuado en las tiendas, la iglesia u otros escenarios públicos hasta el punto de no ser bienvenidos • Poca atención a la seguridad, accidentes y lesiones frecuentes • Lento desarrollo del cuidado personal propio • Lento desarrollo de la responsabilidad personal • Rendimiento escolar muy por debajo de la media • Pocos años de escolarización	• Bajo rendimiento laboral • Cambios de trabajo frecuentes • Comportamiento sexual irresponsable, embarazo adolescente y enfermedades de transmisión sexual • Conducción temeraria (velocidad, accidentes frecuentes) • Dificultad para administrarse (gasto impulsivo, uso excesivo de la tarjeta de crédito, impago de deudas, incapacidad para ahorrar) • Problemas en las relaciones amorosas o de pareja *Menos comunes, pero también notables:* • Actividades antisociales (mentir, robar, buscar pelea) que le llevan con frecuencia a tratar con la policía e, incluso, a noches en el calabozo o penas de cárcel; a menudo asociadas con un mayor riesgo de consumo y abuso de drogas ilegales • Estilo de vida no muy sano (poco ejercicio; más entretenimiento sedentario como videojuegos, televisión, Internet; obesidad, atracones, bulimia, malos hábitos alimenticios; abuso de nicotina y alcohol) y, por lo tanto, mayor riesgo de enfermedad coronaria

¿Qué hacer ahora?

A estas alturas, debería tener una idea más aproximada sobre si tiene o no TDAH y sobre si debería considerar acudir a un profesional:

- ☐ ¿Tiene por lo menos seis de estos últimos nueve síntomas?
- ☐ ¿Están presentes en su vida de forma habitual?
- ☐ ¿Hace como mínimo 6 meses que sufre estas dificultades?
- ☐ ¿Se desarrollaron durante su niñez o adolescencia (antes de los 16 años)?
- ☐ ¿Sus síntomas habituales le han acarreado consecuencias adversas (dificultades) en uno o más ámbitos (educación, trabajo, relaciones sociales, relaciones amorosas o de pareja, al administrar su dinero, al conducir, etc.)?
- ☐ ¿Le acarrearon consecuencias adversas en su infancia?

Si la respuesta a todas estas preguntas es afirmativa, existen muchas probabilidades de que padezca TDAH. Siga leyendo para saber qué hacer al respecto.

2 ¿Es capaz de sobrellevar los problemas sin ayuda?

Es posible que sienta cierto alivio al creer que padece TDAH, ya que por fin tiene usted una idea de por qué su vida está tan llena de dificultades. Problema resuelto, ¿no? Ahora lo único que tiene que hacer es leer un par de libros como este para saber cómo lidiar con las dificultades impuestas por este trastorno.

Pero mejor no ir tan rápido. Existen varias razones de peso por las que debería acudir en busca de ayuda profesional, tanto para el diagnóstico como para el tratamiento. Este capítulo le ilustrará en detalle lo que explica este hombre de unos 30 años:

> Durante las últimas décadas he tratado, con mucho esfuerzo, de luchar contra el TDAH sin ayuda y creo que no me ha ido mal del todo. Pero ahora pienso que necesito algo de ayuda. Estoy cansado de ir de flor en flor en cuanto a mi carrera se refiere, me gustaría sentar la cabeza y hacer algo bien, ya que SÉ que puedo hacerlo.

Estas son, en resumen, las razones para acudir en busca de ayuda profesional:

- Para asegurarse de que sus síntomas no los causan otras circunstancias ajenas al TDAH y que precisen atención.
- Para descubrir si sus problemas derivan de una combinación del TDAH y cualquier otra circunstancia.
- Para que se le receten unos medicamentos cuya eficacia a la hora de ayudar a tratar el TDAH esté demostrada, cuando este está diagnosticado.
- Para averiguar cuáles son sus puntos fuertes y débiles y así centrar sus esfuerzos donde más necesario sea.

Todas ellas buenas razones para entablar relación con un médico que pueda prescribirle el tratamiento más acertado en su caso.

¿Convencido? Si es así, puede usted pasar directamente al capítulo 3. Si, en cambio, necesita saber más sobre por qué no es recomendable tratar su problema sin ayuda, lea el resto de este capítulo.

¿Es la causa de sus síntomas algo distinto, como un problema médico?

Volvamos a la idea de que saber que podría tener TDAH puede ser un gran alivio. Hemos podido comprobar que encontrar un nombre y una razón neurobiológica a muchos de sus problemas es, ya de por sí, terapéutico. Si sabe cuál es el problema, puede dejar de sentirse culpable por no ser capaz de solucionarlo. No obstante, usted no puede saber si realmente padece TDAH si no se hace un diagnóstico. Solo un profesional de las ciencias de la salud mental con experiencia tiene la formación y el criterio necesarios para aplicar los principios diagnósticos que se le presentaron en el primer capítulo. Sin esa experiencia, usted por sí solo no será capaz de advertir las sutiles diferencias que definen la línea entre lo que sería TDAH y otros síntomas que pueden encontrarse en menor grado en la población adulta en general. Tampoco estará familiarizado con otros trastornos psicológicos o psiquiátricos que causan problemas de atención, concentración o memoria ni podrá distinguirlos de los asociados al TDAH.

> ¿No sería un alivio mayor *saber* que padece TDAH, en lugar de simplemente *sospecharlo*?

Y también es importante el hecho de que un profesional cualificado puede mandarle las pruebas médicas más adecuadas para confirmar que sus síntomas no están relacionados con alguna lesión cerebral o enfermedad, tal como se menciona en el primer capítulo.

¿Es el TDAH la explicación a todo lo que le pasa?

Aunque el primer capítulo de este libro le haya hecho albergar serias sospechas de que padece TDAH, para asegurarse necesita un análisis profesional. Supondría una profunda frustración emprender un tratamiento contra el TDAH y seguir teniendo problemas, debido a otro trastorno sin diagnosticar ni tratar. Si el diagnóstico revelara trastornos simultáneos o *comorbilidad*, se le facilitaría no solo un diagnóstico e información sobre su trastorno o trastornos, sino también una lista de recomendaciones y tratamientos, lo cual constituiría el primer paso para dejar atrás su vida de agitación y desorden.

> La mayoría de los adultos con TDAH viven, al menos, con dos trastornos: entre el 80% y el 85% de los diagnosticados con TDAH padecen otro trastorno psicológico y más de la mitad puede sufrir hasta tres.

Otros trastornos que frecuentemente coexisten con el TDAH

- Trastorno negativista desafiante (TND)
- Trastorno disocial (TD; agresividad, delincuencia, absentismo escolar, etc.)
- Dificultades de aprendizaje (atraso en comprensión lectora, ortografía, matemáticas, expresión escrita, etc.)
- Trastorno bipolar infantil o adolescente
- Personalidad antisocial en la edad adulta
- Alcoholismo y otras adicciones
- Tics o trastornos más severos como el síndrome de Tourette (múltiples tics motrices y vocales)
- Trastornos autistas

El tratamiento más efectivo, la medicación, requiere receta médica

Encontrará información sobre los medicamentos que se utilizan para tratar el TDAH en el Tercer paso. Lo importante ahora es saber que, en lo que respecta a los síntomas del TDAH, *la medicación funciona*, mejora los síntomas y es efectiva en un alto porcentaje de adultos (menos del 10% no responde positivamente a los medicamentos aprobados para el tratamiento del TDAH). La medicación incluso parece corregir o compensar de forma temporal los problemas neurológicos subyacentes que pueden estar contribuyendo de entrada al TDAH.

> Es probable que la efectividad de la medicación para el TDAH no tenga rival entre todos los tratamientos para otros trastornos en psiquiatría.

Muchos de los tratamientos y métodos para sobrellevar el TDAH tienen efectos reducidos si no se complementan con medicación. Nuestra experiencia nos ha demostrado que los adultos que optan por no tomar medicación vuelven a los 3 o 6 meses pidiéndola, al darse cuenta de que el resto de opciones no ofrece una solución eficaz a sus problemas.

> Distintos estudios demuestran que los medicamentos para el TDAH pueden:
> - *Normalizar* el comportamiento de entre el 50% y el 65% de los pacientes.
> - *Mejorar sustancialmente* el comportamiento de otro 20% o 30%.

¿Cuáles son exactamente sus puntos fuertes y sus puntos débiles?

Para un análisis profesional, hay que seguir varios pasos diseñados para observar desde distintos ángulos las dificultades con las que se encuentra, de modo que no se pasen por alto hechos importantes o se malinterpreten los signos. Si el proceso le parece repetitivo, demasiado largo o tedioso, piense que el evaluador está intentando descartar las cosas que *no* están causando el problema, así como identificando qué es lo que *sí* lo hace. Hay otra razón para tener paciencia en este proceso: al discriminar todas las causas posibles de sus síntomas, su médico puede descubrir información valiosa sobre sus mejores aptitudes. Saber en qué capacidades básicas para la vida destaca y conocer sus habilidades naturales le servirá a usted y a su terapeuta para escoger las estrategias que mejor le ayudarán. Por ejemplo, el talento artístico o una personalidad atractiva no vienen de la mano del TDAH, pero puede aprender a usar estas habilidades para compensar sus síntomas. También puede ayudarle a identificar la trayectoria profesional que mejor se ajuste a estas aptitudes.

He conocido a muchos representantes de empresas farmacéuticas, por ejemplo, que tienen TDAH pero que desempeñan su trabajo de manera excelente. Este trabajo les permite viajar a menudo y conocer a muchos médicos y a su personal administrativo, lo que les mantiene involucrados y en movimiento. Un trabajo de oficina podría resultarles tan aburrido que tendrían que estar muy motivados y bajo una presión enorme para hacer su trabajo, por muchas aptitudes que tuvieran para vender y para relacionarse con los clientes. Sin embargo, a esos representantes con TDAH el cambio constante de escenario les insufla energía y les ayuda a centrarse en el trabajo. Muchos otros incluso trabajan en equipo con otros representantes para cubrir una región determinada, lo cual dota al trabajo de cierta estructura que no les sería posible conseguir a ellos solos.

De esto es de lo que se trata durante todo ese proceso de análisis, de averiguar exactamente qué es lo que va mal y lo que mejor se adapta a su situación para así poder diseñar un plan de tratamiento que le lleve al camino de la buena salud y el éxito lo antes posible.

3 ¿A quién puede acudir en busca de ayuda?

Si aún no le han diagnosticado, usted mismo puede buscar a un profesional cualificado que lo haga; aunque si mantiene una buena relación con su médico de cabecera, pedir hora con él podría ser un buen primer paso. Un doctor que le conozca bien puede someterle a una prueba para determinar si está en lo cierto cuando piensa que podría tener TDAH. Si el doctor encuentra causas físicas a sus síntomas, se habrá ahorrado un examen psiquiátrico. Además, un médico que le conozca bien podría recomendarle un especialista en TDAH adecuado para usted. Por mi propia experiencia, si está contento con su médico y confía en él, es muy posible que se sienta de la misma manera con cualquier doctor que este le recomiende.

Cómo encontrar a un profesional experto en TDAH

Cualquiera de las opciones que aparecen en esta lista puede ser una fuente fiable para encontrar a un especialista. Si una no funciona, pruebe con otra.

- Tal como se menciona unas líneas más arriba, podría empezar acudiendo a su médico de familia o a un médico de medicina interna para preguntar por el nombre de algún especialista de su ciudad que trabaje con adultos con TDAH.
- Llame a la asociación psiquiátrica o psicológica de su provincia. Estas asociaciones suelen tener listas de profesionales, organizadas por especialidad. Mire si cuentan con alguien especializado en TDAH en adultos.

> Visite las páginas web de las asociaciones nacionales de psiquiatría o psicología con sede en su país. (http://www.psyq.nl/Programma/Kenniscentrum-ADHD-bij-volwassenen/European-network).

- Compruebe la página web de una de las mayores ONG dedicadas al TDAH: CHADD para Estados Unidos y ADDA para Estados Unidos y otros países de habla inglesa. En España puede consultar la página de la Federación Española de Asociaciones de Ayuda al Déficit de Atención e Hiperactividad FEAADAH, en el resto de Europa puede consultar la página de ADHD Europe y en Latinoamérica puede visitar la web de la Liga Latinoamericana para el Estudio del TDAH LILAPETDAH. Si alguna de ellas tiene un grupo de apoyo o sede en su zona, llame y pregunte si conocen a algún experto en TDAH en la edad adulta.

> Página web de Children and Adults with Attention-Deficit/Hyperactivity Disorder (CHADD): www.chadd.org
> Página web de la Attention Deficit Disorder Association (ADDA): www.add.org
> Federación Española de Asociaciones de Ayuda al Déficit de Atención e Hiperactividad (FEAADAH): www.feaadah.org
> ADHD Europe: www.adhdeurope.eu
> Liga Latinoamericana para el Estudio del TDAH LILAPETDAH: www.tdahlatinoamerica.org

- Llame al Departamento de Psiquiatría de la universidad más cercana. Incluso si no está cerca, normalmente puede indicarle los médicos que se encuentran en su zona y que pueden hacer análisis de TDAH en adultos.
- Llame al Departamento de Psiquiatría del hospital más cercano para preguntar por el mismo tipo de información.
- Llame al centro universitario de salud mental más próximo.
- Llame a la institución psiquiátrica local.
- Busque en las páginas amarillas psiquiatras o psicólogos especializados en TDAH en adultos.
- ¿Tiene algún amigo o familiar que reciba tratamiento para el TDAH en la edad adulta? Si es así, pídale que le indique quién es su médico. O si conoce a alguien que tenga un hijo con TDAH, puede preguntarle por el médico del niño y llamarle para averiguar si también trata a adultos o si puede recomendarle a algún colega que sí lo haga.

Preguntas que debe hacer antes de concertar la visita

Si tiene suerte y puede elegir entre varios especialistas, sería buena idea realizar las siguientes preguntas cuando llame para informarse sobre un análisis. De hecho, quizá quiera planteárlas aunque solo haya un profesional cerca de donde vive:

- ¿Qué porcentaje de los pacientes que recibe el médico está formado por personas con TDAH (con respecto a otros trastornos)?
- Si el especialista visita tanto a niños como a adultos, ¿qué porcentaje lo conforman estos últimos?
- ¿Cuánto hace que trata a adultos aquejados de TDAH?

- ¿Está licenciado en medicina o en psicología? Entre los campos que abarcan el TDAH y otros trastornos psiquiátricos relacionados encontramos la psiquiatría, la psicología clínica, la neuropsicología y la neurología (especialmente de la conducta).
- ¿Tiene un máster o similar en TDAH?
- ¿Para cuándo le darán hora? (Puede ser un factor importante si tiene varios profesionales entre los que elegir y quiere visitarse lo antes posible).
- ¿El médico se encarga del tratamiento después de diagnosticar a los pacientes? Si no es así, ¿dónde los deriva?
- ¿Existen cerca otros recursos posibles? Muchos especialistas de la salud mental no cuentan en sus instalaciones con entrenadores personales, programas de formación en habilidades, grupos de apoyo y demás. Aun así, los psicólogos de pago suelen tener el despacho en un centro de oficinas en el que trabajan diversos profesionales del sector y tienden a pasarse los pacientes.
- Si visita en una clínica privada, ¿cuál es su tarifa? ¿Con qué mutuas trabaja?

4 ¿Qué necesita para el análisis?

Si sabe qué le espera, es probable que el proceso sea más rápido y se desarrolle sin muchas complicaciones.

Prepárese: qué esperar y qué llevar

He aquí los elementos típicos de un análisis diagnóstico:

- Una serie de escalas de clasificación e informes médicos antes o durante el análisis.
- Una entrevista.
- Una revisión de informes pasados en los que puedan estar documentadas sus dificultades.
- Un test psicológico para descartar retrasos cognitivos o dificultades de aprendizaje.
- Entrevistas con personas allegadas a usted para corroborar los informes.
- Un examen médico general, en caso de que su tratamiento incluya medicación o si hay necesidad de evaluar otras condiciones médicas coexistentes (si su médico de cabecera no lo ha hecho ya).

¿Qué puede llevar consigo para facilitar el proceso?

- Cualquier expediente que tenga o pueda recoger previamente de las escuelas a las que haya ido, informes de los médicos, psicólogos o psiquiatras a los que haya acudido, su historial de infracciones de tráfico, sus antecedentes penales o cualquier otra prueba documental de problemas que podrían estar relacionados con el TDAH u otro trastorno.

- Los nombres de algunas personas que le conozcan bien y en quien confíe para que hablen honesta y objetivamente con los evaluadores.
- Los resultados de un examen médico, si los tiene.
- Una lista de familiares con trastornos mentales conocidos.
- Una descripción de sus dificultades durante la infancia y la adolescencia, así como las más recientes.

> Tenga en cuenta que su primera visita puede durar varias horas.

Vaya con la mente abierta

Usted ha concertado esta cita porque necesita respuestas: ¿Por qué no puede terminar las cosas como los demás adultos? ¿Por qué sigue teniendo problemas a pesar de sus enormes esfuerzos por hacer las cosas bien? ¿Qué más necesita para alcanzar sus metas personales y profesionales? Para obtener estas respuestas, el experto con quien ha concertado una cita debe recabar una gran cantidad de información basándose en varias fuentes. Quizá se pregunte qué sentido tiene hacerlo de esta manera. Puede ser también que durante el análisis se sienta intranquilo y que no vea la hora de terminar. Intente permanecer centrado en el objetivo, que no es otro que obtener respuestas y soluciones, y recuerde que lo más importante que tiene que llevar al análisis es **una mente abierta**.

Tenga presente que le pedirán su expediente escolar y otros documentos, aunque su historial académico sea lo último que quiera volver a ver. Responda a las preguntas sobre sus dificultades con sinceridad. Esté abierto a que el evaluador se entreviste con alguien que le conozca bien para así obtener un punto de vista externo muy útil. Cada test, cuestionario y entrevista incluidos en el análisis tiene una base científica y su objetivo es proporcionar las respuestas más fiables que el campo de la psicología puede ofrecer.

> *Con todos estos tests, escalas de clasificación, cuestionarios, informes pasados y entrevistas, el psicólogo lo sabe todo sobre mí. Entonces, ¿por qué necesita hablar también con mis familiares?*

La respuesta más simple es que es una cuestión de números. Cuantas más fuentes distintas estén a disposición del evaluador para confirmar sus síntomas y dificultades, más firmes serán las conclusiones a las que llegue. Es por eso por lo que el evaluador no se limita a hablar con usted, sino que además se sirve de índices científicos y otros medios para observar la información desde el mayor número de ángulos posibles.

Pero incluso con todas esas herramientas, el evaluador solo puede basarse en la información que usted le proporciona. La realidad es que los adultos (y los niños) con TDAH a menudo dicen que les va mejor de lo que revelan la observación y los análisis objetivos. La forma de conducir es un ejemplo muy común. Es muy posible que crea que conduce tan bien como cualquier otro (o incluso mejor que la media). Puede pensar que todas las multas de velocidad que ha acumulado son injustas, que se las ha puesto un agente de policía que le tenía manía o que tan solo trataba desesperadamente de cumplir con su cuota mensual. Puede parecerle que los golpes que ha tenido los causaron otros conductores que iban distraídos o indecisos y confundían a los demás. Y qué decir de todas esas multas de aparcamiento por no haber tenido tiempo de encontrar un lugar apropiado donde dejar el coche (bueno, todo el mundo tiene multas de ese tipo, ¿no?). Alguien que le conozca bien (y esto es esencial), esté de su lado y quiera ayudarle, no solo criticarle, puede corroborar que de hecho usted conduce de forma más temeraria que los demás, que no presta total atención a la carretera, que intenta hacer otras cosas mientras conduce como enviar mensajes de texto y que se impacienta con facilidad cuando el tráfico está congestionado. A primera vista puede parecerle una intromisión de su intimidad, pero intente tener en cuenta que por su propio interés lo mejor es dejar al profesional que hable de usted y de sus problemas con alguien que le conozca bien, ya sea su padre o su madre, un hermano, su cónyuge o pareja, o algún amigo íntimo si no es posible contar con un familiar. Sin este punto de vista adicional, podría parecer que usted no padece TDAH a la vista de sus propias respuestas, cuando en realidad podría tenerlo. Tenga también en cuenta que está ahí para obtener respuestas, y lo más precisas posible.

> *¿Qué diablos tiene que ver conmigo que mi tía Ellen estuviera deprimida la mitad de su vida?*

La herencia genética contribuye a la mayoría de los trastornos mentales en mayor o menor grado, lo que significa que algunos de ellos tienen más posibilidades de manifestarse entre familiares. El tipo de desarreglo que padezcan sus familiares puede servir como una guía muy útil para determinar el que usted experimenta. El TDAH es un trastorno con un alto componente genético, así que a menos que lo haya adquirido mediante una lesión cerebral evidente en algún momento del pasado, es bastante probable que algunos de sus familiares también lo padezcan. Aun así, puesto que los adultos con TDAH a menudo padecen también otro mal (véase capítulo 2), conocer todos los trastornos mentales de su árbol familiar puede serle muy útil a su evaluador. No tener constancia de ningún trastorno en sus familiares podría deberse a que en el pasado la gente tendía a considerar tal información como privada, incluso vergonzosa. Por esta razón, vale la pena molestarse en preguntar a sus padres o a un pariente de la generación anterior sobre el historial de trastornos mentales de su familia antes de acudir a la cita.

Céntrese en obtener respuestas

Es muy posible que el test no le traiga buenos recuerdos, pero no olvide que tanto su evaluador como usted tienen un objetivo común: encontrar respuestas. A usted no le interesa que estos tests estén basados solo en opiniones, así que responda a las preguntas lo más abierta y sinceramente posible. Por otra parte, no consienta que un solo test sirva de prueba determinante para establecer si tiene o no tiene TDAH. Diagnosticar es un arte además de una ciencia. Un diagnóstico preciso depende también del concienzudo análisis de un profesional experimentado que sopese los resultados obtenidos en diversas partes del análisis. Es la mejor manera de obtener un retrato fiel de su problema.

Tests psicológicos típicos que se llevan a cabo durante un análisis

- *Un breve test que mide su coeficiente intelectual y sus habilidades cognitivas*: A veces las dificultades en la escuela o en el trabajo se deben a limitaciones intelectuales o en la capacidad de aprendizaje. El profesional debe determinar si este tipo de limitaciones es un factor determinante en sus síntomas.
- *Tests que incluyen preguntas sobre comprensión lectora, matemáticas y ortografía*: Es muy probable que le hagan hacer estos tests si se encuentra en un entorno educativo como la universidad o un centro de formación profesional. Las posibilidades de experimentar dificultades en estos aspectos académicos, a menudo llamadas *dificultades de aprendizaje específicas*, aumentan entre la gente con TDAH y es importante saber si usted las tiene.

> Entre un 35% y un 65% de las personas con TDAH pueden superar los tests de atención, inhibición y memoria, y aun así sufrir el trastorno. Los investigadores han descubierto que existen muchas posibilidades de que las personas que obtienen malos resultados en esos tests padezcan algún trastorno, aunque no significa que sea TDAH, porque otros problemas pueden interferir en la obtención de unos buenos resultados. Por otra parte, una puntuación normal tampoco permite automáticamente descartar el TDAH.

- *Tests de atención, inhibición y memoria*: No todos los psicólogos los aplican a los pacientes, ya que la importancia de sus resultados puede ser exagerada si se asume que pueden medir los síntomas del TDAH de manera directa y objetiva y que son, por tanto, más fiables que los propios testimonios orales de los síntomas o los datos obtenidos en otras partes del análisis. Una puntuación fuera de lo normal puede indicar que se padece TDAH u otro trastorno, pero una puntuación normal *per se* tampoco puede descartarlo.

5 ¿Qué le dirá el análisis?

Lo más probable es que obtenga las respuestas que estaba buscando el mismo día en una entrevista que pondrá punto final al análisis. Hay casos en los que, si los resultados de un tests no están disponibles inmediatamente, la entrevista para discutirlos tenga lugar unos días más tarde. Durante esta charla, el médico hará lo siguiente:

- Discutir los resultados y los hallazgos obtenidos tras la compilación de toda la información.
- Darle su opinión sobre si usted padece TDAH u otros problemas.
- Recomendarle qué hacer respecto al TDAH u otros problemas que hayan sido descubiertos.

Para que el médico le diagnostique TDAH, tras analizar los resultados debe haber llegado a la conclusión de que:

- Usted tiene altos niveles de déficit de atención y/o hiperactividad, además de un comportamiento altamente impulsivo.
- Acusa estos síntomas mucho más a menudo que el resto de adultos de su edad.
- Lleva más de 6 meses padeciendo estos síntomas.
- Sus síntomas aparecieron antes de que cumpliera 16 años y posiblemente antes de los 7.
- Sus síntomas le han ocasionado consecuencias adversas en muchos ámbitos de su vida, tanto en la niñez como en la vida adulta.

> Es posible padecer TDAH sin que le ocasione problemas de impulsividad o hiperactividad. Existe un subtipo caracterizado principalmente por problemas de déficit de atención. (Hallará más información sobre este subtipo en la página 45).

Tal como escribieron mis colegas los doctores Michael Gordon y Kevin Murphy, el análisis para el TDAH debería estar diseñado para responder a cuatro preguntas fundamentales:

1. ¿Hay pruebas fehacientes de que experimentó síntomas asociados al TDAH en la primera infancia que le ocasionaron, por lo menos durante sus años en la escuela, dificultades crónicas en distintos ámbitos?
2. ¿Hay pruebas fehacientes de que esos síntomas siguen causándole limitaciones importantes y constantes en distintos ámbitos?
3. ¿Existe una explicación ajena al TDAH que justifique sus problemas actuales?
4. Si usted cumple con los criterios para padecer TDAH, ¿presenta pruebas de sufrir además otros trastornos?

¿Coinciden sus síntomas con los criterios del TDAH?

Antes de nada, el evaluador comparará lo que ha averiguado sobre sus síntomas con los criterios para diagnosticar el TDAH que aparecen en la última edición del *Manual diagnóstico y estadístico de los trastornos mentales* (DSM) de la Asociación Americana de Psiquiatría. Según este, para que se le diagnostique el TDAH, debe tener al menos seis de los síntomas incluidos en alguna de las dos listas de nueve ítems (una centrada en el déficit de atención y la otra en la hiperactividad e impulsividad) que aparecen en el primer capítulo y se retoman en el Apéndice. Sin embargo, estos criterios tienen dos desventajas principales:

En el Apéndice, encontrará todos los criterios recogidos en el DSM para diagnosticar el TDAH.

1. Un gran número de trabajos de investigación han demostrado que mucha gente presenta todas las características del TDAH *sin* llegar a tener plenamente los seis síntomas. Varios estudios han probado que solo cuatro de los síntomas de cualquiera de las dos listas ya pueden acarrear problemas importantes en la vida de un adulto.
2. Estos criterios se diseñaron para diagnosticar a los niños (de lo que estoy al corriente, pues fui miembro del comité que los estableció), no a los adultos.

Si el evaluador le dijera que no padece TDAH porque tiene menos de los seis criterios reflejados en el DSM, pida ser analizado otra vez usando nuestra lista de nueve elementos (páginas 21-22).

5. ¿QUÉ LE DIRÁ EL ANÁLISIS?

Por eso, mis colegas y yo preferimos confiar en la lista de nueve criterios que usted ha visto en las páginas 21 y 22. Se basa en todo lo que las investigaciones han revelado sobre los *adultos* con TDAH y ya ha probado ser eficaz a la hora de diagnosticar con precisión a cientos de ellos en los 3 años transcurridos desde que identificamos esta serie de criterios.

> Se utilizó una gran variedad de métodos estadísticos para identificar los síntomas esenciales que distinguen a los adultos con TDAH. Así, se les comparó no solo con los adultos «normales» de la población general, sino también con un segundo grupo de control formado por adultos de la misma clínica de salud mental que tenían otros trastornos psicológicos, pero que no padecían TDAH. Así mismo, se añadieron en nuestros análisis los 18 criterios del DSM-IV para ver cómo funcionaban a la hora de identificar el TDAH en adultos. Sorprendentemente, hallamos que solo 9 de los 109 síntomas que habíamos identificado (véase Apéndice) eran necesarios para identificar a adultos con TDAH, y son los nueve que usted ha visto en el primer capítulo.

Básicamente, el análisis traducirá sus experiencias personales en criterios diseñados para separar a aquellos que padecen TDAH de los que no lo tienen, para que pueda recibir la ayuda que necesite y evitar ser tratado para un trastorno que *no* sufre.

¿Se ve reflejado en el diagnóstico?

Echemos un vistazo más de cerca a esos síntomas que parecen tan abstractos. El TDAH consiste básicamente en una serie de problemas que pueden separarse en tres áreas y que puede experimentar de la siguiente manera:

- *Intervalos de atención muy cortos o falta de constancia en las tareas*: Es posible que note esta serie de síntomas en especial cuando tiene que hacer algo tedioso, aburrido o muy largo.
- ¿Se aburre pronto con las tareas repetitivas?
- ¿Cambia usted una actividad que aún no ha completado por otra? (Por ejemplo, en las tareas de la casa, deja la cama a medio hacer, después vacía medio lavaplatos y se va a quitar el polvo solamente de la habitación.)

- ¿Pierde la concentración durante una tarea de larga duración? ¿Le es casi imposible escribir un informe detallado o rellenar la declaración de la renta con todos sus formularios y casillas?
- ¿Tiene dificultades para entregar sus informes de ventas u otros documentos a tiempo sin que le atosigue el jefe?

Muchos pacientes con TDAH describen una doble adversidad en este aspecto: parecen no poder concentrarse el tiempo suficiente para terminar sus tareas rutinarias y además se distraen con prácticamente cualquier cosa que entre en su campo de conciencia. Si alguien entra en su visión periférica, los ojos le siguen y la mente los acompaña para nunca volver al punto de partida. O de repente irrumpen pensamientos irrelevantes y no deseados en su cabeza y se va por las ramas, de forma que pierde muchísimo tiempo.

- *Habilidad limitada para controlar sus impulsos y posponer el placer*:
  - ¿Le critica la gente por no prestar atención a lo que hace?
  - ¿«¿En qué estabas pensando?» es una pregunta que oye al menos un par de veces a la semana?
  - ¿Se ha puesto en evidencia interrumpiendo a los demás, haciendo comentarios de los que se arrepiente o dominando la conversación hasta aburrir a todo el mundo?
  - ¿Suele impacientarse y dejar las gestiones para otro día cuando hay cola en el banco, en correos o en el supermercado?
  - ¿Repite siempre de postre aunque quiera perder peso?
  - ¿Se gasta todo el sueldo los fines de semana, en lugar de ahorrar para comprarse el equipo de esquí que tanto desea?

Muchos adolescentes y adultos con TDAH tienden a conducir deprisa y de forma agresiva, perder la paciencia con otros conductores, y acumular multas de aparcamiento porque son incapaces de molestarse en buscar un lugar en el que el estacionamiento no esté prohibido; y generalmente tienen muy baja tolerancia a la frustración. ¿Es usted uno de ellos?

- *Actividad excesiva y descontrolada o actividad irrelevante para la tarea que se está desempeñando en ese momento*: La mayoría, aunque no la totalidad, de los adultos con TDAH fueron niños muy movidos.
  - ¿Recuerda moverse de manera totalmente innecesaria para la tarea que se le había asignado? ¿Mover las piernas y los pies, removerse en su silla, repiquetear con las manos y los pies, tocarlo todo, mecerse, o cambiar de postura constantemente mientras hacía tareas relativamente aburridas?

Si eso fue parte de su niñez, será consciente de qué ha cambiado ahora que ha madurado: quizá ahora se describa a sí mismo como una persona inquieta, nerviosa o que siempre necesita estar haciendo algo.

¿Cómo afectan realmente esos síntomas a su vida?

Los síntomas por sí solos no son suficientes para diagnosticar el TDAH. Usted tiene que verse *limitado* por ellos.

Antes me he referido a las dificultades o limitaciones como *consecuencias adversas* que pueden derivar de su comportamiento o sus síntomas, los cuales pueden implicar cualquier cosa que afecte negativamente a su vida. Si echa un vistazo a la lista de 91 síntomas del Apéndice, se hará una idea de cuántas maneras distintas tiene el TDAH de manifestarse en su vida. Imagino que ya sabe cómo pueden ser de adversas las consecuencias que acarrean sus síntomas.

> Limitación: consecuencia social y de cualquier otro tipo, o coste que resulta de la manifestación de los síntomas del TDAH.
>
> No obstante, hay otro elemento inherente al término, tan importante como su definición: la limitación se define en relación a una persona típica de la población general, conocida como la *norma*, que se desenvuelve sin problemas en cualquier aspecto de la vida. Para estar limitado, usted debe funcionar muy por debajo de la norma o la media (adulto típico). ¿Por qué? Porque el término *trastorno* significa precisamente eso, que usted no funciona con normalidad.

Los síntomas del TDAH pueden causar limitaciones en todos los ámbitos de la vida:

Hogar   Trabajo   Vida social   Comunidad   Educación   Vida amorosa o de pareja
Administración del dinero   Forma de conducir   Actividades de ocio   Sexualidad
Educación de los hijos   Responsabilidades diarias

Su problema para resistirse a los impulsos puede llevarle a tener relaciones extramatrimoniales y, como consecuencia, al divorcio. Quizá le haga comprar cosas que no puede permitirse, pero sin las cuales piense que no puede vivir en ese momento. Podría conducirle al abandono de responsabilidades básicas, como el cuidado de los niños o la propia higiene personal. Sus dificultades para aceptar críticas constructivas y hacer cambios basados en las valoraciones de figuras autoritarias pueden provocar que se estanque en su carrera (o incluso que le despidan) y aproveche mucho menos las oportunidades educativas que se le brindan. Es probable que tener un sentido del tiempo deficiente le haga perderse citas y celebraciones importantes, comprometiendo sus relaciones tanto personales como profesionales. Sus problemas de memoria, de comprensión lectora y de cálculo mental convertirán las tareas más básicas en un reto que siempre acabe en frustración. Reaccionar de forma exagerada puede causarle problemas en todos los entornos de su vida: robarle la oportunidad de contribuir a su comunidad mediante trabajos voluntarios, volverle propenso a tener una actitud agresiva al volante o costarle el trabajo o sus relaciones. Estos son solo algunos ejemplos del daño que el TDAH puede infligirle.

¿Podrá aceptar las conclusiones del médico?

Todos somos humanos y, como tales, cuando nos encontramos en según qué situaciones llevamos una idea preconcebida o por lo menos una saludable dosis de escepticismo. Si usted se hizo el análisis pensando firmemente que tenía o no TDAH, tal opinión podría influir de forma importante en su reacción a los resultados del análisis que le comunique el médico. Antes de rechazar la opinión del experto, piense en lo siguiente:

El mito de «todo el mundo tiene síntomas de TDAH»

Que el TDAH es un trastorno real y legítimo ha sido repetidamente puesto en duda durante muchos años. Los más escépticos sostienen que los individuos considerados normales en la población general tienen los mismos tipos de síntomas y limitaciones que supuestamente existen solo en los diagnosticados con el trastorno. Es cierto que aquellos considerados la norma podrían mostrar *alguna que otra vez* varias de las características de comportamiento propias del TDAH. Todo el mundo se distrae con facilidad algunos días o tiene problemas para concentrarse otros. Lo que distingue a los adultos con TDAH de los demás es la considerable mayor frecuencia con la que muestran estas características. La incapacidad para concentrarse, la facilidad para distraerse y otros problemas llegan al punto de ser inapropiados para su franja de edad.

Recientemente, publiqué junto con mis colegas un libro que contenía un estudio para el que habíamos entrevistado a 146 adultos diagnosticados con TDAH y 109 de la población general, y les habíamos preguntado si habían experimentado *a menudo* los 18 síntomas del DSM. En la siguiente tabla, se muestran sus respuestas.

Síntomas	Adultos con TDAH (%)	Adultos de la población general (%)
Síntomas de déficit de atención		
No puede prestar atención a los detalles.	74	3
Le resulta difícil mantener la atención.	97	3
No puede escuchar cuando se le habla directamente.	73	2
No es capaz de seguir unas instrucciones hasta el final.	75	1
Tiene dificultades para organizar tareas.	81	5
Evita tareas que requieran un esfuerzo mental constante.	81	2
Pierde objetos necesarios.	75	11
Se distrae fácilmente con estímulos ajenos.	97	2
Se muestra olvidadizo en las tareas diarias.	78	4
Síntomas de hiperactividad e impulsividad		
Agita manos y pies, se remueve en el asiento.	79	4
Se levanta del asiento cuando no debe.	30	2
Se siente intranquilo.	77	3
Le cuesta llevar a cabo actividades de ocio sosegadamente.	38	3
Siempre tiene que estar en movimiento.	62	12
Habla demasiado.	44	4
Responde cuando no debe.	57	7
Le resulta difícil esperar su turno.	67	3
Interrumpe a los demás o se inmiscuye en sus vidas.	57	3

TDAH vs. adultos «normales»:

- Menos del 5% de los adultos «normales» contestaron afirmativamente a las preguntas, excepto en dos de ellas.
- Menos del 12% lo hizo en esas dos preguntas.
- Los adultos del grupo de control de población general presentaron, de media, menos de un síntoma de los 18; mientras que los adultos con TDAH presentaron más de 12 (7 de la lista de déficit de atención y 5 de la lista de hiperactividad e impulsividad).

Como es obvio, la mayoría de los adultos normales no reflejan haber tenido estos problemas a menudo. Hay una diferencia cuantificable, estadísticamente significativa y notable entre las experiencias de los diagnosticados con TDAH y los demás.

En el mismo estudio, preguntamos a los adultos con TDAH y a los de la población general en qué ámbitos de sus vidas se veían a menudo *limitados* por los síntomas del TDAH. Los resultados que obtuvimos son los siguientes:

Ámbito	Adultos con TDAH (%)	Adultos de la población general (%)
Hogar	69	2
Trabajo u ocupación	75	2
Interacciones sociales	56	1
Actividades para el bien público	44	1
Actividades educativas	89	1
Vida amorosa o de pareja	73	1
Administración del dinero	73	1
Forma de conducir	38	2
Actividades de ocio	46	1
Responsabilidades diarias	86	2

Para cada una de estas actividades importantes en la vida diaria, afirmaron estar limitados más los adultos con TDAH. En la mayoría de las áreas, una mayoría importante afirmó estarlo «a menudo».

Las mismas personas que sostenían que los supuestos síntomas del TDAH eran problemas que tenían todos los adultos también dicen que estos síntomas (y sus consecuentes limitaciones) son más acusados y frecuentes en niños «normales» que en adultos «normales». Mantienen que el TDAH no es un trastorno, sino simplemente una serie de problemas muy extendidos entre la población general, especialmente en la infancia. Nuestro estudio demostró que esto no era cierto.

> Puede encontrar los resultados de la comparación de síntomas y ámbitos en los que se dan las limitaciones entre niños con y sin TDAH en el libro que escribí con Kevin Murphy y Mariellen Fischer, ADHD in Adults: What the Science Says (Guilford Press, 2008) [El TDAH en adultos: lo que nos dice la ciencia, J&C Ediciones Médicas, Barcelona, 2008]. La tabla de 91 síntomas en el Apéndice también muestra una gran disparidad entre adultos con y sin TDAH.

Cuando sus síntomas no coinciden con los del TDAH

El médico que le ha evaluado podría decirle que usted tiene un «subtipo» particular de TDAH, pero que no está seguro. Actualmente, el DSM-IV divide el TDAH en tres subtipos:

1. Con predominio de hiperactividad

2. Con predominio del déficit de atención

3. Combinado

> Los tres subtipos de TDAH desde 2010:
>
> - El tipo *combinado* es el más común (aproximadamente el 65% de los casos clínicos) y el más severo, e incluye todas las características apreciadas en los 18 criterios del DSM. Es también el más estudiado de los «subtipos» de TDAH y se han publicado miles de estudios científicos en los últimos 100 años.
> - El tipo *con predominio de hiperactividad* fue reconocido en 1994. Las personas con este tipo de TDAH no tienen suficientes problemas de déficit de atención para ser diagnosticados con el tipo combinado. Se manifiesta principalmente en forma de dificultades derivadas de un comportamiento hiperactivo e impulsivo. Hoy en día, se cree que representa solo a una etapa temprana del desarrollo del tipo combinado en la mayoría de los casos. Un 90% de estas personas desarrollarán suficientes problemas de atención como para ser diagnosticadas con el tipo combinado en cuestión de 3 o 5 años. El resto de los casos parecen representar en su mayoría una variante mucho más leve del tipo combinado.
> - Los individuos que muestran principalmente problemas de atención, aunque no unos niveles de actividad excesivos ni una falta de control de los propios impulsos son considerados del tipo *con predominio de déficit de atención*. Este subtipo se reconoció por primera vez allá por 1980 y representa algo más del 30% de los casos clínicos. Muchos de estos son tan solo formas más leves del tipo combinado.

El problema es que esta subdivisión puede a veces hacer el diagnóstico más confuso, ya que los subtipos se solapan y podríamos hablar más bien de grados de gravedad más que de tipos distintos. Por lo tanto, es posible que tal clasificación no se mantenga en la siguiente edición del DSM, prevista para el año 2013.

Para confundir aún más las cosas, entre el 30% y el 50% de aquellos que parecen tener el tipo con predominio de déficit de atención podrían no padecer TDAH en absoluto, sino algo que algunos investigadores, entre los cuales me incluyo, llaman ahora «tiempo cognitivo lento» (TCL) o un trastorno relacionado con otro tipo distinto de atención.

¿Es usted propenso a las siguientes situaciones, algunas de las cuales parecen *contrarias* al TDAH?

- ☐ Sueña despierto.
- ☐ Se queda ensimismado.
- ☐ Mira fijamente con frecuencia.
- ☐ Se mueve con lentitud, es hipoactivo, letárgico.
- ☐ Se siente confuso u obnubilado con facilidad.
- ☐ Procesa la información con demasiada lentitud y comete muchos errores al hacerlo.
- ☐ Tiene dificultades para centrar la atención o le es imposible distinguir entre la información importante y la que no lo es cuando tiene que asimilarla rápidamente.
- ☐ Tiene problemas constantes para recordar la información adquirida anteriormente.
- ☐ Es socialmente más reservado, tímido o retraído.
- ☐ Es pasivo e indeciso en lugar de impulsivo, como es típico en el subtipo combinado del TDAH.
- ☐ Presenta otro patrón de conducta u otros trastornos que normalmente coexisten con el TDAH, por ejemplo:
    - ☐ Poca agresividad social, conocida como *Trastorno Negativista Desafiante.*
    - ☐ Menor probabilidad de un comportamiento antisocial o de padecer un trastorno disocial (mentiras frecuentes, robos, peleas, etc.).
    - ☐ Proclividad a la ansiedad y la depresión.
    - ☐ Fracaso escolar debido a la frecuencia de errores en lugar de a una baja productividad.

Si estos patrones coinciden más con usted, pregunte al médico que le evaluó. Se sabe tan poco de este síndrome (si es otro subtipo de TDAH u otro trastorno de atención totalmente distinto) que no se va a contemplar más en este libro.

¿Qué pasa si sigue sin estar de acuerdo con las conclusiones del médico?

Ya lo ha leído todo sobre el TDAH y cómo se diagnostica. Quizá incluso haya recibido su diagnóstico. ¿Está preparado para tener este trastorno? Esta sería la única manera de buscar un tratamiento adecuado y seguir adelante con el tipo de vida que desea y que se merece.

¿Cuándo está justificada una segunda opinión?

Si no está de acuerdo con los resultados de su primer análisis, pregúntese sinceramente si es porque su psicólogo no hizo un análisis concienzudo o porque sacó conclusiones sobre su carácter que simplemente no son ciertas. Si es así, pida una segunda opinión.

Sin embargo, incluso si el análisis se realizó bien y de forma responsable y la descripción que de usted se hace le suena certera, podría no estar de acuerdo con la categorización que se le ha dado. El problema podrían ser sus nociones preconcebidas o sus propios intentos de autodiagnosticarse. A veces la gente busca un diagnóstico profesional creyendo que tienen un trastorno particular, como por ejemplo un trastorno bipolar, y luego el evaluador les anuncia que lo que tienen es TDAH. Cuando el diagnóstico profesional no coincide con lo que pensaban en un principio, puede resultarles difícil de aceptar. En ese caso, usted puede pedir sin duda una segunda opinión, aunque sepa que puede ser que esta tampoco le guste por el hecho de seguir sin coincidir con su autodiagnóstico. Es razonable pedir segundas opiniones siempre y cuando usted tenga razones sólidas y fundadas para cuestionar el análisis inicial y no estar en absoluto de acuerdo con las conclusiones que este ofrece.

Si desea una segunda opinión porque piensa que *sí* tiene TDAH pero el médico lo niega, eche un vistazo a los casos siguientes.

¿Qué pasa si el médico le dice que no tiene TDAH, pero usted cree que sí?

Ocurre algo curioso con el TDAH: quizá su impacto en el rendimiento sea el motivo por el que es tan conocido y por el que mucha gente culpa al trastorno cuando no alcanza las metas que se propone. ¿Podría ser esto lo que le ocurre?

Joe decidió que quería ser médico cuando estaba en el instituto. Por lo tanto, escogió una universidad con un departamento de biología muy importante y con un índice muy alto de alumnos admitidos en la especialidad de medicina. Lo dejaron en la lista de espera, pero al final consiguió entrar. Sin embargo, una vez en la facultad, las asignaturas de ciencias le parecían un suplicio. En su penúltimo año, su media era un 3 y ya había repetido tres veces química orgánica sin conseguir aprobar. Joe empezó a preguntarse qué diablos le pasaba: estudiaba mucho, no era menos inteligente que los demás y estaba muy motivado. Para cuando terminó y se presentó al examen de acceso a medicina, con unos resultados decepcionantes, estaba convencido de que algo le pasaba.

La mayoría de sus compañeros habían aprobado las asignaturas sin tantas dificultades, pero él estaba encallado. Parecía que nunca podría ser médico. Entonces, decidió hacerse un análisis para el TDAH. Cuanto más leía sobre el trastorno, más convencido estaba de que ese era el problema. El evaluador no se lo diagnosticó, y tras una segunda opinión, incluso una tercera, también el TDAH fue descartado.

Carrie cayó en una trampa similar. Cuando era niña, la habían calificado de «superdotada» y le habían hecho creer que podría destacar en cualquier cosa a la que se dedicara en la vida. Cuando Carrie empezó a cambiar de trabajo con demasiada frecuencia después de finalizar sus estudios, su familia y ella pensaron que la causa podría ser el TDAH, pues era la única explicación que podían encontrar a tantos problemas para no desempeñar bien un trabajo que dado su alto coeficiente intelectual debería hacer con los ojos cerrados. Resultó que el TDAH no era el problema, sino la ansiedad. Carrie no quería admitir que casi se paralizaba de miedo cuando empezaba un trabajo nuevo, lo cual la bloqueaba y no le permitía concentrarse. Afortunadamente, el médico a quien acudió, en principio buscando un diagnóstico de TDAH, descubrió el verdadero problema y le recomendó un terapeuta especializado en trastornos de ansiedad. Este no solo le puso un tratamiento adecuado para luchar contra su problema, sino que ayudó a Carrie a aceptar el diagnóstico sin sentirse avergonzada.

Cal no tenía una razón particular, como podría haber sido un coeficiente intelectual por encima de la media o la diferencia con sus compañeros, para creer que padecía TDAH y que ese era el motivo por el que no progresaba en el trabajo y no tenía amigos ni novia. Simplemente creía que su vida tenía que ser diferente y estuvo años buscando una explicación a por qué no lo era. Mis colegas y yo hemos visto muchos casos como el de Cal de personas que creían que no les iba tan bien como querían en la vida y lo achacaban a un déficit psicológico. Ningún especialista puede explicar este fenómeno. Es totalmente contrario al que se da en esos concursos de talentos de la televisión en los que el participante claramente no canta bien, pero aun así cree que está destinado al estrellato. En casos como el de Cal, la persona cree que no puede tener éxito por sus propias limitaciones, aunque de hecho hace las cosas tan bien como cualquier otro, aunque no alcance sus propias metas.

Establecer un patrón para definir el término *limitación* que no sea la comparación con la auténtica norma sería algo similar a lo que ocurre en *Alicia en el País de las Maravillas*, donde nada es lo que parece y las palabras pueden tener el significado que uno desee que tengan. Decir que una persona se desenvuelve tan bien o incluso mejor que la media y aun así padece lo que se considera una limitación puede restar seriedad al concepto de «trastorno» y hacer un flaco favor a aquellos que en realidad experimentan dificultades para no estar a la altura de la norma.

Si el experto le dice que no padece TDAH, cualquiera de las circunstancias siguientes podría ser el motivo de sus síntomas:

- Tener más de 55 años o estar en la perimenopausia, periodos en los que ser olvidadizo, distraerse o tener problemas para organizarse es normal.
- Problemas médicos recientes tales como una disfunción en la tiroides, otitis media o faringitis (si bien esta conexión en particular resulta extraña).
- Un consumo excesivo de drogas recreativas (alcohol, marihuana, cocaína, metanfetaminas, etc.), que pueden causar falta de atención, pérdidas de memoria o problemas para organizarse.
- Estrés inusual, aunque en este caso los síntomas propios del TDAH serían *temporales*.
- Una lesión en alguna de las regiones responsables de la capacidad de atención, la inhibición de la conducta, la memoria de trabajo y el autocontrol emocional.

El análisis debería descubrir cualquiera de estas posibles causas y el médico que lo hizo debería derivarle a los profesionales adecuados para paliarlas.

Una última comprobación

Si se le ha diagnosticado TDAH pero no está preparado para aceptar el trastorno, eche un vistazo a los hechos siguientes y verá cómo no está solo.

- El TDAH se da aproximadamente en el 5-8% de los niños y el 4-5% de los adultos.
- En la infancia, es tres veces más común en chicos que en chicas, pero en la edad adulta se reduce a aproximadamente el doble de hombres que de mujeres o incluso menos.
- El trastorno está presente en todos los países y grupos étnicos estudiados hasta la fecha.
- El TDAH es algo más común en la población urbana y las regiones densamente pobladas que en las áreas rurales o suburbanas, y no distingue clases sociales ni grupos étnicos.

Encontrarse en este grupo no es una noticia tan horrible ya que hay mucha ayuda disponible. Pero para conseguirla debe admitir, aceptar y además reconocer el diagnóstico de TDAH como parte de lo que usted es. De lo contrario, no encontrará la motivación suficiente para buscar un tratamiento adecuado o para seguir las instrucciones y consejos de los profesionales.

¿Listo para recibir esa ayuda?

SEGUNDO PASO: CAMBIE DE ACTITUD

Conozca y reconozca su TDAH

Obtener un diagnóstico de TDAH es como disfrutar de un pasaporte para una vida mejor. Le da acceso a:

- **una medicación** que le ayudará a concentrarse, a perseverar, a administrarse el tiempo, a resistir las distracciones que le alejan de lo que quiere y debe hacer;
- **estrategias** para potenciar sus puntos fuertes;
- **herramientas** que pueden ayudarle a compensar sus puntos débiles;
- **habilidades** para sobrellevar el trastorno que acrecentarán sus logros en ámbitos específicos, desde el trabajo hasta el hogar;
- **apoyo** de expertos y otros adultos con TDAH que quieren que sus sueños se hagan realidad y que alcance sus metas.

El resto de este libro aborda detalladamente las opciones con las que cuenta para obtener cada tipo de ayuda (dónde ir, qué hacer, cómo usar los recursos disponibles). Pero esto es solo la mitad de lo que usted necesita para sacar el máximo partido al tratamiento y al apoyo recibido. La otra mitad implica conocerse a sí mismo y a su TDAH particular. Y para ello, debe realmente reconocerlo.

Aceptar el trastorno como parte de su mecanismo psicológico es a lo que me refiero cuando digo «reconocer su TDAH». Si se limita a hacerlo a un nivel intelectual distante, reconociendo el diagnóstico de cara a la galería pero rechazándolo en su fuero interno, no progresará. La gente a la que he visto reaccionar así no suele seguir el tratamiento adecuadamente, malgastan su tiempo y su dinero en el diagnóstico y acaban padeciendo los mismos problemas que siempre habían tenido.

De hecho, considero que aceptar el diagnóstico puede ser incluso una liberación para muchos adultos, pues podrán dejarse de juegos psicológicos consigo mismos y con los demás para negar el problema, buscarse excusas, defenderse, tergiversar la realidad, manipular los hechos o cualquier otro medio que sirva para evitar aceptar el trastorno. Yo soy calvo, daltónico en más de un 60%, carezco de una buena coordinación, no sé dibujar ni pintar, no tengo mano con la mecánica, carezco de oído musical, ahora tengo que usar gafas para leer, el poco pelo que me queda se ha vuelto blanco y ha decidido emigrar al sur hacia mi nariz y mis orejas, y lenta aunque progresivamente se me van debilitando los músculos de la parte izquierda de la cara cuando hablo, entre otros defectos psíquicos y psicológicos que ciertamente poseo. Y no tengo ningún problema en reconocerlos porque cuando tomé conciencia de todos estos defectos, pensé: «¿Y qué? Nadie es perfecto, ni de lejos. Así que reconócelo y sigue con tu vida».

Espero que usted pueda hacer lo mismo: siga aprendiendo, queriendo, viviendo y deje ese legado que toda vida feliz y productiva debería conllevar. La felicidad solo se alcanza aceptándose a uno mismo, incluido el TDAH. Reconocer su TDAH no debe desmoralizarle, porque al hacerlo, también usted podrá llegar a mi conclusión: «¿Y qué?» Admita lo que tiene, acepte el diagnóstico, reconozca su trastorno del mismo modo que reconoce otros de sus rasgos físicos, y así podrá empezar a trabajarlo y dominarlo realmente.

Si no ha aceptado aún el trastorno, no podrá obtener todos los beneficios de recibir el diagnóstico que enumeramos al principio del Segundo paso. Aceptar el TDAH puede llevarle a:

- ser capaz de buscar ayuda,
- hablar de su trastorno con los demás,
- analizar qué debe cambiar o adaptar, si fuera necesario, en el trabajo, la escuela o en casa,
- adaptarse a su enfermedad,
- tratarlo de la forma más apropiada.

En los años que he pasado aconsejando a adultos con TDAH, he llegado a creer que redefinir la imagen que tiene de sí mismo y de

> La negación del diagnóstico es una enorme pérdida de tiempo y energía emocional.

su vida para incluir el TDAH es, de hecho, uno de los cambios cruciales que puede hacer para llegar a dominarlo. Es la única manera que conozco de evitar que el TDAH controle o arruine su vida. Por desgracia, aceptarlo como parte de lo que es puede ser pedir demasiado si ha estado intentando explicar sus problemas de otra manera o si los demás le han convencido de que no hay nada malo en usted que no pueda arreglar con un poco más de fuerza de voluntad. Por suerte, cambiar su perspectiva sobre el TDAH no se limita a una simple modificación por su parte, sino a todo un *proceso*: empiece a *conocerlo*, después *reconózcalo* y, finalmente, será capaz de *trabajarlo*.

6 Conozca su TDAH

Empecemos a conocer el TDAH:

> **La información es poder**
>
> *Lea este libro.* Intente sacar el tiempo necesario. Lo he dividido en secciones asequibles y siempre puede saltarse las listas, las tablas y los gráficos, y retomarlos después. Póngase como objetivo leer un capítulo o una sección al día, empiece leyendo por encima si es necesario y asegúrese de que lo termina. Intente ponerse un recordatorio en el ordenador o el teléfono móvil o programar la alarma del reloj para leer unos 15 minutos a una hora determinada del día.
>
> *Aproveche las fuentes de información adicionales incluidas por todo el libro.* Cuando se cite un libro o un artículo que pueda responder a muchas preguntas sobre uno de los temas tratados, usted encontrará en la misma página su referencia para poder buscarlo cuando le surjan dichas dudas. También encontrará una lista exhaustiva, dividida por temas, en la sección de Recursos al final del libro.
>
> *Sea escéptico.* Si lee lo suficiente, será capaz de decidir por sí mismo qué es lo que tiene sentido y lo que no. La información al final del capítulo 11 le ayudará a informarse mejor sin perder tiempo leyendo información errónea, afirmaciones exageradas o absolutas falsedades.

¿Qué es lo que va mal psicológicamente cuando se tiene TDAH?

Por lo que sabemos, la causa del TDAH es neurológica (del cerebro) y hereditaria (de los genes). Como describe el cuadro de las páginas 102-103, la tecnología de diagnóstico del cerebro por imágenes muestra diferencias en el desarrollo cerebral de los aquejados con TDAH. También sabemos por diversos estudios genéticos, como los realizados a miembros de la misma familia e incluso los que comparan a mellizos con gemelos, que el trastorno es altamente hereditario.

> La tecnología de diagnóstico del cerebro por imágenes es un grupo de métodos mediante los que se escanea el cerebro para sacar imágenes de su estructura y su actividad.

ⓘ

Diversos estudios demuestran que usted probablemente heredó el TDAH:

- Entre el 10% y el 35% de los familiares directos de niños con TDAH también padece el trastorno.
- Cuando un progenitor tiene TDAH, entre el 40% y el 57% de los hijos biológicos también lo tendrá. Lo que significa que si su padre o su madre padecen TDAH, tiene 8 veces más posibilidades de tenerlo usted también.

Ahora ya puede olvidarse de por qué tiene TDAH. Es demasiado tarde para cambiarlo. Sin embargo, saber qué va mal a consecuencia de esas causas sí puede ayudarle a encontrar los tratamientos y métodos más específicos.

Las investigaciones que llevamos a cabo mis colegas y yo durante más de 20 años nos mostraron que el TDAH causa muchos más problemas de los que se resumen en los 18 síntomas del DSM. Estos últimos son los que usan la mayoría de los médicos para diagnosticar el TDAH, y aún *encontramos 91 más* (véase Apéndice), *presentes en un gran número de personas con el trastorno*. Esto, sin duda, ayudó a explicar por qué es tan difícil de diagnosticar. Pero, ¿qué significa esa abundancia de síntomas? Ahora que los hemos identificado, ¿cómo podríamos usar esa larga lista para entender mejor el TDAH?

Mis trabajos y los de otros compañeros han demostrado que estos problemas parecen agruparse en tres categorías. El TDAH parece ser una combinación de:

- falta de inhibición,
- autocontrol deficiente,
- problemas con las funciones ejecutivas.

Como irá descubriendo en el resto del Segundo paso, estas tres categorías están interrelacionadas. La falta de inhibición lleva a un autocontrol deficiente, y los problemas con las funciones ejecutivas pueden producir cuatro tipos distintos de carencia de autocontrol. *Empiezo a creer que todo se reduce al autocontrol*. Sin embargo, pienso que usted entenderá más fácilmente su versión particular de TDAH si la observa dentro del marco de estas tres áreas de dificultad.

A continuación, se muestran los síntomas que pertenecen a estas categorías. ¿Cuántos de ellos tiene?

Falta de inhibición
- ☐ Es impaciente, tiene dificultad para tolerar las esperas.
- ☐ Toma decisiones impulsivas.
- ☐ Realiza comentarios inadecuados a otras personas.
- ☐ Le cuesta interrumpir actividades o dejar de comportarse de manera inadecuada.

Autocontrol deficiente
- ☐ Es incapaz de esperar por una recompensa o dejar de hacer cosas que sean recompensadas inmediatamente y trabajar por un objetivo a medio o largo plazo.
- ☐ Es proclive a hacer cosas sin considerar sus consecuencias.
- ☐ Tiende a interrumpir trabajos aburridos y pasar a cosas más divertidas.
- ☐ Empieza proyectos o tareas sin leer o escuchar cuidadosamente las instrucciones.

Problemas con las funciones ejecutivas
- ☐ Carece de sentido del tiempo.
- ☐ Olvida hacer cosas que debe hacer.
- ☐ Tiene problemas de comprensión lectora, necesita releer para entender el significado.
- ☐ Se frustra fácilmente.

Se trata tan solo de una muestra, si bien es probable que pueda darse cuenta de que la **falta de inhibición** significa esencialmente que usted tiene dificultades para refrenarse lo suficiente para pensar en lo que está a punto de hacer. Sin esa pausa, no puede ejercer autocontrol. El **autocontrol** engloba cualquier respuesta o serie de respuestas que se dirige a sí mismo y a su comportamiento y que le llevan a hacer algo diferente a lo que su primer impulso le dicta. Piense en la inhibición como su sistema de frenado psicológico: usted pisa el freno y reduce la velocidad lo suficiente para decidir si la intersección a la que se está acercando está despejada y es seguro atravesarla, además de sopesar qué posibilidades de éxito tiene lo que está pensando en hacer. El autocontrol sería como llegar a un cruce con un stop y esperar a que no haya tráfico para proceder, por mucha prisa que se tenga.

Las **funciones ejecutivas** comprenden aquellas acciones específicas que nos dirigimos para controlarnos. Son unas habilidades mentales que todos usamos, gracias a las que pensamos en nuestro pasado para anticipar el futuro y guiar nuestro comportamiento hacia este último. Los científicos las dividen y etiquetan de maneras distintas, pero generalmente incluyen habilidades como la inhibición, la memoria de trabajo, el control emocional, la planificación y la atención. Tras inhibir nuestro impulso hacia una acción, ponemos en marcha estas habilidades durante la pausa. Es importante saber que usarlas requiere esfuerzo y voluntad, ya que no son fáciles ni automáticas. Estas funciones ejecutivas nos ayudan a decidir exactamente qué hacer cuando ejercemos autocontrol. Piense en ellas como si fueran su volante.

Cinco áreas de dificultad para llevar a cabo sus actividades diarias

Es más fácil ver cómo una inhibición, un autocontrol y unas funciones ejecutivas limitados pueden invadir su vida si se fija en las dificultades que causan en las siguientes cinco áreas. Seleccione rápidamente cuáles de estos problemas ha experimentado para hacerse una idea de las distintas maneras en las que el TDAH le afecta.

Área de dificultad 1: Capacidad limitada para organizar su tiempo, su agenda y sus objetivos

- ☐ Dejo las cosas para el último momento.
- ☐ No tengo muy buena percepción del tiempo.
- ☐ Pierdo mucho el tiempo o no me lo sé administrar.
- ☐ No me preparo con anterioridad para el trabajo o las tareas asignadas.
- ☐ Tengo dificultad para entregar los trabajos a tiempo.
- ☐ Me cuesta planificar y preparar acontecimientos próximos.
- ☐ Olvido las cosas que tengo que hacer.
- ☐ No alcanzo las metas que me propongo.
- ☐ Llego tarde al trabajo o a mis citas.
- ☐ No logro retener en la mente las cosas que tengo que hacer.
- ☐ Tengo problemas para recordar el objetivo final de las cosas que hago.
- ☐ Tengo dificultades para hacer varias actividades a la vez.
- ☐ No consigo terminar las cosas a no ser que se acerque su fecha límite.
- ☐ Me resulta difícil estimar cuánto tiempo tardaré en hacer algo o en llegar a algún sitio.
- ☐ No me motiva ponerme con una tarea.
- ☐ Me falta motivación para no dejar a medias los trabajos o tareas.

- ☐ Tengo poca motivación para prepararme de antemano las cosas que sé que debo hacer.
- ☐ Me resulta complicado terminar una tarea antes de empezar otra.
- ☐ Tengo problemas para hacer lo que me propongo.
- ☐ Me cuesta cumplir las promesas y compromisos que contraigo con los demás.
- ☐ Tengo poca autodisciplina.
- ☐ No consigo organizar mis tareas por orden de importancia, no soy capaz de «priorizar».
- ☐ A duras penas, puedo administrarme el dinero o las tarjetas de crédito.

Si usted se siente identificado con un número importante de estos problemas, debería quedarle bastante claro que el TDAH en los adultos es un problema con la habilidad para organizar su comportamiento en el tiempo y anticiparse al futuro.

¿Cuántos de estos problemas (quizá oiga a los profesionales que le tratan llamarlos «déficits») reconoce en usted? ¿Le vienen a la cabeza algunos ejemplos de su propia vida?

_____

_____

_____

Área de dificultad 2: Poca capacidad para organizarse y resolver problemas, y escasa memoria de trabajo

- ☐ Tengo dificultades con el cálculo mental.
- ☐ Tiendo a no recordar lo que he leído u oído.
- ☐ Tengo problemas para organizar mis pensamientos o para pensar con claridad.
- ☐ Me olvido de adónde quiero llegar cuando hablo con los demás.
- ☐ Cuando me enseñan a hacer algo difícil, no puedo retener la información para después imitarlo y realizarlo correctamente.
- ☐ No me gustan las actividades escolares o laborales en las que tengo que pensar más de lo normal.

- Me cuesta expresar lo que quiero decir.
- No soy capaz de aportar a los problemas tantas soluciones como los demás.
- A menudo, me quedo sin palabras cuando intento explicar algo a los demás.
- Tengo problemas para reflejar lo que pienso por escrito o para hacerlo tan rápido como los demás.
- No me siento tan creativo o ingenioso como las demás personas de mi misma inteligencia.
- Al intentar cumplir con lo que se me asigna o alcanzar una meta, encuentro que no soy capaz de pensar en tantas maneras de hacerlo como los demás.
- Experimento más problemas que los demás a la hora de aprender actividades nuevas o complejas.
- Me resulta complicado explicar las cosas en el orden o la secuencia adecuados.
- Me cuesta explicarme más que a los demás.
- Tengo dificultades para hacer las cosas en el orden o la secuencia adecuados.
- Soy incapaz de pensar con rapidez o responder de forma tan eficaz como hacen los demás cuando pasa algo inesperado.
- Soy torpe, no coordino mis movimientos tan bien como los demás.
- Reacciono de forma lenta cuando pasa algo inesperado.
- No recuerdo tan bien como los demás cosas que he hecho o lugares donde he estado.

> ¿Le resulta demasiado familiar esta lista? ¿Qué problemas están más en sintonía con usted?
> _____
> _____
> _____

Quizá sepa por experiencia propia que los adultos con TDAH tienen problemas considerables a la hora de organizar sus pensamientos o sus acciones, de actuar rápida y eficazmente y de pensar en distintas maneras de hacer las cosas o de superar los obstáculos que se van encontrando en la vida diaria.

Área de dificultad 3: Autodisciplina (inhibición) deficiente

- Tengo dificultades para tolerar la espera, soy impaciente.

- ☐ Tomo decisiones de forma impulsiva.
- ☐ Soy incapaz de inhibir mis reacciones o respuestas a determinados acontecimientos o personas.
- ☐ Tengo problemas para detener mis actividades o mi comportamiento cuando tengo que hacerlo.
- ☐ Me cuesta cambiar mi comportamiento cuando alguien me hace consciente de mis errores.
- ☐ Hago comentarios impulsivos a los demás.
- ☐ Acostumbro a hacer las cosas sin tener en cuenta sus consecuencias.
- ☐ Cambio de planes en el último minuto siguiendo un capricho o un impulso repentino.
- ☐ Soy incapaz de tener en cuenta mis vivencias o experiencias personales pasadas antes de responder ante nuevas situaciones.
- ☐ No pienso en el futuro tanto como lo hacen otras personas de mi edad.
- ☐ No soy consciente de las cosas que hago o digo.
- ☐ Tengo dificultades para ser objetivo con cosas que me afectan directamente.
- ☐ Me es difícil analizar un problema o una situación desde una perspectiva ajena.
- ☐ Me enfado u ofendo fácilmente.
- ☐ Mis reacciones emocionales son exageradas.
- ☐ Los acontecimientos futuros parecen preocuparme menos que a los demás.
- ☐ No pienso las cosas antes de hacerlas.
- ☐ Me resulta casi imposible hacer juicios sensatos cuando se presentan problemas o estoy bajo presión.
- ☐ Me cuesta seguir las reglas y patrones de una situación.
- ☐ No soy flexible, sino muy rígido y estricto en cómo me gusta que se hagan las cosas.
- ☐ Soy propenso a los accidentes.
- ☐ Conduzco más rápido que los demás (exceso de velocidad).

6. CONOZCA SU TDAH

> ¿Con cuáles de estos problemas convive? ¿Puede pensar en una situación reciente en la que haya tenido que vérselas con alguno de ellos?
>
> _____
>
> _____
>
> _____
>
> _____

Tenga en cuenta que estos problemas con la inhibición no solo afectan al comportamiento, sino también al pensamiento y a las emociones. Es por eso por lo que una inhibición deficiente puede limitarle tanto en la vida: si no puede detener sus propias acciones, pensamientos o emociones para darle a esa pausa o al autocontrol una oportunidad de refrenarle, no será capaz de tomar decisiones a favor de su bienestar a largo plazo.

Área de dificultad 4: Falta de motivación

- ☐ Soy propenso a tomar atajos en el trabajo y a no hacer todo lo que se supone que tengo que hacer.
- ☐ Acostumbro a saltarme tareas si son aburridas o difíciles.
- ☐ No soy capaz de ver la compensación a largo plazo y tiendo a hacer cosas que tienen una recompensa a corto plazo.
- ☐ No presto mucha atención a los detalles en el trabajo.
- ☐ No me esfuerzo en el trabajo tanto como debería o como los demás son capaces de hacer.
- ☐ Suelen decirme que soy vago y que no estoy motivado.
- ☐ Dependo de la ayuda de los demás para terminar mi trabajo.
- ☐ No acabo las cosas a no ser que incluyan una recompensa inmediata.
- ☐ Tengo dificultades para resistir la tentación de hacer algo divertido o más interesante cuando se supone que debería estar trabajando.
- ☐ No soy constante en la calidad y la cantidad del trabajo que realizo.
- ☐ No soy capaz de trabajar tan bien como los demás sin supervisión o sin frecuentes instrucciones.
- ☐ Bromeo, hago el tonto o el payaso en situaciones en las que debería permanecer serio.

> ¿Qué elementos de esta lista le son familiares? ¿En qué tipo de situación?

Imagino que sabe lo duro que puede ser seguir haciendo algo cuando es aburrido, largo o requiere mucho esfuerzo. Si no puede motivarse, ¿cómo podrá perseverar en sus acciones? El TDAH le deja a la merced de las recompensas inmediatas o de las amenazas de consecuencias impuestas por otros.

Área de dificultad 5: Activación, concentración y atención deficientes

- ☐ Me distraigo fácilmente con pensamientos irrelevantes cuando debo concentrarme para hacer algo.
- ☐ Tiendo a soñar despierto cuando debería estar concentrado haciendo alguna cosa.
- ☐ Empiezo tareas o proyectos sin leer o escuchar las instrucciones con atención.
- ☐ No puedo comprender lo que leo tan bien como debería, casi siempre tengo que releerlo para enterarme de su significado.
- ☐ Me frustro con facilidad.
- ☐ No suelo perseverar en cosas que no encuentro interesantes.
- ☐ Me cuesta permanecer alerta o despierto en situaciones aburridas.
- ☐ Me distraigo fácilmente con las actividades que se desarrollan a mi alrededor.
- ☐ No consigo mantener la concentración cuando leo, relleno papeleo administrativo, trabajo o asisto a una clase.
- ☐ Me aburro fácilmente.

> ¿Qué problemas de los de arriba le afectan? ¿Cómo en particular?

6. CONOZCA SU TDAH

Los adultos con TDAH tienen muchas dificultades para permanecer despiertos, atentos, interesados y activos y mantener su concentración cuando las cosas no les parecen atrayentes o excitantes, o no reciben una recompensa por ellas.

> Diversos estudios que he llevado a cabo recientemente muestran que entre un 89 y un 98% de los adultos con TDAH afirman tener serios problemas en las cinco áreas anteriores, en comparación con solo un 7-14% de los adultos de la población general:
>
> | | Adultos con TDAH (%) | Adultos de la población general (%) |
> |---|---|---|
> | **Testimonios directos** | | |
> | Dificultades para administrarse el tiempo | 98 | 8 |
> | Organización mental deficiente | 89 | 11 |
> | Problemas de inhibición | 94 | 7 |
> | Problemas de motivación | 95 | 9 |
> | Problemas de concentración | 98 | 7 |
> | **Testimonios de personas que conocían bien al adulto** | | |
> | Dificultades para administrarse el tiempo | 96 | 9 |
> | Organización mental deficiente | 84 | 7 |
> | Problemas de inhibición | 94 | 11 |
> | Problemas de motivación | 84 | 9 |
> | Problemas de concentración | 99 | 14 |

Estas cinco áreas de dificultad que provoca el TDAH en las principales actividades de los adultos se extienden a casi todo lo que usted tiene que hacer a diario. Debería quedarle claro que interfieren seriamente en su educación y en su rendimiento laboral, aunque seguro que también le parece obvio que han estado interfiriendo en su vida social y sentimental. Si ha experimentado problemas para administrarse el dinero, conducir o educar y cuidar de sus hijos, puede que ahora se dé cuenta de cómo estas habilidades pueden verse afectadas por el TDAH. No hay duda de que incluso puede atisbar cómo estos problemas le impiden tomar medidas de salud preventivas y llevar una vida saludable que se traduzca en un bienestar general prolongado. Estas conexiones conducen a una conclusión ineludible:

El TDAH en los adultos no es un mero trastorno de falta de atención

> El TDAH es una forma de incapacidad para ver el tiempo.

Más bien es un problema con la habilidad para organizar su comportamiento en el tiempo y prepararse para el futuro. Las cinco áreas de dificultad en el TDAH añaden una excepcional miopía con respecto al futuro. Y esto, como seguramente sabe de primera mano, es la receta para el desastre en la mayoría de las actividades de su vida.

Lo que aprenderá en los siguientes tres pasos, y que le puede ayudar enormemente, es lo siguiente:

> Los problemas que le ocasiona el TDAH tienen más que ver con no utilizar lo que sabe en momentos críticos de su vida que con no saber qué hacer.

No olvide esto. No solo es importante que entienda el TDAH, sino también confiar en que usted puede mejorar su vida, que no es vago, estúpido o simplemente «no presta atención». Sabe qué hacer. Veamos cómo puede aprender a utilizar lo que usted ya sabe cuando lo necesita.

7 Resistir a los impulsos, el primer paso hacia el autocontrol

¿Por qué me distraigo con tanta facilidad cuando intento concentrarme?

Sé que el proyecto tendría que haber estado listo esta mañana, pero ayer no conseguí dejar de jugar a ese videojuego de fútbol en línea con otros tíos de todos los rincones. Ahora estoy en un lío en el trabajo. Cuando encuentro algo divertido o mínimamente interesante, consigue atraparme.

No puede imaginarse la de veces que he hablado más de la cuenta y he acabado ofendiendo o hiriendo a alguien, que he comprado cosas que deseaba en ese momento aun siendo demasiado caras para mi presupuesto, o que he dejado un trabajo porque la tarea de ese día no me gustaba.

Todos necesitamos pararnos a pensar antes de actuar. Y la palabra clave es *parar*. Pensar antes de actuar para elegir el camino más sensato empieza por la habilidad de esperar. Si respondiéramos inmediatamente a todo lo que nos rodea, nos pasaríamos todo el día de aquí para allá. No responder a lo que nos rodea es esencial para terminar nuestras tareas, es la base del tacto y nos ayuda a tomar buenas decisiones, y a hacernos mejores a la hora de tomar decisiones en el tiempo.

Arrastrado por las distracciones

A continuación, encontrará una lista de actividades que Dan, de 30 años, encontraba difíciles o incluso imposibles:

- leer,
- rellenar papeleo administrativo,
- asistir a una clase,
- ver la televisión,
- ver una película,
- mantener una conversación larga.

Para Dan, leer más de un párrafo seguido era casi imposible porque «siempre pasaba algo alrededor que me distraía, ya fuera un pájaro piando cerca de la ventana, uno de mis hijos que irrumpía en la habitación o algo que me venía a la cabeza cuando leía una frase». El papeleo era aún peor: «No logro concentrarme durante tanto tiempo en cosas tan aburridas.» ¿Las clases? «Eso era lo peor, porque no podía salir cuando me aburría, pero tampoco podía prestar atención a lo que decía el profesor». Dan era capaz de ver un programa de televisión que realmente le gustase, pero aun así acababa «haciendo *zapping* por todos los demás canales, sobre todo durante la publicidad». A su mujer le gustaba sentarse después del trabajo y hablar de cómo le había ido el día, pero Dan tenía que estar siempre haciendo algo mientras, moviéndose de aquí para allá o manteniéndose ocupado. «Por dentro», nos explicó, «me siento muy inquieto incluso cuando no me muevo demasiado. Tengo esa necesidad de estar siempre ocupado, tocándolo todo o jugueteando con cualquier cosa que se me pone por delante; y mi mujer no lo aguanta».

> ¿Se identifica con la lista de Dan? ¿Añadiría algo?
> _____
> _____
> _____

A Dan se le había dicho durante casi toda su vida que «no prestaba atención», lo cual no tenía mucho sentido para él, ya que no se distraía intencionadamente. Para entender el TDAH es esencial saber que muchos problemas tachados como «simples dificultades para prestar atención» son, de hecho, problemas con el control de los impulsos. No se trata tan solo de que Dan y otros adultos con TDAH no puedan mantener la atención, sino que también implica que no pueden resistir el impulso de prestar atención a cualquier otra cosa que entra en su campo visual, auditivo, mental... en cualquier momento. *El problema no es que no sepan qué hacer (prestar atención), sino que no hacen lo que saben que tienen que hacer en el momento adecuado*, que es lo mismo que PARAR antes de irse por las ramas.

La falta de inhibición es un problema que se desarrolla muy temprano en la mayoría de los casos y que continúa siéndolo para los adultos con TDAH durante toda la vida. Es muy probable que a sus padres, amigos y compañeros de trabajo les llame la atención su incapacidad para ignorar lo que ve, oye y se mueve a su alrededor. Ellos pueden concentrarse en lo que están haciendo sin prestar atención a nada más, ¿por qué usted no puede? ¿Es más sensible a todo lo que ocurre a su alrededor? No. Las personas sin TDAH pueden inhibir su respuesta

7. RESISTIR A LOS IMPULSOS

a las distracciones, lo hacen de forma tan automática que ni siquiera se dan cuenta del esfuerzo que han realizado. Usted, por el contrario, carece de ese «interruptor» que le ayuda a centrarse en la tarea que más le importa: la que tiene que terminar en ese momento.

Los problemas de Dan también tienen mucho que ver con estarse quieto. El control de los propios impulsos está muy relacionado con la hiperactividad, que es más común en los niños que en los adultos. Como recordará, Dan decía que se sentía inquieto todo el tiempo. Hoy en día, es capaz de resistir el impulso de ponerse a hacer piruetas por la sala de estar mientras habla su mujer (un impulso que no podía resistir a los 10 años), pero no puede evitar repiquetear con los pies, juguetear con cualquier cosa que encuentre o sentirse tan nervioso que cuando intenta concentrarse en la voz de su mujer, acaba frunciendo el ceño irritado. Imagine cómo se lo toma su mujer.

> La mujer de Dan sería más condescendiente con su hiperactividad si supiera que el problema proviene de un desajuste en el desarrollo cerebral de las personas con TDAH. El sistema motor primario del cerebro, la parte que se encarga de una serie de pequeños movimientos motores, parece madurar prematuramente en las personas con TDAH. Y la región central, de mayor complejidad y que nos da autocontrol y organiza nuestro comportamiento hacia metas futuras, se desarrolla demasiado tarde, tal como indica el estudio del Instituto Nacional de Salud Mental (NIMH, por sus siglas en inglés), descrito en la página 110. Esto significa que los niños con TDAH sienten el impulso neurológico de moverse constantemente y carecen de los frenos cerebrales que les ordenan no hacerlo. Al desarrollarse, la fabulosa máquina de aprendizaje llamada cerebro humano recupera un poco su atraso, y por eso el adulto Dan no se pone a hacer volteretas en el salón. Sin embargo, nunca llegará a los niveles de autocontrol de los adultos sin el trastorno y, por esa razón, Dan aún siente la intranquila urgencia de estar haciendo algo todo el tiempo.

Polvorilla

Veamos ahora la lista de tareas imposibles para Shayla, de 25 años:

Encontrará más información sobre el desarrollo del cerebro y el autocontrol en el capítulo 9.

- hacer cola,
- permanecer tranquila cuando el coche de delante se detiene,
- esperar en un semáforo,
- dejar de hablar una vez que ha empezado.

Con la excusa de que «le cuesta esperar», Shayla se ha perdido muchas películas que quería ver porque no puede hacer cola en el cine. Si al llegar a un semáforo se encuentra varios coches delante del suyo y ella quiere girar a la derecha, los adelanta por el arcén o la acera y sigue su camino sin esperar a que se ponga verde. En los atascos, no deja de tocar el claxon, incluso aunque es consciente de que no va a conseguir nada.

Mientras que Dan es consciente de lo que *no hace* por culpa de las distracciones, los problemas de inhibición de Shayla consisten más bien en lo contrario, en lo que sí hace por no poder poner freno a sus impulsos. Ya le han retirado una vez el carnet de conducir debido a sus hábitos temerarios. Se ha marchado de infinidad de trabajos, incluso el primer día, porque no podía aguantar la parte aburrida del mismo o cualquier cosa que implicara tener que esperar. En la escuela, la enviaban constantemente al despacho del director por ser una cotorra y, de adulta, la han tachado muchas veces de pesada y ególatra porque no puede evitar monopolizar la conversación. Cuando era adolescente, no pudo esperar a ahorrar lo suficiente para comprarse un pequeño deportivo que deseaba mucho, así que un día lo «tomó prestado» de un amigo de su padre. Afortunadamente, el dueño del coche no presentó cargos cuando, tras denunciar el robo, la policía encontró a Shayla conduciendo el coche a gran velocidad por la autopista. Pero las cosas no siempre tienen un buen final. Ha terminado más de una vez a gritos con extraños y ha perdido muchos amigos porque es incapaz de morderse la lengua. La gente la describe como demasiado temperamental, carente de tacto e incluso estúpida. La verdad es que los problemas emocionales e intelectuales de Shayla también derivan de una elección errónea de su comportamiento (véase capítulo 9), pero el problema empieza cuando no puede PARAR sus impulsos.

¿Se identifica con Shayla y su lista? ¿Añadiría algo?

7. RESISTIR A LOS IMPULSOS

De piñón fijo

El mismo problema subyacente que hace que le sea tan difícil estarse quieto, concentrarse o pensar antes de actuar, lo crea o no, también le ocasiona dificultades para parar de hacer algo que está haciendo. Durante todos sus años de escuela, la gente pensaba que Jess era simplemente incapaz de aprender. Parecía cometer los mismos errores una y otra vez y se obstinaba en tareas que los demás sabían que no le iban a llevar a ningún lado. Una vez rompió la llave del garaje de su novia dentro de la cerradura porque se empeñó en seguir intentándolo a pesar de que no abría. De adulto, dobló un sacacorchos al no darse cuenta de que en lugar de un corcho había un tapón de metal. Su vecino tuvo que llamar una vez a los bomberos cuando se le prendió un arbusto del jardín, porque estaba tan concentrado planeando plantar un huerto que se olvidó de que tenía la barbacoa encendida.

Cuando la mayoría de las personas cometen un error en medio de un proyecto (un ingrediente en una receta que no es el adecuado, quedarse sin pintura con el garaje a medio pintar, etc.), tienden a pararse a pensar por un momento en el error y a valorar su importancia. Los errores a menudo nos facilitan información sobre cómo podríamos hacer algo mejor o si deberíamos dejar de hacer esa actividad, por lo menos en ese momento. Los adultos con TDAH parecen no ser capaces de apreciar tan bien como los demás cómo realizan sus tareas o de utilizar sus errores para mejorar en un futuro inmediato. Es como si comenzaran a andar en línea recta sin parar y sin tener en cuenta los errores que van acumulando tras de sí.

Si lo que están haciendo es particularmente entretenido, gratificante o interesante, muchos adultos con TDAH tienen dificultades para parar incluso si no están cometiendo errores, pero tienen que cambiar a una tarea menos interesante. Lo llamamos un problema de perseverancia, que a menudo se parece a la falta de resolución. Pero como usted debe de saber, no consiste en que la persona haya decidido dejar de hacer algo que no es divertido, sino que ha decidido no detenerse en algo que sí lo es.

> ¿Ha tenido usted experiencias similares a las de Jess?
> _____
> _____
> _____

Una inhibición deficiente puede hacerle sentir que cada vez que lleva a cabo una tarea da un paso adelante y dos atrás. También puede causar una mala impresión en aquellas personas a las que quiere dar buena imagen. Saber que este déficit se encuentra detrás de los problemas que usted tiene, y que son similares a los de Dan, Shayla o Jess, puede ayudarle a comprenderse a sí mismo y a no inculparse. Asimismo, puede ayudarle a encontrar maneras de compensarlos que pueden mejorar su vida considerablemente.

> Para mejorar su control de los impulsos hay que empezar por hacer algunos cambios en el cerebro. Véase el Tercer paso. Compensar consiste en ganar tiempo para uno mismo. Véase capítulo 16, en el Cuarto paso.

▼
La incapacidad para ver el tiempo propia del TDAH empieza con la falta de control de los propios impulsos.

8 Autocontrol: cómo conseguir lo que quiere

Carezco de autodisciplina. Me pongo muchos objetivos, pero nunca los consigo. Cuando las cosas se ponen mínimamente difíciles o me encuentro con un problema, enseguida me rindo.

He llegado a la mitad de mi vida y aún no he sido capaz de alcanzar la mayoría de las metas que me he puesto. Y soy tan inteligente como las demás personas que conozco. A veces me pregunto si es que soy muy vago o si no me preocupa hacer cosas importantes tanto como a los demás.

Una vez, cuando trabajaba en la construcción, un amigo me dijo que iba a dejarlo ese mismo día, coger el coche, dejar Wisconsin y mudarse a Denver para buscar otro trabajo. Él nunca había estado, pero había oído que era un buen sitio para vivir. Me fui con él, así sin más. Sin planes, sin trabajo, sin perspectivas, sin ni siquiera un sitio para vivir, ¡nada! Cogimos el coche y nos fuimos hacia allí, ¡qué estupidez!

La falta de autocontrol le quita su libre albedrío, una de las consecuencias más trágicas del TDAH. Puede que piense que se dedica a hacer lo que desea. Sin embargo, si no es capaz de inhibir su comportamiento, perderá la pausa necesaria entre un suceso y su respuesta. Ese pequeño periodo de tiempo es esencial, pues le da la oportunidad de pensar. Es más, esos segundos son los que le capacitan para *escoger libremente*. Len, el chico que espontáneamente se fue a Denver con un amigo, puede que se sintiera bastante bien, libre y relajado, cuando lo dejó todo. Pero no le llevó mucho tiempo darse cuenta de que llegar a una ciudad desconocida, sin amigos ni trabajo ni dinero no era para nada lo que quería en realidad. Si se hubiera parado a pensar un poco, es muy probable que no se hubiese ido.

A esto es a lo que me refiero cuando hablo de autocontrol: a la habilidad de escoger algo distinto a lo que dicta un primer impulso para que usted pueda conseguir algo que quiera más en el futuro o que pueda repercutir de forma más positiva en su bienestar y su felicidad a largo plazo.

> El *autocontrol* se define en términos psicológicos como cualquier respuesta o cadena de respuestas que nos lleva a modificar nuestro propio comportamiento en lugar de actuar por impulsos, para así poder cambiar nuestro futuro. Se trata de acciones que nos dirigimos a nosotros mismos y pensando en el futuro.

Esta capacidad para no responder a ciertos sucesos está mucho más desarrollada en el ser humano que en el resto de especies. Un ciervo que huela a humo en el bosque probablemente huirá sin pensar; en cambio, una persona se parará para averiguar si se trata de un incendio, de la hoguera de unos campistas o de un farol, y actuará en consecuencia. El libre albedrío es simplemente otra manera de decir que poseemos la capacidad de deliberar sobre las distintas opciones que tenemos a la hora de actuar, lo cual a su vez nos da la oportunidad de decidir qué es lo mejor que podemos hacer.

Con autocontrol, podemos dirigir nuestro comportamiento hacia el futuro en general y lo que nos depare, en lugar de reaccionar impulsivamente, y evitar así cometer acciones que no nos llevan a ningún sitio (o, como en el caso anterior, que nos llevan a Denver, donde no tenemos ningún futuro). Nos podemos preparar para mañana, para la semana que viene, para los meses siguientes o, incluso, para los años venideros. Podemos organizarnos con vistas al futuro.

Y en ese futuro hay muchas recompensas, como los objetivos mencionados por las personas citadas al principio del capítulo. En ese futuro también encontraremos todos los peligros que podemos evitar con un poco de planificación y anticipación. Sin autocontrol, podemos terminar en lugares en los que no queremos estar y sintiéndonos estúpidos, culpables, desmoralizados, perezosos, apáticos o, incluso, sin rumbo.

> El Cuarto paso contiene una serie de «reglas» que pueden aplicarse para engañar al cerebro con el fin de que ejerza autocontrol cuando normalmente no lo hace.

Los seis componentes del autocontrol

Quizá considere la palabra *autocontrol* como un término con muchas connotaciones. ¿Cuántas veces, desde niño, ha oído la orden «Contrólate»? ¿Cuántas veces ha pensado que lo haría si supiera *cómo*? Entender cómo funciona el autocontrol le quitará hierro a la palabra. También verá que el autocontrol es un proceso con pocos puntos de entrada en el que una estrategia o herramienta puede darle el libre albedrío necesario para poder conseguir lo que desea en la vida, y no solo en un momento preciso.

8. AUTOCONTROL: CÓMO CONSEGUIR LO QUE QUIERE

Estos son los seis componentes clave involucrados en el proceso de autocontrol:

1. El autocontrol es una acción **dirigida a uno mismo**, lo que significa que en lugar de actuar respondiendo directamente a un suceso, usted se detiene y procede en su propio beneficio.

Cuando su amigo le dijo que se iba a Denver, si Len no hubiera tenido TDAH, es probable que hubiese inhibido su «¡Guau, suena genial, me apunto!» el tiempo suficiente para pensar en qué implicaciones a largo plazo tendría irse de su ciudad.

2. Esas acciones dirigidas a uno mismo están concebidas para **cambiar el comportamiento posterior** de la persona.

Len podría haber asentido y haber deseado buena suerte a su compañero, o podría haber elegido decir algo como «¡Guau, suena genial!, pero voy a esperar a ver qué tal te va a ti y, si todo te sale a pedir de boca, ¡me apunto!». O quizá habría optado por no decir nada y darse un tiempo para pensárselo. Si Len no estaba contento donde vivía, le habría ido bien pararse a pensar en el sitio más adecuado al que trasladarse.

3. Ese cambio en el comportamiento posterior está concebido para conseguir un **beneficio neto (maximización) de los resultados positivos a corto y largo plazo** para el individuo. El comportamiento está dirigido al futuro, pero también tiene en cuenta las consecuencias inmediatas para determinar cuál es la mejor línea de acción.

Quizá Len deba renunciar a las consecuencias positivas de embarcarse en un viaje por carretera con su amigo para obtener un resultado mejor más tarde, como trasladarse a Denver cuando haya encontrado un trabajo allí.

Con autocontrol, sacrificamos lo que tenemos al alcance para obtener algo mejor a largo plazo. A no ser, por supuesto, que tengamos un TDAH que nos impida renunciar a la recompensa más a mano.

> Si no se obtuviera un beneficio neto, ¿por qué iba nadie a ejercer autocontrol?

4. El autocontrol consiste en **preferir recompensas a largo plazo en lugar de recompensas más pequeñas e inmediatas**. Si usted no puede concebir el futuro o no puede evaluar las consecuencias de las cosas a largo plazo, el autocontrol no le servirá de nada y no lo ejercerá.

Si Len no hubiera tenido TDAH, quizá no habría tardado más de un segundo en decidir lo que realmente le convenía: salir para Denver ese mismo día o planificar un traslado en condiciones durante el próximo año. Habría sabido de inmediato que realizar su sueño de tener un buen trabajo y una casa asequible en una nueva y bonita ciudad era más conveniente para él que la excitación de dejarlo todo sin planificación y marcharse en ese instante.

> Los psicólogos han descubierto que nuestra preferencia por las consecuencias de mayor importancia y a largo plazo se va incrementando desde la niñez hasta la treintena, paralelamente al desarrollo de los lóbulos frontales del cerebro, la zona del autocontrol. Sin embargo, el TDAH impide tal desarrollo y condena a los adultos a escoger los resultados inmediatos, en lugar de los resultados mayores y a más largo plazo.

5. El autocontrol conecta el lapso de tiempo entre un suceso, la respuesta del individuo y el resultado. Es posible que no necesitemos ningún autocontrol cuando el lapso de tiempo entre un suceso, nuestra respuesta y el resultado sea ínfimo o nulo. Imagine que su hija de cinco años ve el puesto de los helados. Le pide uno, usted se lo compra y se lo da. Ella está totalmente calmada durante toda la secuencia de eventos. Ahora imagine que su hija recuerda que están cerca de un puesto de helados, pero no consigue verlo. Tiene que contener su excitación mientras averigua dónde se encuentra. Para cuando entra en su campo visual, desea el helado como si llevara años sin probarlos. Salta, grita y suplica: «¡Papá, papá, ahí está! ¡Quiero un helado!». A lo que usted le responde: «Un helado antes de cenar te quitará el hambre. ¿Qué tal si lo compramos ahora, lo metemos en el congelador y te lo comes después de cenar?». Esto requiere todo el autocontrol que la niña pueda acopiar para abstenerse de darle un puntapié en la espinilla. Para un niño de 5 años en esta situación, el autocontrol consiste principalmente en controlar sus emociones. Para un adulto que está trabajando con el fin de ahorrar para una casa, cuando hay docenas de oportunidades cada día de gastarse el dinero en el acto, se requieren todo tipo de habilidades para ejercer el autocontrol.

Cuando el tiempo entre un suceso, una respuesta y un resultado es prolongado, el autocontrol nos ayuda a determinar nuestro comportamiento con vistas al tiempo y al futuro. Asimismo, nos ayuda a convertir estos sucesos que no tienen conexión temporal en una idea que nos permita seguir pensando en la recompensa.

Las habilidades que necesitamos para ejercer el autocontrol se denominan funciones ejecutivas y se tratarán extensamente en el capítulo 9.

Carpe Diem **(disfruta el momento) podría ser el lema de los adultos con TDAH. Es genial en vacaciones, pero terrible en el día a día.**

8. AUTOCONTROL: CÓMO CONSEGUIR LO QUE QUIERE

> ℹ️ Algunos investigadores se refieren a esta conexión del lapso de tiempo entre un suceso, una respuesta y un resultado, cuando se trata de periodos largos, como la capacidad de *organización intertemporal de las contingencias del comportamiento*. En términos más asequibles, imagine la habilidad para administrarse el tiempo o para organizarse en relación al paso del tiempo.

Como adulto con TDAH, a Len le costará prepararse para el objetivo del traslado. Con el resultado tan lejano, es muy posible que se olvide del plan y no haga nada para organizarlo. Quizá establezca una fecha para la mudanza, pero para entonces seguirá tan poco preparado como lo estaba cuando se le antojó seguir a su amigo. El autocontrol en este caso significaría que Len tendría que obligarse a mirar regiones de Estados Unidos, dedicar un tiempo todas las semanas a buscar trabajo en el área escogida, averiguar cuánto dinero necesita para alquilar o comprar el tipo de casa que desea, etc., antes de cosechar los beneficios del traslado.

6. Para ejercer autocontrol, se necesita **tanto la capacidad de retrospección como la de anticipación**. ¿Cómo conectamos los sucesos, las respuestas y los resultados de la vida cuando hay largos periodos de tiempo que los separan? Tenemos que tener un sentido fundamental del tiempo, es decir, de que existe un pasado, un presente y un futuro; y ser capaces de hacer conjeturas acerca del último. Para especular sobre el futuro, tenemos que poder recordar nuestro pasado y evaluarlo para detectar posibles patrones. Esta mirada al pasado o *retrospección* nos da la habilidad de pensar en futuros posibles o la capacidad de *anticipación*. Esta es la que capacitaría a Len para pensárselo dos veces antes de dejarlo todo e irse a otro lugar sin preparar nada, tal como hizo cuando se marchó a Denver.

> *La retrospección y la anticipación dependen de la memoria de trabajo, una facultad mental deficiente en los adultos con TDAH, de la que se hablará en el capítulo 9.*

▼ Una inhibición deficiente lleva a una falta de autocontrol, que le priva de su libre albedrío, es decir, de la capacidad de escoger de forma sensata entre distintas opciones posibles para responder a los sucesos o a los propios pensamientos.

Lo que podría haber entendido como autocontrol cuando era niño (estarse quieto cuando se lo decían, permanecer en silencio durante la clase cuando en realidad tenía ganas de hablar con su amigo, comer solo un donut en lugar de tres o cuatro) presenta más ramificaciones en la vida adulta. Paradójicamente, sin autocontrol no se puede ser libre. Echemos un vistazo a las habilidades que conforman el autocontrol en el siguiente capítulo.

9 Las funciones ejecutivas: las habilidades que conforman el autocontrol... y otras cosas

¿Por qué necesito dos horas para escribir una carta formal que otros dejan lista en 10 minutos? No consigo hacer que mis ideas fluyan en una secuencia ordenada que me permita plasmar lo que quiero decir.

Lo paso fatal cuando intento controlar mis emociones, sobre todo cuando pasa algo que me frustra o me decepciona. Una de las veces que me dejé las llaves dentro del coche , tenía que ir hacer algo muy importante para el trabajo y me puse tan furioso que intenté arrancar la puerta del coche. La gente que pasaba debía de pensar que estaba como una cabra, pero en ese momento me daba igual.

En el capítulo 7, mostramos cómo usamos la inhibición para retrasar la decisión de responder a un suceso, es decir, para esperar. En el capítulo 8, vimos que esta demora nos da tiempo para ejercer el autocontrol, que a su vez nos permite escoger la acción más sensata para obtener el mejor resultado posible en un futuro. Pero ¿cómo nos controlamos a nosotros mismos? ¿Qué nos permite utilizar ese lapso de tiempo que se crea cuando resistimos a los impulsos? De esto es de lo que se hablará en este noveno capítulo.

Los científicos del campo de la neuropsicología llaman a la capacidad responsable del autocontrol *función ejecutiva* o, en ocasiones, *habilidad ejecutiva*. Se trata de unas acciones dirigidas a nosotros mismos, de unas actividades mentales que llevamos a cabo cuando pensamos en nuestro futuro y en lo que deberíamos hacer para que las cosas nos salieran bien o mejor que antes.

Los científicos han conceptualizado las funciones ejecutivas de muchas maneras diferentes, pero la que encontrará aquí es la manera como yo las entiendo. (Para eso es mi libro.)

Los últimos estudios de investigación sugieren que hay por lo menos cuatro funciones ejecutivas *además de la inhibición*; en total, cinco acciones distintas que utilizamos para refrenarnos, para pensarnos las cosas y para dirigir nuestro comportamiento. Las usamos con el único propósito de controlar nuestro propio comportamiento para conseguir mejores resultados en el futuro:

- la memoria de trabajo no verbal,
- la memoria de trabajo verbal,
- el control emocional,
- la planificación/resolución de problemas.

> Saber cuál de sus funciones ejecutivas es la más débil le ayudará a entender qué tipo de autocontrol debe trabajar para solucionar su déficit y compensarlo.

Así es cómo funcionan:

- *Las funciones ejecutivas son más fáciles de apreciar en los niños que en los adultos, que las tienen más interiorizadas.* Raramente somos conscientes de estas maquinaciones mentales y nadie puede vernos realizarlas. Son las cosas que los adultos «hacemos en la cabeza» durante todo el día para elegir cómo actuar en cada situación. Casi todos lo llamamos «pensar». Aun así, yo pienso que estas cuatro funciones son visibles en las etapas tempranas del desarrollo infantil. También es muy probable que lo fueran en las primeras etapas de la evolución humana, cuando el cerebro era mucho más primitivo. A medida que vamos madurando, las vamos interiorizando, como hizo nuestra especie a medida que evolucionaba. Estos ejemplos cotidianos explican lo que quiero decir:
  - Lena, de seis años, se tapa la boca con la mano cuando quiere contar un secreto que sus amigas no quieren que cuente. Con dieciséis años, no le hará falta hacer tal gesto, sino que utilizará el diálogo interno para abstenerse de contarlo, aunque realmente lo desee.
  - Rico, de ocho años, repite en voz baja pero inteligible: «No te salgas de la raya» o «No aprietes tanto el lápiz» cuando hace sus ejercicios de caligrafía para no olvidar las directrices de la profesora. Cuando sea mayor, será capaz de usar «la voz de su mente» de forma tan automática que posiblemente ni siquiera se dé cuenta de que lo está haciendo.
  - Crissy y sus compañeros de clase usan los dedos para resolver problemas matemáticos. Cuando crezcan serán capaces de resolver esos mismos problemas de cabeza.

> Los adultos con TDAH afirman que necesitan utilizar tácticas diversas que se encuentran entre los recordatorios visibles y los mentales y casi automáticos que emplean los demás adultos. Uno de ellos confesó que se cierra la boca con una llave imaginaria para dejar de hablar. ¿Usa usted trucos como este para controlar su comportamiento?

9. LAS FUNCIONES EJECUTIVAS

- *Las funciones ejecutivas operan juntas, pero pueden causar limitaciones por separado.* Algunos científicos las hemos dividido en habilidades independientes para entenderlas mejor, pero el ser humano no las experimenta por separado ni las utiliza una a una en la edad adulta. Estas funciones operan como las secciones de instrumentos en una orquesta sinfónica, suenan a la vez para producir una música de belleza incomparable. Es la acción conjunta de estas funciones lo que permite el autocontrol en los seres humanos. Cuando el TDAH entra en escena, viene acompañado de deficiencias en las funciones ejecutivas. Estos déficits pueden darse en una función más que en las otras y producir, por lo tanto, distintos tipos de problemas de autocontrol en los adultos. Esto significa, pues, que *hay cuatro tipos distintos de autocontrol*. Saber cuál de ellos es su principal problema facilita la elección de herramientas y estrategias externas que pueden compensar sus deficiencias internas. Más adelante, en este mismo capítulo, tendrá la oportunidad de revisar los problemas que provoca cada función ejecutiva para hacerse una idea de dónde residen sus mayores déficits.

- *Las cuatro funciones ejecutivas se desarrollan una a una, secuencialmente, añadiéndose cada una a la anterior para construir una estructura mental que facilita el autocontrol.* A medida que cada función ejecutiva se desarrolla en el niño, el control sobre su comportamiento cambia gradualmente de cuatro maneras distintas que, en última instancia, se añaden a la autodeterminación adulta:
  - *Del exterior al interior*: Todos empezamos siendo bebés controlados totalmente por lo que ocurre en el exterior (un ruido, la marcha de nuestra madre, un pañal mojado o, mucho más adelante, las órdenes que nos dan nuestros padres); y después vamos siendo dirigidos cada vez más por otras fuentes de información internas, muchas de las cuales tratan del pasado y del futuro (imágenes, diálogo interno, motivación..., que conforman nuestra retrospección y anticipación).
  - *De los demás a uno mismo*: Al principio necesitamos que otros nos controlen y dirijan (como nuestros padres), y vamos adquiriendo gradualmente la habilidad de controlarnos a nosotros mismos.
  - *Del presente al futuro*: Cuando somos muy pequeños, lo único que nos importa es lo que está pasando en ese momento. A lo largo de nuestra infancia, vamos teniendo cada vez más en cuenta los acontecimientos futuros y nos vamos dirigiendo hacia ellos. Piense en el tiempo de anticipación y en la capacidad de planificación de su día de un niño de tres años en comparación con las de un niño de 12 años (un día o dos) y un adulto de 36 años (entre 6 y 12 semanas).
  - *De la recompensa inmediata a la recompensa demorada*: A medida que vamos madurando, vemos con mayor claridad el valor del gran premio final tras una larga espera y somos capaces de evitar las pequeñas tentaciones del momento y trabajar hacia metas más beneficiosas.

Piense en lo que la gente quiere decir cuando califica a un adulto de «infantil». Suele pasar cuando los adultos parecen regirse por cualquier estímulo externo, necesitan que otros adultos piensen por ellos, no piensan en el futuro o no tienen demasiada paciencia.

¿Le suena? ¿Le viene a la cabeza algún ejemplo de su vida diaria?

_____

_____

_____

Como adulto con TDAH, usted ha padecido un desarrollo tardío de cada una de las cuatro funciones ejecutivas. Ya no es un niño, pero este retraso le hace menos eficiente que el resto de los adultos y podría hacer que los demás le tratasen como tal. Libérese de la culpa (incluso de la que se autoimpone) y ayúdese a llevar a cabo esos cambios hacia un pleno funcionamiento adulto aprendiendo más sobre cómo este trastorno limita cada función ejecutiva.

La memoria de trabajo no verbal: utilizar la visión de la mente

La memoria de trabajo no verbal es la primera de las cuatro funciones ejecutivas en desarrollarse y lo hace de la mano de la habilidad para inhibir la urgencia de cometer ciertas acciones. Es la capacidad de retener información en la mente, no mediante palabras sino mediante los sentidos. De esta forma, esta función ejecutiva le permite retener en la cabeza imágenes, sonidos, sabores, sensaciones del tacto y olores. Dado que la vista es el sentido más importante para nuestra supervivencia, la memoria de trabajo no verbal representa principalmente la habilidad de proyectar imágenes visuales, es decir, de ver cosas en nuestra propia mente. El segundo sentido más importante es el oído, por lo que podemos «oír en nuestra mente» utilizando esta memoria de trabajo. Más concretamente, volvemos a ver acontecimientos pasados y volvemos a escuchar sonidos también pasados, junto con las cosas que los demás nos han dicho.

Cómo nos guía la memoria de trabajo no verbal

1. Nos hacemos con un mapa que nos lleva al futuro que queremos. Ver en nuestra mente significa volver a ver lo que hemos visto en algún momento del pasado gracias a esta función ejecutiva. Lo que hemos oído antes podemos oírlo otra vez, también en nuestra mente. Revisitar experiencias pasadas crea un flujo interno de información en nuestra mente que utilizamos para guiar nuestro comportamiento a través del tiempo hacia una meta. Mediante el visionado de nuestro pasado, podemos anticipar un posible futuro.

2. Adquirimos una poderosa herramienta llamada *imitación*. Cuando puede retener en la mente una imagen de lo que ha visto y experimentado, tiene también el poder de imitar el comportamiento de los demás. En lugar de tener que pasar por el duro camino del aprendizaje por ensayo y error en cada nueva situación, puede traer a su memoria una imagen en la que su padre o su amigo conseguían resolver ese mismo problema. Es importante entender que cuando aprende algo mediante la memoria de trabajo no verbal, no está necesariamente copiando las acciones de otra persona al pie de la letra, sino más bien copiando la imagen que usted tiene de tales acciones. Cada uno tiene su propia interpretación de lo que aprende de los demás. La memoria no verbal también le habilita para hacer lo contrario de lo que hicieron otros, en lugar de imitarlos, cuando estos se equivocaron, cometieron errores o acabaron recibiendo un castigo o sufriendo.

> La memoria de trabajo no verbal no solo permite la imitación, sino también lo contrario: evitar repetir lo que alguien hizo sin un resultado positivo. A esto se le llama *aprendizaje indirecto*.

3. Podemos prever las consecuencias de nuestras acciones. En el capítulo 8 se explicaba que el autocontrol depende tanto de la retrospección como de la anticipación. Necesitamos ser capaces de visualizar en nuestra mente tanto nuestras experiencias pasadas como cualquier patrón que arroje luz sobre nuestras posibles experiencias futuras. La retrospección le trae al presente su historia pasada para informarle sobre la mejor manera de comportarse, basándose en el resultado obtenido la primera vez. La anticipación o previsión consiste en adoptar los patrones percibidos en las imágenes del pasado para anticipar lo que ocurrirá en el futuro.

Retrospección > Anticipación > Preparación para actuar

4. Adquirimos conciencia de nosotros mismos. Usamos nuestro imaginario visual para estudiar nuestro pasado o incluso simplemente para grabar en nuestra mente cómo nos hemos comportado en un pasado inmediato. De este modo, podemos controlar nuestras propias acciones y después compararlas con nuestros planes, metas y estrategias y evaluar qué tal nos va una tarea o si vamos a alcanzar nuestros objetivos. Adquirimos consciencia de nosotros mismos y de nuestra vida con el tiempo.

5. Somos capaces de manejar nuestro tiempo. La habilidad de grabar en nuestra mente una secuencia de sucesos pasados y referirnos a ellos a lo largo del tiempo parece darnos un *sentido del tiempo* en sí mismo que nos hace más capaces de modelar nuestro comportamiento en función de ese paso del tiempo.

> La memoria de trabajo no verbal nos da sentido del tiempo, una clave para administrarlo.

6. Aprendemos a esperar por la recompensa. Para valorar una consecuencia demorada, hay que tener sentido del futuro y usarlo para guiar nuestro comportamiento. Cuanto más utilice este sentido, más posibilidades tendrá de centrarse en las grandes metas al final del camino en lugar de en los premios más inmediatos y pequeños.

7. Podemos ver mucho más lejos en el tiempo. A medida que se desarrollan las capacidades de retrospección y previsión, abrimos más y más una ventana hacia el tiempo (pasado, presente y futuro) en nuestra mente consciente. Los niños pequeños no pueden ver mucho más allá de unos minutos en adelante, pero cuando se llega a la edad adulta, entre los 20 y los 30, el comportamiento se organiza de tal manera que se suelen disponer acontecimientos a dos o tres meses vista. Y este horizonte temporal puede extenderse si las consecuencias asociadas a tales acontecimientos son cruciales para nosotros.

8. Valoramos la cooperación y el compartir. Es posible que esta regla de oro no parezca un producto evidente de la memoria de trabajo no verbal o de la visualización de uno mismo. Pero si lo piensa, le encontrará sentido. Cuando rememora el pasado, recuerda lo que los demás han hecho por usted y usted por ellos, y con su sentido del futuro se da cuenta de que compartir y cooperar le protege de una posible escasez de recursos. Por lo tanto, usted está dispuesto a desprenderse de algunos de los recursos que le

> La memoria de trabajo no verbal es quizá lo que hace que el altruismo egoísta sea parte de la naturaleza humana.

sobran en ese momento con la esperanza de que quien los recibe compartirá su abundancia con usted más adelante, cuando quizá lo necesite.

Cómo interfiere el TDAH en la memoria de trabajo no verbal

Para hacerse una idea de en qué tipo de autocontrol debe centrarse a la hora de seleccionar sus estrategias en los pasos cuarto y quinto de este libro, piense en cuáles de los siguientes problemas son más serios en su caso.

9. LAS FUNCIONES EJECUTIVAS

- *No puede reactivar un gran número o una amplia variedad de acontecimientos pasados.* En general, cuanto más madura un niño, mayor es el número y la variedad de los acontecimientos que puede evocar en su mente. Pero el retraso causado por el TDAH mantiene su capacidad para evocar imágenes y sonidos en un estadio primitivo, lo que constituye uno de los vacíos principales en los recursos que los adultos tienen normalmente para guiar su conducta. Debido a esto, a los demás puede parecerles que usted no piensa antes de actuar, aunque sería más preciso decir que tiene problemas para *recordar* antes de actuar.

Los amigos de Sam piensan que no tiene tacto alguno porque dice lo primero que se le ocurre. No puede interpretar los gestos de la gente porque no tiene en su cabeza un repertorio de expresiones faciales sutiles.

- *Comportarse siguiendo una secuencia de acción larga y compleja puede ser difícil para usted.* Saber cómo comportarse en las situaciones sociales delicadas, respetar las reglas de un juego complejo, completar una tarea que requiera muchos pasos como la declaración de la renta u otras situaciones similares puede resultarle complicado porque su cerebro tiene problemas para retener ese tipo de imágenes mentales.

La hiperactividad de Brad cuando era niño le alejó de los deportes de equipo que tanto le gustaban, así que de adulto se apuntó al equipo de béisbol de su empresa para recuperar el tiempo perdido. Ya no se le amonestaba por dejar la base antes de tiempo, pero de una entrada a otra se le olvidaba cómo golpeaban los jugadores del equipo contrario, quién era el que corría más y cómo se situaban para recibir la pelota sus propios compañeros. Por eso siempre estaba mal posicionado en el campo y sus errores afectaban a todo el equipo. Tras sentarse en el banquillo durante un par de partidos seguidos, dejó el equipo.

- *Usted podría no tener acceso al aprendizaje indirecto.* Si tiene problemas para aprender de los éxitos y fracasos que observa en los demás, está condenado a aprenderlo todo usted solo mediante el largo y doloroso camino del aprendizaje por ensayo y error.

Los compañeros de Claire a veces se preguntaban si tomaba drogas. Si no, ¿cómo no se daba cuenta de la reacción del jefe cuando alguien le interrumpía en medio de una reunión, tardaba mucho en devolver la llamada a un cliente o entregaba tarde un informe? Cuando se quejaba de que el jefe le recriminaba en público este tipo de transgresiones, todos pensaban que «o era tonta o iba colocada».

- *Tiene poca capacidad de anticipación.* Si no puede grabar en su mente imágenes del pasado durante el tiempo suficiente, o un número suficiente de ellas, para ver cómo se desarrollan patrones, no será capaz de predecir lo que va a pasar y prepararse para ello.

A Mike le habían puesto tantas multas como para tener grabada en la mente la imagen de una luz roja intermitente acercándose a su coche por detrás. Aun así, una noche que iba conduciendo bastante por encima del límite de velocidad para llegar a clase, fue incapaz de predecir que volverían a pararle y le pondrían otra multa.

- *Le cuesta ser consciente de sí mismo.* Si no puede evaluar cómo se desenvuelve en sus actividades cotidianas o en las situaciones sociales, no le será fácil ver si actúa en favor de sus objetivos a largo plazo. Por lo tanto, no recibirá las señales mentales que le indiquen que es la hora de cambiar lo que no le está conduciendo hacia donde quiere ir.

Nan tenía muchas ganas de tener una relación larga, pero cada vez que iba a una fiesta, bebía demasiado y acababa contándoles cosas personales a los extraños y haciendo comentarios desagradables de la ropa que llevaban las demás mujeres. Los chicos que se interesaban por ella en un primer momento, se aburrían rápidamente. Al llegar a casa, se miraba siempre al espejo, se repetía lo buena que estaba y se decía a sí misma que todos los chicos eran idiotas.

- *Sin un profundo sentido del futuro, usted optará por la recompensa inmediata, sacrificando la acumulación gradual de beneficios.* Será como la cigarra que se pasa el verano cantando mientras la hormiga guarda comida para el invierno, o como el primer cerdito que se construyó una casita de paja mientras que su hermano más previsor hacía un mayor esfuerzo para construirse una de ladrillo. Cuando llega el invierno o el lobo se presenta en su puerta, el atajo nunca es tan bueno como el esfuerzo para pensar más a largo plazo.

Tim y Marie estaban a punto de divorciarse. Tim decía que quería comprar una casa tanto como su mujer, pero cada vez que se iban de vacaciones se dejaba liar y acababa firmando un contrato para pasar una semana en otro de esos complejos a los que Marie no quería volver. A ese paso, la pareja no podría comprarse una casa hasta que no tuvieran 70 años.

- *No se le da bien trabajar en equipo o ser un buen amigo.* Cuando la cigarra estaba hambrienta, la hormiga le recriminó no haber pensado en el invierno y no haber acumulado comida. La seguridad social puede salvarle la vida. Pero si carece de visión de futuro, compartir lo que posee con los demás no tiene sentido. Todo lo que puede pensar en ese momento es en la pérdida de los beneficios que tanto le ha costado conseguir. Esto es lo que les pasa a los adultos con TDAH: no suelen ser capaces o tener el más mínimo interés en compartir, cooperar, turnarse, devolver favores a los demás o cumplir con las promesas que han hecho. Cuando se ven en apuros, es posible que los demás les respondan de manera parecida a cómo hizo la hormiga con la cigarra.

Tara no entendía por qué no la llamaban sus amigos. Se quejaban de que pedía muchos favores y que no dudaba en decir que no cuando estos le pedían ayuda. Les debía dinero a todos ellos, pero siempre decía que no podía cuando uno no tenía dinero y le pedía que le pagara una hamburguesa. Muchos de ellos dejaron de ser sus amigos.

¿Cuál de las dificultades anteriores constituyen un gran problema para usted?
_____
_____
_____

Memoria de trabajo verbal: utilizar la voz de la mente

La siguiente función ejecutiva en desarrollarse en los niños y que facilita el autocontrol es la habilidad de hablarse a uno mismo. De niños lo hacemos en voz alta. Narramos nuestros juegos y sopesamos nuestras decisiones. Como todo padre sabe, los niños pueden decir lo que quieren, aunque sus comentarios no siempre sean los más halagadores. De forma gradual, empiezan a hablarse a sí mismos en silencio y entre los 7 y los 9 años, esta voz se produce íntegramente en la mente. A partir de entonces, esta voz en la cabeza nos acompañará de por vida cuando estemos despiertos.

Cómo nos guía la memoria de trabajo verbal

La capacidad de conversar con uno mismo, junto con la capacidad de sentirse, generan un número considerable de características importantes para el autocontrol:

1. Nos permite describir o en su defecto sopesar verbalmente la naturaleza de un acontecimiento o situación. Imaginemos que llega a casa del trabajo y saluda a su compañero de piso, pero él no le responde. La memoria de trabajo no verbal puede que le diga por su expresión que le pasa algo. Con la memoria de trabajo verbal, puede poner palabras a la manera en que se siente su compañero: «Está enfadado» Sin embargo, sigue siendo una descripción más bien vaga de la situación. Entonces, quizá utilice la voz de su mente para hacerse preguntas específicas como: «¿Estará enfadado conmigo, con su novia, con el jefe o con alguien distinto?». Describirse la situación le da mucha más información específica que una imagen mental, puede prevenirle de hacer preguntas incómodas como «¿Te pasa algo?» y guiarle hacia una respuesta más precisa y socialmente correcta. Por ejemplo, podrá decirse: «No me está mirando a mí. Está dando vueltas como un loco por la habitación. La última vez que estuvo así resultó que era porque le hacían trabajar el fin de semana.»

2. Hace que le sea posible resolver problemas. Gracias al diálogo interno podemos interrogarnos sobre nuestro pasado para averiguar cómo resolver un dilema actual. Intentando averiguar cómo responder de la mejor manera posible a su irritado compañero de piso, usted podría preguntarse, por ejemplo: «¿Qué pasó la última vez que pensé que estaba enfadado conmigo?». Esta introspección podría revelarle que este hecho desencadenó una pelea que aprovechó su compañero para liberarse de su ira. Su conclusión, pues, sería que necesita encontrar una manera de preguntarle qué le pasa sin ofenderle o estar a la defensiva.

3. Podemos formular reglas y planes. Necesitamos la memoria de trabajo verbal para examinar cómo nos han ido las cosas en el pasado y de allí extraer patrones para asegurarnos de que irán bien en el futuro. Nuestra capacidad para hacernos preguntas y charlar con nosotros mismos nos permite sopesar los pros y los contras basados en nuestra experiencia, plantearnos qué podríamos cambiar para mejorar el futuro y establecer una serie de pasos hacia un objetivo concreto. Nuestros patrones pueden referirse a una dieta, a nuestro estilo de vida, a nuestra conducta social, a nuestros hábitos de consumo, etc. A menudo, los externalizamos escribiendo listas de propósitos para asegurarnos de que no se nos olvidan.

Con el tiempo, vamos más allá y generamos una jerarquía de reglas para aplicar a las reglas (llamadas *metarreglas*). Un ejemplo de metarregla en el gobierno podría ser el procedimiento que se requiere para aprobar una nueva ley. En una escuela, que la decisión de expulsar a un alumno debe tomarse tras una reunión del consejo escolar. Un ejemplo de la vida diaria son los seis pasos conocidos para resolver un problema: a) exponga el problema, b) haga una lista de todas sus posibles soluciones, c) valore cada una de ellas según su utilidad, d) seleccione la más adecuada para conseguir su objetivo, e) impleméntela y f) evalúe su efectividad.

4. Podemos seguir las reglas que nos han enseñado. Mediante el uso combinado de la memoria de trabajo verbal y no verbal, podemos recurrir a nuestras imágenes mentales de situaciones parecidas del pasado y después preguntarnos si podemos aplicar alguna regla que hayamos aprendido en una situación determinada. Si aún así no queremos aplicar tal regla, podríamos utilizar el diálogo interno para persuadirnos para obedecerla o autoconvencernos de que esta es una de las excepciones que confirman la regla. Nuestro diálogo interno complementa nuestro imaginario visual y nos permite obtener mucha más información de nuestra reflexión que la que la imagen nos ofrece por sí sola.

5. Podemos retener en la mente lo que hemos leído en silencio. En la escuela esto se llamaba *comprensión lectora*. En el mundo adulto es necesario en la mayoría de las cosas que hacemos. Necesitamos entender y recordar lo que hemos leído en los informes del trabajo. Es preciso que asimilemos las normas y procedimientos de la escuela de nuestros hijos para no perjudicarles. Si no pagamos una factura, tenemos que comprender las consecuencias que se explican en la carta que nos envían, así como las acciones que debemos emprender para evitar problemas legales y financieros.

6. Tenemos la capacidad de aplicar la lógica moral. Las normas o reglas (leyes, ética, costumbres) de la cultura en que vivimos juegan un papel muy importante a la hora de guiar nuestro comportamiento. Si no sabemos cuáles son y no podemos hablarnos de ellas y de cómo se aplican, podemos acabar teniendo muchos problemas sociales o totalmente excluidos de la sociedad.

Cómo interfiere el TDAH en la memoria de trabajo verbal

¿Es la memoria de trabajo verbal el tipo de autocontrol que más se le escapa?

- *No utiliza el diálogo interno para controlarse o resolver problemas.* Sin las ventajas del diálogo interno, usted no dejará de actuar de manera impulsiva. Sacará conclusiones precipitadas sobre las intenciones de los demás porque no podrá examinar su primera impresión. Es posible que literalmente ataque los problemas en lugar de pensar en resolverlos.

  Quizá vaya cambiando constantemente de compañero de piso hasta terminar viviendo solo.

- *Se deja dominar por los acontecimientos y el entorno.* Si no puede utilizar el diálogo interno para formular sus propias normas y planes, estará siempre a merced del momento. También será muy vulnerable a la influencia de los demás, cuyos consejos u órdenes substituirán a las normas de comportamiento que usted se haya impuesto.

  Ned era un «buen chico» según sus profesores y sus padres, pero cuando se independizó, empezó a dejarse llevar por malas influencias. Siempre había alguien en el bar que le convencía para que invitara a otra ronda. Siempre había algún capricho que le llevaba a tomar malas decisiones, aunque después estuviera de acuerdo con sus padres en que debería habérselo pensado un poco más.

- *Tiene problemas para marcarse sus propios objetivos y hacer sus propios planes.* Sin el imaginario visual y la habilidad de cuestionar su propio comportamiento en el pasado, no será capaz de extrapolar una lista de cosas que se pueden hacer y cosas que no para usarla en el futuro.

Nina tiene problemas de sobrepeso, pero no puede resistirse a un postre tentador o a picar entre horas, así que sigue engordando. Sin las memorias de trabajo verbal y no verbal, Nina no puede relacionar sus hábitos alimenticios con su peso o ser constante con la dieta.

Beth está harta de ir mal de dinero, pero cuando tiene en la mano el cheque de la paga, no puede evitar irse de compras. Si pudiera reflexionar sobre las consecuencias de sus acciones, podría ser capaz de hablarse a sí misma para convencerse de que lo mejor sería ir primero al banco y depositar parte de la paga en una cuenta de ahorro.

Ambas mujeres han tratado en ocasiones de establecer normas que las ayuden con sus problemas. Nina decidió limitar radicalmente su consumo de grasa y azúcares. Beth resolvió meter cien dólares al mes en su cuenta de ahorro. El problema fue que ninguna de ellas pudo hacer ajustes cuando su plan no funcionó. La dieta de Nina hacía que se sintiera tan privada de comida que hacía trampas constantemente y nunca perdió peso. Con la ayuda de la memoria de trabajo verbal, podría haber creado una metarregla que rezara que cada vez que decidiera ponerse a dieta, iría antes a ver a su médico para escoger la más adecuada. Por otro lado, Beth notó que su cuenta de ahorro crecía muy despacio. Con las memorias de trabajo verbal y no verbal combinadas, habría podido autoimponerse una revisión mensual de su plan para determinar cómo ahorrar aún más y gastar menos.

☐ *Sigue ciertas normas a raja tabla.* Una norma o regla no funciona si no es algo flexible, ya que el mundo no es blanco o negro. Si no puede hablar consigo mismo sobre los pros y los contras de seguir una norma y revisarla en función de la situación, ser tan rígido puede acabar perjudicándole. Las personas con TDAH son a menudo muy inflexibles.

Max oyó que ciertos peces contienen niveles tóxicos de mercurio, así que decidió que no comería más pescado. Eso le hace parecer tonto a los ojos de sus amigos y ha llegado a ofender a gente que le ha invitado a cenar. Cuando se le habla del tema, se indigna y se vuelve desagradable.

Kaye se ha puesto una serie de reglas en el trabajo que sigue religiosamente porque no se fía de su instinto. Para cada tipo de tarea, se ajusta a las normas que ha desarrollado ella misma o las que le han dado sus supervisores para no perderse. Seguir estas normas previene la aparición de la ansiedad en el trabajo… siempre que no cambien. Le cuesta mucho tiempo y esfuerzo adaptarse cuando aparecen nuevas normas que se suman o sustituyen a las anteriores.

☐ … O no sigue ninguna norma.

Mike sabía que si volvían a multarle por exceso de velocidad perdería su carnet de conducir. La única manera que tenía para apaciguar sus deseos de pisar el acelerador era recordar las imágenes de sus multas, imaginar cómo sería no poder conducir y repetirse continuamente que debía mantenerse dentro de los límites de velocidad.

9. LAS FUNCIONES EJECUTIVAS

Sin embargo, no lo hizo y ahora tiene que levantarse dos horas antes para coger el autobús para ir a trabajar.

- *Puede cometer delitos o violar los códigos éticos y morales.* Muchas de las normas y costumbres sociales son tácitas, no se habla de ellas. Sin una memoria de trabajo tanto verbal como no verbal que le ayude a discernirlas, puede ir por la vida sin pistas, rompiendo con las costumbres y ofendiendo a sus conciudadanos allí por donde va. Por el contrario, las leyes sí están escritas, pero sin la voz de la mente para recordárselas, puede optar fácilmente por hacer lo que le venga en gana y acabar entre rejas.

Tanya sabía que era ilegal robar un coche, pero darse una vuelta con sus amigas en el coche de su vecino, que se lo había dejado abierto, no contaba como delito según sus esquemas mentales en ese momento.

- *No puede comprender tan bien como los demás lo que lee, oye o ve.* El intercambio entre la memoria verbal y no verbal es lo que hace posible que entendamos la información que recibimos del mundo que nos rodea. Sin ese intercambio, carecemos de muchas conexiones mentales.

Por supuesto que Eric sabía leer, pero había lagunas en lo que asimilaba cuando lo hacía. Según su jefe, su trabajo era «inconsistente» porque podía mencionar datos estadísticos de varios informes, pero a menudo sacaba conclusiones erróneas de los datos de los que disponía. Enviaba a su hijo a las excursiones escolares sin el permiso firmado, la bolsa de la comida o el bañador. Este tenía que quedarse en la escuela con la clase de los más pequeños. Le cortaron la luz dos veces porque olvidó pagar la factura y no se enteró de la fecha límite para abonar el recargo ni de la costosa tarifa de enganche.

¿Qué problemas relacionados con la memoria de trabajo verbal interfieren en su vida?

Autocontrol de las emociones: usar el corazón de la mente

La tercera función ejecutiva en desarrollarse es el autocontrol emocional. Las emociones son una motivación muy poderosa. Pueden motivarnos para emprender acciones o disuadirnos de hacerlo; incitarnos a luchar u ordenarnos huir. Si no controlamos nuestras emociones, gozamos de mucho menos dominio sobre lo que hacemos. Las emociones afloran lo queramos o no. Son desencadenadas por todo tipo de acontecimientos externos. Por ejemplo, la tristeza la induce la pérdida (o la anticipación de la misma). La rabia la desatan la injusticia, la humillación, las expectativas frustradas o las necesidades insatisfechas. La alegría se desencadena cuando alcanzamos o, incluso, cuando vemos superadas nuestras expectativas y necesidades, y cuando se cumplen nuestros deseos.

No obstante, no son solo los acontecimientos externos los que activan nuestras emociones. Los recuerdos de experiencias pasadas y el diálogo interno que nos proporcionan las memorias de trabajo verbal y no verbal también tienen resultados emocionales. Visualizar a su pareja le puede despertar un sentimiento de amor, hablarse a sí mismo sobre alguna injusticia que haya sufrido recientemente le puede llevar a sentir rabia.

Por fortuna, las memorias de trabajo verbal y no verbal son también útiles para ayudarnos a regular nuestras reacciones emocionales. Podemos utilizar el diálogo interno para deliberar con nosotros mismos sobre cómo nos sentimos y qué deberíamos hacer al respecto. Asimismo, nuestro imaginario visual junto con el diálogo interno nos permiten alterar una reacción emocional primaria que podría causarnos problemas, sobre todo si nos empuja a comportarnos de una manera que podamos lamentar en el futuro.

> Muchos adultos con TDAH afirman que estarían hundidos si no pudieran hablarse a sí mismos. También encuentran muy beneficioso el uso de su imaginario visual, para el que se requiere práctica, práctica y más práctica. ¿Cuál es su experiencia?
>
> _____
>
> _____

Cómo nos guía el autocontrol emocional

1. Podemos controlar nuestra propia excitación. Por *excitación* me refiero a la urgencia de actuar, a la activación. El objetivo de nuestras emociones es empujarnos a la acción, pero ¿qué pasa si estas emociones son exageradas? ¿O si están basadas en una mala interpretación de la situación? En tales casos, lo más posible es que reaccionemos también de forma exagerada o hagamos algo a la ligera. Controlar nuestras reacciones emocionales primarias a los acontecimientos puede prevenirnos de hacer algo precipitado; o, por el contrario, llevarnos a actuar cuando estamos haciendo algo lento y tedioso, para acelerar el paso y terminar antes. Con el autocontrol emocional, ya tenemos tres funciones ejecutivas que pueden interactuar, ayudándose unas a otras. Conservar imágenes del pasado, visualizar el futuro y ser capaces de hablarnos para disuadirnos de hacer algo nos aseguran que las emociones no nos aparten de nuestros planes y apoya nuestras acciones hacia un futuro más conveniente, incluso sin la necesidad de recompensas inmediatas. Poder controlar la excitación emocional significa ser capaz de no empezar a decirnos disparates y cambiar nuestras acciones sin considerarlo seriamente. Si podemos visualizar nuestras metas y cómo nos sentiremos cuando las alcancemos, podremos aguantar las actividades más tediosas o insatisfactorias que necesitemos hacer para lograrlas.

2. Podemos motivarnos a nosotros mismos cuando no existan recompensas externas que nos estimulen. Llámese impulso, determinación, fuerza de voluntad, perseverancia, tenacidad, etc. Controlar nuestras emociones nos permite reunir la motivación interna necesaria cuando no hay nada ni nadie ahí fuera que nos ofrezca incentivos para llevar a cabo una acción. Una vez más, las tres funciones ejecutivas trabajan *en equipo* para automotivarnos y no desistir cuando las cosas se ponen difíciles (o aburridas). Pongamos que quiere hacerse voluntario en una organización dedicada a la protección del medio ambiente, en la que se encarga de hacer llamadas telefónicas para pedir un mayor esfuerzo a la hora de reciclar. No pasa mucho tiempo hasta que se siente frustrado por algunas de las respuestas de rechazo que recibe. En tal caso, usted utiliza las dos funciones ejecutivas que ya posee para recordar los éxitos cosechados hasta el momento, no perder de vista el fin último y animarse a seguir llamando. Si no es suficiente con visionar los éxitos tanto alcanzados como potenciales, quizá imagine la destrucción del planeta y use la rabia que le provocan tales imágenes para encontrar la motivación para seguir adelante.

3. Podemos asegurarnos de que estamos expresando nuestras emociones de manera socialmente aceptable. Esto es muy importante porque de los adultos se espera que tengan esta función ejecutiva, y la sociedad reacciona de forma muy negativa a las manifestaciones emocionales exageradas o extremas. Aceptamos que los bebés lloren a la mínima frustración emocional porque sabemos que es un mecanismo de supervivencia. Y entendemos perfectamente que los niños de tres años tengan pataletas cuando no se les compra un caramelo en la caja del supermercado. Sin embargo, sentimos vergüenza ajena cuando un adulto rompe a llorar o grita de rabia en público por una frustración menor como sería el que haya mucha cola en el supermercado.

Hay una razón por la que usamos la expresión «carga emocional». Las emociones son tan poderosas que parecen llevar consigo cargas eléctricas que se transfieren a los que están a nuestro alrededor. Se espera de nosotros que las mantengamos controladas para así no imponer nuestros sentimientos a los demás. Si somos capaces de regular nuestras emociones, cuando estamos enfadados podemos refugiarnos en «nuestro lugar feliz», utilizando imágenes de experiencias positivas pasadas y hablándonos a nosotros mismos para calmarnos antes de reaccionar a acontecimientos con implicaciones emocionales. Responder impulsivamente a nuestras reacciones emocionales primarias suele ser una mala idea si queremos conservar nuestros amigos, nuestra pareja o, sobre todo, nuestro trabajo.

> ¿Hace uso de imágenes de experiencias positivas pasadas para «calmarse a sí mismo» cuando está enfadado, ansioso o estresado? Los retos superados de los que está orgulloso (ya sea haber escalado una montaña, haber terminado un informe detallado o haber conseguido llevarse bien con todo el mundo en la boda de un miembro de su familia) hacen que se sienta calmado y motivado, lo cual convierte tales experiencias en unas respetables candidatas para pasar a su imaginario visual. ¿Cuáles son las suyas?
>
> _____
>
> _____
>
> _____

En pocas palabras, esta función ejecutiva nos permite:

- Apaciguarnos a nosotros mismos cuando experimentamos reacciones emocionales extremas ante ciertos acontecimientos.
- Usar nuestras imágenes y palabras mentales para distraernos de los poderosos estímulos que han provocado esas emociones intensas.
- Considerar e implementar una emoción alternativa recurriendo a imágenes y palabras asociadas con sentimientos más positivos y relajantes.
- Optar por un tono o reacción emocional más moderados que nos ayuden, en lugar de perjudicarnos, con nuestras metas y nuestro bienestar a largo plazo.

De esto es de lo que trata el autocontrol emocional: de ayudarnos a detener y moderar esas poderosas emociones impulsivas y sustituirlas por unas más maduras, socialmente aceptables y consecuentes con nuestro bienestar a largo plazo.

9. LAS FUNCIONES EJECUTIVAS

¿Cómo interfiere el TDAH en el autocontrol de las emociones?

¿Es el autocontrol *emocional* el que más se le escapa?

☐ Sus reacciones emocionales a ciertos acontecimientos son demasiado impulsivas, como lo es su comportamiento en general, lo cual puede marginarle. Sin la habilidad de refrenarse, usted no tiene tiempo de alterar sus reacciones emocionales primarias. Al no tener bien desarrolladas las memorias de trabajo verbal y no verbal, tiene menos capacidad de recurrir a su imaginario visual y al diálogo interno, que podrían ayudarle a apaciguar sus emociones.

Los amigos de Jay lo describían como un chico temperamental. Habían presenciado numerosas y embarazosas muestras de rabia repentina a la más mínima provocación, ya fuera cuando recibía una pizza que no había pedido o cuando alguien le «miraba mal», aunque ni siquiera fuera el caso. Su impulsividad le había costado muchas invitaciones a acontecimientos sociales, la confianza de sus compañeros de trabajo y no pocas amistades.

☐ *Las reacciones emocionales desproporcionadas le llevan por mal camino.* No estoy hablando de una reacción anormal, irracional o aberrantemente inapropiada, sino de una emoción exagerada que está fuera de lugar con respecto a la situación (reír a carcajadas en un funeral, llorar ante una ofensa sin importancia, etc.) y que puede causarle el rechazo social. Las reacciones exageradas pueden también hacerle perder el norte. Enfadarse demasiado por un error sin importancia puede hacerle dejar un trabajo muy conveniente para sus metas profesionales. Caer en la desesperación puede bloquearle cuando necesita seguir adelante. Entusiasmarse demasiado tras un éxito menor puede convencerle de que ha tocado techo, y puede llevarle a dejar de seguir mejorando para alcanzar la meta que realmente se ha puesto.

Vanessa estaba tan orgullosa de su primer premio a la vendedora del mes que fue a la oficina del jefe a anunciarle que iba a montar su propia empresa y que debería considerar la opción de contratar sus servicios en adelante. Su entusiasmo inicial era comprensible, pero la exhibición que hizo ante su jefe fue interpretada como una muestra desmesurada de vanidad.

☐ *Le cuesta motivarse para hacer lo que tiene que hacer.* Las emociones son un arma de doble filo. Usted quiere mantener las emociones exageradas e impulsivas bajo control, pero también las necesita para empujarle a hacer las cosas que debe hacer. Está más expuesto que los demás adultos a la frustración, el aburrimiento y el resentimiento y esto le hace difícil centrarse y perseverar en las tareas. Si a eso le añade sus dificultades de atención y concentración, le resulta aún más complicado completar una tarea. Aquí es donde pueden ayudarle las emociones. Si es capaz de regularlas, podrá utilizarlas para darse ese empujón que necesita para realizar su trabajo o para mantenerse despierto, alerta y centrado para perseguir sus metas.

¿Se deja llevar por sus emociones en unas situaciones más que en otras? ¿En cuáles?
_____
_____
_____
_____

Estas son las situaciones en las que tendrá que recurrir a todo su repertorio de imágenes mentales y al diálogo interno para mantener el control.

Planificación y resolución de problemas: utilizar el área de recreo de su mente

Si podemos grabar en nuestra mente imágenes y palabras, acabamos siendo capaces de desarrollar medios para manipularlas. Podemos dividirlas, moverlas y combinarlas de nuevas maneras o en una nueva secuencia por el simple hecho de ver qué tal quedan de ese modo. Esto se llama juego mental y es posible que tenga su origen en el periodo de juegos manuales que todos los niños atraviesan, fundamental para su desarrollo a edades tempranas. El juego consiste simplemente en sacar cosas de su sitio y combinarlas de nuevas maneras solo para ver qué pasa cuando se hace esto. Comienza con la manipulación manual de objetos en la infancia y progresa hacia la manipulación de imágenes en la mente.

De manera similar, jugamos con las palabras cuando somos niños y de adultos jugamos con combinaciones de ellas en la mente. Ambas formas de jugar, visoespacial y verbal, nos llevan a nuevas combinaciones del material con el que estamos jugando. La mayoría de estas combinaciones no sirve para nada. (Piense en algunas de las ideas «locas» que a todos se nos ocurren y que luego descartamos cuando intentamos resolver un dilema difícil: «Quizá este policía no me multe si le digo que mi mujer está en el hospital a punto de dar a luz». «Si me quedo despierto toda la noche de hoy y de mañana, podré terminar el informe que tenía que haber entregado ayer». «Podría dejar plantadas a las dos mujeres con las que quedé para el sábado, y así ninguna de ellas pensará que prefiero a la otra».) Pero no todas las ideas que resultan del juego mental son malas o absurdas, algunas son innovadoras y pueden resolver problemas o llevar a grandes inventos o avances.

> Jugar es entrenar la creatividad para la resolución de problemas en la edad adulta.

Cómo nos guía la habilidad de planificar y resolver problemas

1. Nos ayuda a considerar todas nuestras opciones. Planificar implica la habilidad de generar múltiples opciones para responder a un suceso futuro. Cuando tomamos conciencia de todas las respuestas posibles, contamos con más posibilidades de escoger la mejor. Piense en la lluvia de ideas. Esta función ejecutiva es la mejor manera de prevenir el famoso reproche que uno se hace: «¿Por qué no se me ocurriría antes?».

2. Nos ayuda a decidir la mejor secuencia de acción para alcanzar una meta. Configurada como un juego mental, la planificación nos permite dividir y combinar de nuevo información en nuestra mente. Una vez que disponemos de una lista exhaustiva de opciones, podemos pensar en los pasos que cada una podría implicar y mezclar dichos pasos para encontrar la mejor secuencia de acción.

3. Nos dota de una increíble capacidad para ser creativos, innovadores y resolutivos. Pensar en algo distinto a la mayoría no es posible sin el juego mental que esta función ejecutiva pone en marcha. Es como la libertad de elección (véase capítulo 8) elevada al cubo. No solo es usted quien decide qué hacer, sino que puede hacerlo de una manera en que nadie haya pensado antes. La creatividad y la innovación pueden suponer una ruta más rápida hacia la meta que quiere alcanzar, con menos esfuerzo o con un mejor resultado.

> Irónicamente, la planificación, que le puede parecer lenta y tediosa, puede ayudarle a terminar antes un proyecto.

Cómo interfiere el TDAH en su capacidad de planificación y resolución de problemas

¿Están relacionados sus problemas de autocontrol con su incapacidad para planificar y resolver problemas?

- *No puede pensar con la cabeza fría.* Sí, lo sé, los demás ven su tendencia a reaccionar rápidamente como algo negativo. Sin embargo, pensar con la cabeza fría significa escoger sin tardar una secuencia sensata de acciones cuando surge repentinamente la necesidad, como ocurre tan a menudo en la vida diaria. Y no solo es difícil para usted retener una gran cantidad de información en la mente (por sus déficits en la memoria de trabajo), sino que además los problemas en esta función ejecutiva le impiden manipularla lo bastante rápido para planear posibles series de acciones o para superar los obstáculos que se le presentan.

James quería ser bombero sobre todas las cosas. Pero cuando comenzó la formación, quedó claro inmediatamente que no podía tomar las decisiones rápidas que se necesitaban para salvar un edificio o a las personas que lo habitaban.

☐ *Es incapaz de organizarse o de mantener sus cosas en orden.* Incluso cuando las circunstancias no requieran una decisión rápida, usted tendrá problemas para mantener en orden sus cosas y su información. Esto se aplica a todo: de la documentación para la declaración de la renta a sus archivos del trabajo o los informes médicos de su hijo diabético. Si no puede hacer ese juego mental, es difícil visionar el tablero cuando necesita mover pieza.

Cada dos años, Marty decidía reorganizar sus papeles porque nunca podía encontrar nada. Lo sacaba todo de los archivadores e intentaba organizarlo a su manera Sin embargo, siempre acababa perdiéndose entre los papeles y, cuando su marido Gary volvía a casa, se encontraba documentos esparcidos por todas partes.

☐ *Poner ideas en el orden correcto es un duro desafío para usted.* Tenga en cuenta que cuando desmonta algo, tiene que volver a montarlo siguiendo un cierto orden para que funcione correctamente o tenga sentido. Esto significa que parte del proceso que se sucede en ese módulo de la función ejecutiva incluye ensamblar ideas en el orden adecuado, para que funcionen como queremos que lo hagan cuando intentamos resolver problemas o encontrar sentido a la realidad. Razonar, resolver problemas, planificar, explicar, escribir o incluso expresar las propias ideas rápidamente y siguiendo una secuencia lógica puede convertirse en una ardua tarea para usted.

Preparar una presentación y defenderla en público era una tarea casi imposible para Luis. Este déficit le impedía progresar en su carrera hasta que su jefe se dio cuenta en un seminario de que los participantes respondían de forma muy positiva a su personalidad. Gracias a un supervisor perspicaz, las presentaciones se reorganizaron de manera que era un compañero quien se encargaba de la parte estructurada y Luis aportaba las anécdotas y el material complementario. Los seminarios nunca habían tenido tanto éxito.

9. LAS FUNCIONES EJECUTIVAS

Las habilidades de planificación y resolución de problemas son fundamentales para muchos de los asuntos en la vida adulta. Los déficits en estas áreas pueden hacerle sentirse inepto si no se recuerda a sí mismo que el problema no es su nivel intelectual, sino la interferencia del TDAH. ¿Cuáles de las deficiencias que creía tener puede reconocer ahora como resultado del TDAH?

_____

_____

_____

_____

Las cuatro funciones ejecutivas que promueven el autocontrol:

- La visión de la mente
- La voz de la mente
- El corazón de la mente
- El área de recreo de la mente

10 La naturaleza del TDAH y cómo dominarlo

Espero que ya se haya dado cuenta de que el TDAH en los adultos no es un problema trivial que consista meramente en no prestar atención, sino un problema de gran calado que afecta a las capacidades humanas más importantes: es un trastorno que le impide desarrollar la habilidad de ignorar sus impulsos. Se trata de un déficit en las funciones ejecutivas del cerebro que le hace muy difícil controlar y su comportamiento y organizarlo en el tiempo para prepararse para el futuro.

> Cualquiera que le diga que todo lo que necesita es ponerse a trabajar y prestar más atención debería leer el Segundo paso de este libro.

Miope ante el futuro

Simple y llanamente, usted y otros adultos con TDAH están ciegos ante el tiempo; o por lo menos, miopes. No es que carezcan de conocimientos o habilidades, sino que sus problemas residen en los mecanismos ejecutivos que aplican los que ya posee para conseguir un comportamiento más eficiente y efectivo hacia los demás y hacia el futuro. En cierto sentido, su intelecto (conocimientos) se ha desconectado de sus acciones diarias (funcionamiento). Quizá sepa cómo actuar, pero en muchas ocasiones no lo hará de la manera correcta en los entornos sociales donde dicha acción podría beneficiarle.

> El TDAH es un trastorno de funcionamiento que consiste en no hacer lo que sabe más que en no saber qué hacer.

Su falta de sentido del tiempo tiene efectos debilitadores, incluso descorazonadores. Probablemente usted no se preparará para un acontecimiento que está por venir hasta que no lo tenga encima, si es que llega a hacerlo. Este patrón es la receta para una vida caótica y llena de crisis. Está condenado a desperdiciar todas sus energías en las emergencias o urgencias de la inmediatez cuando un poco de anticipación y planificación podría haberle aliviado de dicha carga y seguramente haberle ahorrado la crisis.

> Usted no *escoge* no planificar o anticipar. No tiene la culpa de su problema.

Tratar su propio TDAH: el panorama general

Esta descripción del TDAH nos enseña que las estrategias y herramientas que más le beneficiarán son las que le ayuden a hacer *lo que ya sabe hacer*:

*   Los tratamientos para el TDAH serán más útiles cuanto más le ayuden a la hora de hacer lo que sabe en *el momento oportuno* y en entornos reales donde usted lleva a cabo su vida diaria.
*   Cuanto más alejado en el espacio y en el tiempo esté el tratamiento de la situación real, menos posibilidades tiene de ser útil.
*   Es fundamental la ayuda con el tiempo, la planificación temporal y la temporalización del comportamiento. Esto implica modificar su entorno para ayudarle a hacer lo que necesita cuando lo necesita. También conlleva recibir dicha ayuda donde la necesita.

Adapte la solución a su problema específico

Los capítulos 7, 8 y 9 describían cuatro tipos de autocontrol con los que usted puede tener distinto grado de dificultad. Las directrices que se presentan a continuación para diseñar distintos tratamientos, estrategias y herramientas pueden ayudarle a tratar las deficiencias en sus funciones ejecutivas. Sin embargo, si es usted quien lo escoge, deberá prestar una especial atención al método específico para las deficiencias que más le conciernen.

*   *Externalice la información que suele encontrarse en la mente.* Consiste en plasmar información clave en algo físico y colocarla en el lugar donde reside el problema. Deje de depender exclusivamente de la información mental.

> *Herramientas que puede utilizar: un bolígrafo y una libreta.*

Si su jefe u otra persona le han dado una serie de instrucciones para completar una tarea que le ocupará unos días, deje de intentar retenerlas en la mente y recordarlas durante todo el periodo. Eso no funcionará si padece TDAH. En su lugar, lleve siempre una libreta y un bolígrafo en el bolsillo y anote la tarea que tiene que realizar, los pasos que hay que seguir y la fecha límite. Téngala siempre a mano cuando está haciendo el trabajo para que le sirva de memoria de trabajo externa, de recordatorio. Puede incluso desglosar el plan en pasos más pequeños e introducirlos en su agenda como distintos objetivos para cada hora del día. Aquí la técnica que utiliza no es lo más importante, sino el principio que se esconde detrás.

> Herramientas que puede utilizar:
> Un cronómetro
> Los recordatorios del ordenador
> Las alarmas del teléfono móvil
> Una agenda dividida por horas

- *Convierta el tiempo en algo físico.* El TDAH es el culpable de que se concentre en el momento y desvíe su atención de las señales y el sentido interno de que el tiempo pasa. Use un cronómetro, varios relojes, el ordenador, un calendario y otras herramientas que puedan dividir el tiempo en pequeñas unidades y programe alarmas que le indiquen que ha pasado un periodo de tiempo. Cuanto más externalice el paso del tiempo y más lo estructure con recordatorios físicos periódicos, más fácil le será administrarse el tiempo de forma satisfactoria.
- *Utilice incentivos externos.* Fíjese distintos tipos de motivación externa que le ayuden a sobrellevar cualquier trabajo. Por ejemplo, divida su proyecto en pasos más pequeños y dese un capricho cada vez que consiga trabajar durante media o una hora o seguidas. Las «prótesis» motivacionales son esenciales para que usted pueda completar proyectos o tareas más largos, llevar a cabo sus planes personales o cumplir sus promesas. Ya sea un café, una taza de té, un refresco, una consulta al periódico deportivo en línea, una canción en su reproductor o, incluso, un detalle simbólico, disponga pequeñas recompensas para cuando complete fases pequeñas del trabajo en lugar de esperar a que esté todo terminado.

> Posibles premios:
> Un café, un té, un refresco
> Comprobar la clasificación de su equipo de fútbol en Internet
> Escuchar una canción en su iPod, su reproductor de CD o la radio
> Cualquier detalle simbólico (caramelos, monedas, etc.)

- *Normalice los déficits neurológicos asociados al sistema ejecutivo del cerebro.* Hasta la fecha, el único tratamiento que ofrece alguna esperanza es la medicación. Las medicinas para el TDAH (véase el Tercer paso), como los estimulantes o la atomoxetina o la guanfacina (no estimulantes), pueden mejorar e incluso normalizar los substratos neurológicos de las regiones ejecutivas del cerebro que muy posiblemente causan el trastorno, y sus correspondientes conexiones. No revierten los déficits de manera permanente, pero producen un notable efecto positivo cuando se encuentran en su sistema nervioso.

> ¡Cuidado! Entrar en Internet para consultar algo como la clasificación de su equipo puede llevarle a navegar sin control durante periodos prolongados. Por eso es tan importante que conozca su propio TDAH: esta recompensa podría no ser la más adecuada para usted.

10. LA NATURALEZA DEL TDAH

> ℹ️ No existen pruebas científicas que demuestren la efectividad de la intervención en un lugar y tiempo distintos a los que enmarcan sus principales problemas. Evite las terapias introspectivas, el psicoanálisis, las terapias de grupo centradas en la lamentación, etc.

- *Sustituya sus distracciones con reforzadores para centrarse en la tarea que tiene entre manos.* Utilice cualquier recordatorio físico que ayude a su mente a mantenerse centrada en la tarea que está realizando y en los objetivos de la misma.

  Puede utilizar: Tarjetas, Listas, Señales, Notas adhesivas

- *Externalice sus normas.* Plasme dichas normas en listas físicas. Ponga señales, listas, gráficos y otros apoyos en su lugar de trabajo, centro de estudios o entorno social y consúltelos a menudo. Puede incluso recordarse en voz alta las normas antes de alguna de estas situaciones y durante las mismas. También puede utilizar un aparato que grabe y reproduzca estos recordatorios (mejor utilizar auriculares para no molestar a los demás).

- *Divida cualquier tarea que implique un largo periodo de tiempo en partes más pequeñas y poco espaciadas.* Por ejemplo, cuando acepte un proyecto que deba entregarse al cabo de un mes, divídalo en pasos más pequeños y complete uno cada día para alcanzar el objetivo final. De este modo, cada paso le parecerá más asequible y cada vez que complete uno puede premiarse además con un incentivo inmediato para mantener su motivación.

  Encontrará de nuevo estas directrices, en forma de normas para tener éxito en su día a día, en el Cuarto paso y cómo aplicarlas en distintas áreas de su vida en el Quinto paso. Cuanto mejor las asimile, mejor podrá dominar su TDAH.

- *Sea flexible y esté preparado para cambiar de planes.* Al igual que ocurre con enfermedades crónicas como la diabetes, un plan de tratamiento se compone de un gran número de intervenciones que alivian su cuadro clínico. Pero con el tiempo, pueden producirse brotes de sus síntomas y crisis periódicas. No tema cambiar de dirección, pida ayuda para ello siempre que lo necesite, y busque nuevas maneras de compensar los déficits que le impone el TDAH. Es lo mínimo que se merece.

Con estas ideas en mente, ahora está usted listo para dominar su TDAH. Nunca olvide que con la asistencia adecuada (educación, consejos, medicación, estrategias de comportamiento, trabajo duro y el apoyo de su familia y amigos) puede mejorar su vida de forma considerable e incluso cambiarla radicalmente.

> ▼ Nunca deje de buscar maneras de compensar sus déficits. Recuerde que no debe confiarse demasiado una vez que empieza a progresar en su lucha contra el TDAH.

11 Reconozca su TDAH

Ahora ya conoce su TDAH. ¿Está preparado para reconocerlo?

Ser capaz de identificarse con los síntomas, las limitaciones y los déficits sobre los que ha leído hasta ahora puede hacer que le resulte más fácil aceptar el trastorno, aunque eso no significa que no le vaya a llevar un tiempo. Mucha gente necesita adaptarse a la idea de que padece el trastorno y de que este no va a desaparecer. ¿Su reacción coincide con alguna de las siguientes?

- ¿Le cuesta aceptar que tiene TDAH? La negación inicial es muy frecuente, pero quedarse bloqueado en esa etapa suele ser el resultado de haberse hecho la exploración sin desearlo realmente.
- ¿Siente un profundo alivio? Saber al fin qué le pasa y cómo explica sus problemas puede ayudarle a dejar de sentirse culpable y afrontar el futuro sin lamentarse constantemente por el pasado.
- ¿Se sintió desmoralizado o deprimido cuando le dieron el diagnóstico? Es muy natural sentirse de esa manera cuando le comunican que padece una enfermedad crónica e incurable. Aun así, enterarse de la cantidad de ayuda que tiene a su disposición es un gran alivio.
- ¿Se siente frustrado y furioso? Puede sentirse así por varias razones, sobre todo si ha estado recibiendo diagnósticos imprecisos durante años. Es natural estar resentido por todo ese tiempo perdido y todas esas vicisitudes innecesarias. El remedio es obtener la ayuda que se merece ahora que sabe qué es lo que falla.
- ¿Está usted triste y enfadado? Si el TDAH ha perjudicado algunos aspectos de su vida de manera irreparable, es posible que alterne la tristeza con el enfado. Quizá deba encontrar la manera de superar estas emociones, posiblemente con ayuda psicológica, con el fin de liberar la energía que necesitará para mejorar su futuro.

> Es difícil liberarse del dolor de haberse visto privado de relaciones, trabajos, educación y bienestar como resultado de un TDAH que no ha recibido tratamiento.

Afortunadamente, su futuro no tiene que parecerse a su pasado. Si siente una profunda pena, y sobre todo si esta persiste, algunas sesiones de psicoterapia podrían ayudarle a entender esta reacción, desahogarse y resolver la situación; con el objetivo de reemplazar estos sentimientos más adelante por otros más positivos como la aceptación y la esperanza.

> Su futuro no tiene que parecerse a su pasado.

Una explicación, no una excusa

Usted no es una víctima ni el TDAH una minusvalía. El hecho de que esté leyendo este libro demuestra que está buscando respuestas, no excusas. No obstante, algunas personas de su entorno pueden verle como alguien menos capaz dada su enfermedad. Quizá piensen que no deben responsabilizarle de sus actos ahora que tiene un diagnóstico oficial. Seguramente usted no quiera que le traten así, como tampoco lo quiere una persona en silla de ruedas. Para progresar, no debe eximirse de las tareas que el TDAH hace más difíciles, sino buscar el equivalente a las rampas para minusválidos que hay en los edificios. Encuentre estas rampas siempre que sea posible y constrúyalas en su vida. Por el contrario, vagará por todos lados con su silla de ruedas sin acceder a ningún lugar y volverá a casa derrotado.

No solo nadie debería excusarle por las consecuencias inmediatas o futuras de sus actos, sino que usted debería tomar medidas para reforzar su responsabilidad haciendo que dichas consecuencias sean más frecuentes, inmediatas y visibles. Tendrá más garantías de éxito si se responsabiliza de los planes, metas y acciones de su día a día, ya que así podrán corregirle y aconsejarle más a menudo.

¡Basta de excusas! ¡No las dé ni las acepte! Reconozca su TDAH y sus consecuencias, y haga todo lo posible para minimizar o eliminar esos desastrosos retrasos diarios que le están impidiendo ser tan eficiente y productivo como la gente que no padece el trastorno. Encuentre sus rampas o constrúyase tantas como necesite, pero no renuncie a sus planes y sus metas.

Tener TDAH no es culpa suya, pero aceptarlo sí es su responsabilidad

Sabemos que es probable que desarrollara el TDAH debido a una combinación de factores biológicos y genéticos que resumiremos más adelante. También estamos muy cerca de demostrar que el trastorno no surge por factores puramente sociales como la educación recibida, los conflictos familiares, los problemas de pareja de los padres, la falta de cariño, la influencia de la televisión y los videojuegos, el ritmo de vida moderno o la interacción con los otros niños.

La buena noticia es que esto significa que de ninguna manera padecer TDAH es culpa suya; la no tan buena es que también significa que no tiene cura. Nunca podrá librarse de su enfermedad aunque cambie de dieta o de entorno. Tampoco puede alterar ningún factor de su vida con la esperanza de prevenir que sus hijos terminen sufriéndolo. Sin embargo, lo que sí puede hacer es reducir drásticamente los efectos que tiene en su vida. Lea el Tercer paso (la medicación) y mejorará considerablemente sus problemas neurológicos. Después lea el Cuarto paso y averigüe qué más puede hacer para mejorar su vida.

> Lo que nos demuestran las investigaciones sobre las causas del TDAH:
>
> - Los estudios realizados en gemelos y familias han confirmado que los factores genéticos son la principal causa del TDAH. Si un niño lo padece, aproximadamente uno de cada tres hermanos suyos también. Un estudio realizado por la Universidad de Los Ángeles analizó a 256 padres de niños con TDAH y descubrió que en el 55% de las familias al menos uno de los progenitores presentaba el trastorno.
> - Se calcula que la gravedad de los rasgos del TDAH varía en un 75-80% debido a factores genéticos, y algunos estudios sitúan la cifra en más del 90%. Este porcentaje es mayor que la contribución genética a los rasgos de personalidad, a la inteligencia, o a otros trastornos como la ansiedad o la depresión, y casi tan alta como su aportación a la altura.
> - Varios estudios recientes han examinado todo el genoma humano en busca de genes de riesgo del TDAH y han encontrado entre 20 y 25 secciones en los cromosomas que pueden estar asociadas con él. Por tanto, es altamente probable que el TDAH se produzca por una combinación de múltiples genes de riesgo, cada uno de ellos portador de una ínfima posibilidad de desarrollar el trastorno. Cuantos más genes portadores de riesgo herede, más síntomas padecerá y más severos; y mayor será la posibilidad de que se le diagnostique.

- En un número reducido de casos, el TDAH lo causan lesiones neurológicas en etapas tempranas del desarrollo (a menudo prenatales), tales como la exposición al alcohol y el tabaco durante el embarazo, un nacimiento prematuro, las hemorragias cerebrales leves, un derrame cerebral, el envenenamiento con plomo o un traumatismo cerebral, por mencionar solo algunas de las causas.
- Los lóbulos frontales, los ganglios basales, el cerebelo y la corteza cingular anterior son entre un 3% y un 5% más pequeños en personas con TDAH, y considerablemente menos activos.
- Diversos estudios demuestran que el cerebro de las personas con TDAH reacciona a los acontecimientos más lentamente que el de aquellos que no lo tienen. Las primeras tienen un riego sanguíneo en la región frontal derecha menor que las personas sin el trastorno, y la severidad de sus síntomas aumenta de forma proporcional a la reducción del riego.

Hoy en día, los investigadores opinan lo siguiente acerca de los mitos que envuelven a las causas del TDAH:

- Se ha demostrado que el azúcar no juega ningún papel en el trastorno y que menos de uno de cada veinte niños en edad preescolar que padecen TDAH podrían ver intensificados sus síntomas a causa de los conservantes y colorantes.
- No disponemos de pruebas convincentes que corroboren que el TDAH es el resultado de una sobreexposición a la televisión y los videojuegos en la infancia; por el contrario, las personas con TDAH son más propensas a este tipo de entretenimiento.
- No se han encontrado pruebas fehacientes de que el entorno en el que crecen los niños pueda ser la causa del TDAH. Es evidente que en las familias en que hay niños con el trastorno se registran más conflictos y estrés que en las demás, pero se ha demostrado que la causa suele ser el impacto del TDAH en la vida diaria de la familia junto con la alta probabilidad de que alguno de los padres también lo padezca.

Moldear su entorno le ayudará a controlar su TDAH

Los pasos cuarto y quinto tratan principalmente sobre el uso de estrategias que le ayudarán a compensar los síntomas que la medicación no pueda eliminar del todo. Sin embargo, lo que hacen en realidad es guiarle en la remodelación de su entorno para que sea más práctico para usted.

Como adulto con TDAH, quizá sienta un efecto doblemente adverso: sus síntomas dificultan el doble sus actividades rutinarias (como mínimo) y el mundo no parece inclinado a adaptarse a sus necesidades. Como dije antes, usted puede atenuar en gran medida el primer efecto con medicación (Tercer paso). En cuanto al segundo efecto, no creo que el mundo vaya a prestarse a un cambio para adaptarse a sus necesidades. Sin embargo, hay muchas cosas que usted puede hacer para controlar el entorno en el que vive de modo que sí se ajuste a lo que necesita:

> Encontrará una lista de trabajos y profesiones que podrían explotar sus puntos fuertes en el capítulo 25.

- Puede escoger trabajar en entornos donde tenga más posibilidades de éxito.
  - ¿No puede aguantar un trabajo de oficina? Pues busque un trabajo en el que pueda sacar provecho de su personalidad, su energía física o su naturaleza sociable, como podrían ser un trabajo de comercial o las artes escénicas.
  - ¿Ama el mundo de la literatura o la medicina, pero no puede prestar suficiente atención a los detalles? Encuentre un departamento en el que sea necesario viajar y organizar reuniones frecuentemente. Adopte estrategias en su lugar de trabajo que le ayuden a realizar las tareas duras y aburridas que no pueda evitar. Busque un mentor entre sus supervisores que le ayude a diseñar métodos menos convencionales para alcanzar los objetivos de la empresa.

Estos son solo un par de ejemplos entre las innumerables estrategias que puede adoptar para crear un ambiente diario amigable.

- Puede rodearse de gente que le ayude a potenciar sus puntos fuertes y respalden sus esfuerzos por compensar sus puntos débiles.
  - Puede que sus compañeros del equipo de béisbol sean las personas más divertidas que conoce, pero si usted es siempre el último en irse del bar en las celebraciones de después de los partidos, quizá deba cambiar de equipo.
  - Si tiene familiares que siempre esperan lo peor de usted, quizá deba distanciarse temporalmente de ellos... Una vez que haya conseguido organizar su vida, vuelva a las reuniones familiares y demuéstreles que se ha convertido en una persona en quien se puede confiar, con la ayuda de los pasos cuarto y quinto de este libro.

- Puede buscar los mejores recursos disponibles para las personas con TDAH y *utilizarlos, utilizarlos y utilizarlos*.
  - A lo largo del libro le iré proponiendo tratamientos científicamente probados y cuya eficacia ha sido demostrada con el tiempo, así como fuentes profesionales de ayuda. Existe más material disponible sobre el TDAH que sobre cualquier otro trastorno mental que afecte a las personas adultas.
  - ¿Siente que siempre hay alguien diciéndole qué es verdad y qué es mentira? ¿Qué le irá bien y qué no? ¿Qué debería hacer y qué debería evitar? Usted puede estar tan informado como desee. En las páginas siguientes encontrará consejos y recursos para examinar cuidadosamente todo lo que lea y oiga sobre el TDAH para poder discernir qué es verdad. Y la verdad puede hacerle libre.

Guía del consumidor sobre el TDAH

Espero que haber leído sobre la naturaleza del TDAH en el Segundo paso le haya hecho pensar no solo en sus síntomas particulares y en las limitaciones que le causan, sino también en quién es usted más allá del trastorno: no solo es una amalgama de síntomas y limitaciones, sino que tiene personalidad, habilidades psicológicas, atributos físicos y talento. Asimismo, espero que haya reflexionado sobre su entorno laboral, familiar y social, y sobre los recursos a su alcance. Solo entonces será capaz de tomar toda la información general sobre el TDAH que está aprendiendo en este libro y adaptarla a sus circunstancias particulares.

Aproveche la información disponible más allá de este libro

Leer este libro es un buen comienzo para instruirse sobre el TDAH, pero no debería quedarse solo con esto. La información disponible sobre el TDAH en adultos podría llenar decenas de libros tan largos como este. Así pues, le recomiendo que lea mucho, que escuche a diferentes expertos (y hable con los que pueda), que haga preguntas, que visite páginas en Internet, que investigue aquello que más le interese y que reúna toda la información que pueda. La verdad es un ensamblaje de múltiples elementos, no se limita a un solo libro, fuente, experto, gurú, DVD o página web. Cuanto más busque, más posibilidades tendrá de distinguir la información fiable de la pasajera, poco sólida, infundada e incluso completamente falsa.

> Fuentes de información sobre el TDAH actualizadas periódicamente:
>
> *El apartado de Recursos que encontrará al final del libro.* Comience leyendo algunos libros y viendo algunos DVD, y después siga con cualquiera de los miles de artículos publicados en revistas especializadas que encontrará en *ADHD in Adults: What the Sciense Says* (Guilford Press, 2008) [*El TDAH en adultos: lo que nos dice la ciencia*, J&C Ediciones Médicas, Barcelona, 2008] o en mi página web: *russellbarkley.org*.
>
> *Las conferencias colgadas en Internet.* Muchos departamentos universitarios de Psiquiatría y Psicología clínica ponen sus seminarios semanales a disposición del público en sus páginas web.
>
> *Las páginas web de organizaciones sin ánimo de lucro dedicadas al TDAH.* Encontrará una lista en la sección de Recursos del final.
>
> *El médico que le diagnosticó.* Pregúntele qué materiales puede consultar y a qué programas de formación puede asistir para mantenerse al día sobre el TDAH en adultos.

Pero no se lo crea todo

Supongo que no hace falta que le diga que hay que tomárselo con un punto de escepticismo. La controversia en torno al TDAH y las afirmaciones y las críticas de muchos desinformados probablemente le hayan enseñado a dudar de lo que oye. ¡Genial! Esta tendencia le ayudará en su sed de conocimiento. Cuestione los materiales que tiene delante. Pregunte o busque pruebas que respalden las afirmaciones. Sobre todo, dude de los tratamientos milagrosos (por lo general, no lo son). Mediante su búsqueda de pruebas, no solo evaluará la veracidad de la información que recibe, sino que aumentará su conocimiento sobre el TDAH y otros temas que guardan relación con él. Decida por sí mismo qué tiene sentido, en qué coinciden los médicos y los científicos especializados en el trastorno, qué han encontrado de utilidad otros adultos como usted y qué se ajusta mejor a su TDAH.

> **Cuanta más información busque, más fácil le será identificar la verdad.**

? *¿Cómo puedo saber si una afirmación está basada en evidencias científicas reales?*

Lo que se dice sobre los tratamientos, las causas y otros aspectos del TDAH (o cualquier otra enfermedad) puede sonar verídico, incluso cuando carece totalmente de fundamento. He aquí algunas pistas para determinar si la información es fiable o no:

Algunas organizaciones importantes que siempre constituyen una fuentes fiable de información:

- Children and Adults with Attention-Deficit/Hyperactivity Disorder (CHADD): www.chadd.org
- Attention Deficit Disorder Association (ADDA): www.add.org
- National Resource Center for ADHD: www.help4adhd.org
- ADD Resources: www.addresources.org
- ADD Warehouse: www.addwarehouse.com
- ADDVance: www.addvance.com
- ADDConsults: www.addconsults.com
- Learning Disabilities Association of America: www.ldanatl.org
- National Attention Deficit Disorder Information and Support Service (ADDISS), Great Britain: www.addiss.co.uk
- Canadian Attention Deficit Hyperactivity Disorder Resource Alliance: www.caddra.ca
- Center for ADD/ADHD Advocacy, Canada: www.caddac.ca
- Federación Española de Asociaciones de Ayuda al Déficit de Atención e Hiperactividad (FEAADAH): www.feaadah.org
- Fundación ADANA: www.fundacionadana.org
- ADHD Europe: www.adhdeurope.eu
- Liga Latinoamericana Para el Estudio del TDAH (LILAPET-DAH): www.tdahlatinoamerica.org
- Comunidad TDAH: www.comunidad-tdah.com/
- TDAHyTu: www.tdahytu.es
- Trastorno Hiperactividad: www.trastornohiperactividad.com

Compruebe la fuente:

- ¿Puede ver en ella ánimo de lucro? Si la información está relacionada con un producto o servicio en venta, considérela más un anuncio publicitario que un mensaje al servicio de los demás.

- ¿Tiene carácter político, social o de cualquier otro tipo? Compruebe su misión en la página web. Realice también una búsqueda en Internet sobre la organización para encontrar diferentes opiniones sobre ella; es quizá la mejor manera de desvelar un propósito oculto. Que la fuente tenga una finalidad no significa que no sea viable, sino tan solo que el mensaje podría no ser del todo objetivo.
- ¿Cuál es su tamaño, repercusión e historia? Una gran organización nacional o internacional que lleve años en el mundillo suele ser más fiable que las pequeñas, nuevas y de menor alcance porque contar con información fiable atrae a seguidores leales de distintos sectores de la población, además de a los fondos.
- ¿Está asociada a algún centro de investigación? Las fuentes como el Instituto Nacional de Salud Mental o las principales universidades no solo difunden datos de investigación, sino que además se dedican a recogerlos. Esto las convierte en una fuente *primaria* de información, lo cual significa que los datos no habrán estado sujetos a errores o influencias, o habrán sido sacados de contexto por otras fuentes *secundarias* y más distantes que podrían haberlos adoptado para su propio interés, aunque fuera con buenas intenciones.

Estudie detenidamente el contenido de la información:

> No olvide ilustrar a quienquiera que pueda ayudarle, ya sea su pareja, sus amigos o sus familiares. Una base común de conocimiento puede ayudarles a abordar el problema y a establecer metas y expectativas realistas.

- ¿Parece demasiado buena para ser verdad? Es muy probable que sea el caso. Si el TDAH lo causara una dieta fácilmente modificable o pudiera eliminarse para siempre con una pastilla o una máquina, ¿seguiría habiendo todavía millones de niños y adultos con este trastorno?
- ¿Incluye datos sólidos? Los términos generales (como *la mayoría, muchos, casi nunca, pocos, los expertos coinciden en que..., todo el mundo sabe...,* o *los médicos dicen...*) pueden servir de relleno cuando escasean los datos reales. Si la información no aporta cifras, hechos y nombres, es muy probable que no tenga fundamento alguno.
- ¿Se citan las fuentes? Una lista completa de referencias bibliográficas puede compensar la escasez de datos en el interior del texto. Algunas fuentes fiables intentan ofrecer mensajes fáciles de asimilar, confiando en que después usted consultará el material original. Compruebe la veracidad de dichas referencias, incluso si confía en la fiabilidad de la fuente y cree que todo lo que necesita es una visión global.

- ¿Cuántas pruebas existen? ¿Se han repetido los mismos estudios de investigación en distintos laboratorios con resultados similares? ¿Son las evidencias «anecdóticas», es decir, provienen de casos clínicos (informes que realizan los médicos tras la observación de sus pacientes)? Los estudios formales llevados a cabo en laboratorios son más fiables, ya que se trata de estudios aleatorizados de doble ciego. No obstante, tenga en cuenta que las investigaciones cuestan mucho dinero y que muchos tratamientos fiables empiezan con el apoyo de innumerables datos clínicos antes de pasar al laboratorio para que sus hallazgos sean confirmados. También es útil saber si se siguen manifestando los mismos datos año tras año, y si estudiar a los mismos sujetos durante varios años –*estudios longitudinales*– es la única manera de saber con certeza qué efectos tendrá cierta medicación o terapia con el tiempo, hayan interrumpido o no el tratamiento.

Para encontrar una fuente de información fiable y actualizada sobre los mejores tratamientos, busque en Internet **guías de consenso** promulgadas por asociaciones de renombre como la Asociación Americana de Psiquiatría. Asimismo, investigue **tratamientos científicamente probados**, un término variable y algo cargado de tintes políticos, pero que puede interpretar como un intento de distintas organizaciones por establecer una serie de criterios para que los tratamientos cuenten con el mayor número posible de datos de investigación fundamentados.

Un **ensayo de doble ciego, aleatorizado y controlado** se considera el modo más fiable de examinar los efectos de un tratamiento (ya sea mediación, psicoterapia o cualquier otro) porque:

- Los sujetos del estudio se dividen en dos grupos **aleatoriamente**, lo que reduce el riesgo de parcialidad a la hora de escoger quién recibe el tratamiento y quién el placebo. De este modo, es más probable que los resultados se deban al tratamiento, si es que es efectivo, que a otras variables o factores.
- La muestra de población es razonablemente grande y proviene de una alta variedad de contextos distintos para favorecer su representatividad.

- Los efectos del tratamiento que se observan están **controlados** mediante la administración de placebo (tratamiento sin efecto alguno, como una pastilla de azúcar) a uno de los grupos, ya que después podemos compararlos. (Cuando los científicos administran un placebo a todo un grupo, más o menos un tercio afirmará que el tratamiento tiene el efecto que se suponía. A esto se le llama *efecto placebo*.)
- Al estudio se le conoce como **de doble ciego** ya que no hay posibilidad de que los científicos puedan proyectar su propia visión en las observaciones, porque ni ellos ni los sujetos estudiados saben quién está recibiendo el tratamiento activo y quién está recibiendo el placebo.

Un giro de los hechos

A principios de 2008, me entrevistaron para un artículo del *New York Times* que informaba sobre un innovador estudio llevado a cabo por el Instituto Nacional de Salud Mental (NIMH, por sus siglas en inglés): la tecnología de diagnóstico del cerebro por imágenes mostraba gráficamente cómo los niños con TDAH experimentaban un retraso en el desarrollo de ciertas partes del cerebro que afectaban a diversas funciones ejecutivas como la atención o la memoria. Al fin habíamos probado que existía una base biológica para el trastorno. Seguro que aquellos que habían sostenido durante años que el TDAH no existía iban a maravillarse. Imaginen la sorpresa de los investigadores del NIMH y de muchos otros científicos como yo, cuando en vez de eso, esta evidencia se usó para probar lo contrario, es decir, que el TDAH era un mero retraso, que los niños que sufrían sus síntomas eran normales y que estos desaparecerían con la edad. Tras muchos estudios, sabemos que solo en un tercio de los niños diagnosticados se da la posibilidad de no repetir diagnóstico de adultos. **Cuando lea sobre evidencias extraídas de estudios científicos, asegúrese de que conoce qué datos se han obtenido realmente de la investigación y a qué conclusiones llegaron los científicos. Lo que concluyen otras personas, especialmente si no son científicos o sobre todo cuando no están de acuerdo con el análisis de los investigadores, es muy cuestionable.**

«Attention Deficits That May Linger Well Past Childhood», por Aliyah Baruchin, *New York Times*, 13 de marzo de 2008.

TERCER PASO: INTRODUZCA CAMBIOS EN SU CEREBRO

Medicarse para controlar el TDAH

He aquí algunas buenas razones para pensar en medicarse:

- El especialista que le evaluó concluyó que usted tiene un TDAH moderado o grave.
- Las investigaciones demuestran que la medicación es hoy en día el tratamiento disponible para el TDAH más eficaz, doblando en efectividad a otros tratamientos sin medicación como la terapia conductual o la orientación. Además, mejora los síntomas de entre el 70 y el 95% de los adultos que la toman.
- Ha probado otras terapias y sus síntomas persisten.
- Tiene que hacer mucho trabajo por su cuenta y no puede acudir constantemente a los demás para que estructuren su rutina tanto en el trabajo como en el hogar.
- No rinde en el trabajo como debería por culpa de todas las distracciones y presiones del entorno.
- Las evaluaciones de sus superiores son cada vez peores y tiene la sensación de que pronto van a despedirle o a quitarle responsabilidades.
- Ha intentado en varias ocasiones terminar sus estudios, pero no es capaz de aprobar las pocas asignaturas que le quedan, presentar su proyecto o cumplir cualquier otro requisito académico que necesite para obtener la titulación.
- Está cansado de pasarse la mitad de la vida reparando daños y quiere dejar de sentirse desmoralizado por no haber conseguido lo que esperaba a esas alturas.

- Se le ha diagnosticado depresión, ansiedad u otro trastorno mental o emocional además del TDAH.
- Su pareja está pensando en dejarle debido a los síntomas del TDAH y el impacto que provocan en su relación.
- Los demás no dejan de repetirle lo mal que conduce o lo peligroso que es ir con usted al volante. Quizá esté a punto de perder el carnet de conducir por todas las multas de velocidad o aparcamiento que ha acumulado.
- Le cuesta administrarse el dinero, y sabe que gasta demasiado o que usa la tarjeta de crédito más de lo que en realidad desea.
- Ha notado que no tiene tan buena salud como los demás. Quizá tenga hábitos dañinos que le gustaría quitarse, como el tabaco, la bebida, la mala alimentación, la falta de ejercicio, etc.; pero que es incapaz de dejar.

12 ¿Por qué tiene sentido probar la medicación?[1]

La medicación funciona

Cuando la gente me pregunta por qué deberían probar la medicación para manejar su TDAH, mi respuesta se reduce a estas tres palabras: la medicación funciona. Los medicamentos para el TDAH conforman el tratamiento más eficaz de que disponemos hasta el momento. Y punto.

> Sabemos que los medicamentos para el TDAH pueden *normalizar* el comportamiento del 50-65% de los pacientes, y provocar *mejoras sustanciales* en otro 20-30%.

Cuando encuentre el medicamento más adecuado para usted, experimentará mejoras sustanciales en los síntomas del TDAH y, por lo tanto, también en las limitaciones que estos le causan. De hecho, estos cambios positivos no tienen rival entre los tratamientos que existen para otros trastornos en el campo de la psiquiatría.

---

1. El Doctor Barkley ha trabajado como consultor y portavoz de las compañías farmacéuticas Eli Lilly (Estados Unidos, Canadá, España, Italia, los Países Bajos, Suecia, el Reino Unido y Alemania), Shire Pharmaceuticals (Estados Unidos), Novartis (Estados Unidos, Suiza y Alemania), Ortho-McNeil (Estados Unidos), Janssen-Ortho (Canadá), Janssen-Cilag (Dinamarca y Sudamérica), y Medicis (Alemania y Suiza).

¿Por qué es tan eficaz la medicación?

Las investigaciones llevadas a cabo en la última década han demostrado que los medicamentos corrigen o compensan los problemas neurológicos que causa el TDAH, pero solo mientras se encuentran en la sangre o en el cerebro, lo cual significa que sus efectos desaparecen cuando dejan de tomarse.

> Un porcentaje inferior al 10% de las personas con TDAH no responderá positivamente al menos a uno de los medicamentos disponibles en la actualidad en Estados Unidos. En otros países no se comercializan todos los medicamentos que existen en Estados Unidos.

Así es cómo funcionan neurogenéticamente los medicamentos para el TDAH:

La tecnología de diagnóstico del cerebro por imágenes, los encefalogramas y una gran variedad de otras pruebas han demostrado que el cerebro de las personas con TDAH es diferente del de los demás en varios aspectos importantes:

- Algunas regiones cerebrales son estructuralmente distintas, por lo general más pequeñas, de las de las personas sin TDAH: la región prefrontal derecha, asociada con la atención y la inhibición; el cuerpo estriado, que regula nuestro comportamiento ante el placer y las recompensas; el córtex cingular anterior, que ayuda a controlar o autorregular nuestras reacciones emocionales; y el cerebelo, ligado a la organización del tiempo y a la temporalización de nuestras acciones, entre otras funciones ejecutivas.
- Las personas con TDAH registran menos actividad eléctrica en el cerebro, en especial en las regiones mencionadas, lo cual significa que no reaccionan tan bien como los demás ante la estimulación de dichas zonas del cerebro.
- Los niños y adolescentes aquejados del trastorno también experimentan una actividad metabólica menor en las regiones frontales.
- El cerebro de las personas con TDAH produce una proporción irregular (por exceso o por defecto) de norepinefrina y dopamina. También puede haber otros agentes neuroquímicos implicados.

> Los científicos piensan que las anomalías estructurales en el cerebro de las personas con TDAH son las que provocan el desarrollo del mismo: esta es la herencia genética que hace que aparezca en los descendientes de aquellos que lo padecen. No sabemos cómo devolver al cerebro su estructura normal.
> Sin embargo, lo que sí sabemos es cómo corregir los desequilibrios neuroquímicos que padecen las personas con TDAH, por lo menos de forma temporal: con medicación.
> Cuando los niveles de los neurotransmisores dopamina y norepinefrina no son iguales a los de los adultos «normales», los mensajes que estos agentes químicos se encargan de enviar no llegan tan bien como deberían. Sin su ayuda, el cerebro no responde a los estímulos (acontecimientos, ideas, emociones, etc.) del modo esperado. Tampoco se activa el control de los impulsos. Los recuerdos del pasado y las visiones de futuro no acuden a su mente para orientarle; y cuando lo hacen, no persisten durante mucho tiempo, lo cual le lleva a olvidar qué estaba pensando en hacer. Asimismo, los frenos del control motriz no pueden evitar que esté constantemente moviéndose con desasosiego.
> El motivo por el que la medicación funciona es porque incrementa la comunicación entre las células nerviosas de las regiones del cerebro asociadas al TDAH, estimulándolas para que produzcan más cantidad de los neuroquímicos mencionados (aunque algunos medicamentos actúan sobre otros) o impidiéndoles que refrenen su paso una vez que han sido liberados. Las dos clases principales de medicamentos para los adultos con TDAH aprobados por el Ministerio de Sanidad estadounidense, los estimulantes y algunos no estimulantes, incentivan su capacidad mental para responder a cualquier cosa que ocurra a su alrededor.

Lo bueno de los medicamentos que conocemos es que no se limitan a enmascarar o disimular los síntomas del TDAH. No son «tiritas», «farsas», «corsés químicos» o incluso «una ayudita para mamá», como algunos detractores los han llamado en los medios. *Cuando están activos en su cuerpo, estos medicamentos corrigen o compensan el problema biológico que origina el TDAH.*

Si ha escuchado que los medicamentos solo «tapan» lo que va mal, quizá experimente cierta reticencia a probarlos. Espero que este capítulo aclare sus dudas. Optar por no medicarse para controlar el TDAH, sea cual sea la razón, significa negarse a seguir el tratamiento más eficaz disponible por el momento. Sería como si un diabético decidiera no ponerse insulina e intentara compensarlo haciendo más ejercicio y mejorando su dieta y su higiene. Quizá funcione, pero es poco probable, y como resultado experimentará un control sobre el trastorno mucho menor que con la medicación. ¿Por qué iba a privarse del equivalente a lo que es la insulina para un diabético?

Que la medicación sea efectiva no significa que sea el único tratamiento disponible. Si sus síntomas son leves, es posible que obtenga buenos resultados aplicando las estrategias y herramientas que le proponemos en los pasos Cuarto y Quinto. Por ejemplo, el entrenamiento (*coaching*) podría reportarle grandes beneficios y los grupos de apoyo nuevas ideas e inspiración. Sin embargo, si sus síntomas son moderados o graves, los medicamentos pueden aliviar muchas de sus dificultades y permitirle aprovechar mucho mejor la ayuda no basada en la medicación que tiene a su alcance.

Además, si el análisis del TDAH reveló otros trastornos, podría beneficiarse de los medicamentos que pueden tratar todos sus problemas. Diversos estudios han demostrado que a veces la ansiedad y la depresión están causadas por las dificultades de vivir con el TDAH, y que cuando sus síntomas disminuyen gracias a la medicación, la ansiedad y la depresión también remiten.

Como ocurre con todas las enfermedades, ya sean mentales o físicas, la gravedad de los síntomas puede variar. Por eso, contar con una serie de criterios para el diagnóstico es tan importante. Los médicos no quieren tratar a personas innecesariamente. Si tiene algunos síntomas, pero no cumplen con los criterios del DSM, le dirán que padece un TDAH *subclínico* o no especificado. Usted muestra síntomas, pero no los suficientes para que se le diagnostique el trastorno. *En estos casos, no se le recetará medicación*, incluso si se le había recetado de niño.

> Compruebe los recursos recogidos en la página 107. Empiece informándose sobre cómo actúan los medicamentos para el TDAH en el cerebro y profundice en el tema para saber cómo afectan al funcionamiento de las células nerviosas. Cada día aprendemos más sobre esto. Los estudios sobre genética molecular también nos ayudan a explicar y predecir las mejoras que usted puede experimentar gracias a la medicación.

> En el apartado de Recursos, se incluyen diversas páginas web que pueden ayudarle a encontrar un entrenador con experiencia en el tratamiento de adultos con TDAH.

12. ¿POR QUÉ TIENE SENTIDO PROBAR LA MEDICACIÓN?

En el libro de 2008 titulado *ADHD in Adults: What Science Says*, mis coautores y yo comparamos a un grupo de adultos a los que se les había diagnosticado el TDAH cuando eran niños con otro formado por aquellos a los que el diagnóstico les había llegado ya de adultos. Para ello, observamos los datos recogidos en nuestro estudio de Milwaukee, que realizaba el seguimiento de un grupo de niños desde finales de los años 70 hasta el nuevo milenio; así como los que se obtuvieron en un estudio del centro médico de la universidad de Massachusetts, centrado en un conjunto adultos que habían sido diagnosticados entre los años 2000 y 2003.

- Nos encontramos con notables parecidos entre los dos grupos. Las evidencias mostraban que, como mínimo, la mitad de los niños diagnosticados con TDAH seguían cumpliendo todos los criterios al llegar a adultos.
- Los diagnosticados a la edad adulta tendían a padecer menos dificultades.
- En cambio, eran más propensos a sufrir además otros trastornos, en especial ansiedad y depresión. ¿Por qué? No lo sabemos con certeza, pero podría ser que la ansiedad y la depresión fueran el resultado de haber soportado durante años los síntomas del TDAH sin un tratamiento adecuado.
- Los que habían sido diagnosticados de niños tenían más problemas con su rendimiento educativo y profesional; y una importante minoría se comportaba de manera antisocial y consumía drogas. Una vez más… ¿por qué? Quizá el trastorno se les diagnosticó a edades tempranas porque sus dificultades saltaban más a la vista, lo cual sugiere que sus síntomas debían de ser más graves.

Lo que esto significa en cuanto a la medicación en adultos con TDAH:

- *Si se le ha diagnosticado recientemente*, quizá necesite la medicación para tratar la ansiedad y la depresión junto con el TDAH.
- *Si se le diagnosticó de niño*, es posible que precise de medicación porque sus síntomas son moderados o graves.

Si su actitud respecto a tomar o no medicamentos tiene que ver con lo que siente o con cómo se ve a sí mismo, podría recurrir a un terapeuta o psicólogo que le ayude a valorar si estos factores deberían influir en su decisión. Mientras tanto, no deje de hacerse esta pregunta esencial:

«¿Merezco llevar una vida más difícil que la de los demás solo porque nací con una predisposición biológica al TDAH?»

No conozco a muchas personas que responderían afirmativamente.

Si nunca ha tomado medicación para el TDAH, ¿le asaltan las dudas sobre si empezar a hacerlo?

- Quizá acabe de recibir su diagnóstico y no haya considerado aún las opciones de tratamiento que tiene.
- Quizá el hecho de que le receten un medicamento haga del trastorno algo demasiado real para usted y no esté preparado todavía para asumir el TDAH, tal como comentamos en el capítulo 11.
- ¿Le da miedo «depender» de un medicamento?
- ¿Opina que no dominar sus síntomas usted solo es un signo de debilidad?

¿Entre cuántos medicamentos puedo elegir?

Los medicamentos de eficacia probada para tratar el TDAH pueden dividirse en dos grupos principales: los estimulantes y los no estimulantes. Todo lo que quiere y necesita saber sobre ellos está contemplado en los próximos dos capítulos. Esta información le ayudará a entender las recomendaciones de su médico y a decidir qué tratamiento es el más adecuado para usted.

Seguro que tiene un montón de preguntas acerca de cómo tomar la medicación, su eficacia, sus riesgos, sus efectos secundarios y demás. Afortunadamente, miles de adultos con TDAH se han hecho esas mismas preguntas antes que usted. Asimismo, los médicos y terapeutas de todo el mundo llevan décadas respondiéndolas. Gracias a los capítulos 13 y 14 (y al 15, que le explicará con qué puede encontrarse durante el transcurso del tratamiento), se beneficiará de toda esta experiencia.

A continuación, presentamos una tabla en la que se resumen los medicamentos disponibles hoy en día, cómo se suministran y la duración de sus efectos tras tomar una dosis. Dicha tabla constituye una referencia muy útil que probablemente usted consultará una y otra vez.

Mi postura con respecto a la medicación para el TDAH

- El TDAH es una enfermedad limitadora provocada por factores neurológicos y genéticos que causa problemas en todos los aspectos de la vida de las personas. Medicarse para vivir con un trastorno neurogenético es algo perfectamente razonable y no solo un arreglo que disimula las causas «reales», sociales o personales, de sus síntomas. El TDAH no aparece por factores sociales o meras elecciones personales. Y usted merece beneficiarse de cualquier tratamiento cuya eficacia haya sido probada.
- **No** deberían recetarle nada sin un diagnóstico firme, obtenido tras un análisis exhaustivo llevado a cabo por un profesional de la salud mental.
- Los mitos sobre el TDAH abundan, pero cantidad no equivale a calidad. Usted puede y debería consultar a su médico y las fuentes de información fiables (ver capítulo 11).
- Las recetas no están grabadas en piedra. Usted puede probar otro medicamento o interrumpir todo tratamiento si demuestra ser ineficaz o produce efectos secundarios insufribles.
- Toda receta debe ser el resultado de una estrecha colaboración entre usted y su médico.

Nombre genérico (marca)	Duración del principio activo	Forma farmacéutica
MTF (Ritalin, Rubifen**)*	3-4 horas	Comprimidos (5, 10 y 20 mg)
d-MTF (Focalin)*	3-5 horas	Comprimidos (2.5, 5, 10 mg; 2.5 mg de Focalin equivalen a 5 mg de Ritalin)
MTF (Methylin)*	3-4 horas	Comprimidos (5, 10 y 20 mg)
MTF SR (Ritalin SR)*	3-8 horas (variable)	Comprimidos (20 mg; la cantidad absorbida varía)
MTF (Metadate ER)*	3-8 horas (variable)	Comprimidos (10 y 20 mg; la cantidad absorbida varía)
MTF (Methylin ER)*	8 horas	Comprimidos (10 y 20 mg); comprimidos masticables (2.5, 5 y 10 mg); solución oral (5 mg/5 ml, 10 mg/5ml)
MTF (Ritalin LA, Medikinet**)*	8 horas	Cápsulas (10**, 20, 30 y 40 mg; pueden diluirse)
MTF (Metadate CD. Equasym**)*	8 horas	Cápsulas (10**, 20 y 30** mg; pueden diluirse)

Nombre genérico (marca)	Duración del principio activo	Forma farmacéutica
MTF (Concerta**)*	12 horas	Comprimidos de liberación prolongada (18, 27, 36 y 54 mg)
d-MTF XR (Focalin XR)	12 horas	Cápsulas (10, 20 y 30 mg)
AMP^ (Dexedrine)	4-5 horas	Comprimidos (5 mg)
AMP^ (Dextrostat)	4-5 horas	Comprimidos (5 y 10 mg)
AMP^ (Dexedrine Spansules)	8 horas	Cápsulas (5, 10 y 15 mg)
Sales mixtas de AMP^ (Adderall)	4-6 horas	Comprimidos (5, 7.5, 10, 12.5, 15, 20 y 30 mg)
Sales mixtas de AMP*¨ (Adderall XR)	8 horas como mínimo (aunque en algunos pacientes parece durar mucho más)	Cápsulas (5, 10, 15, 20, 25 y 30 mg; pueden diluirse)
Lisdexanfetamina dimesilato (Vyvanse)	8 horas como mínimo (aunque en algunos pacientes parece durar mucho más)	Cápsulas (20, 30, 40, 50, 60 y 70 mg)
Atomoxetina*¨ (Strattera**)	8-10 horas o más (5 horas en el plasma, pero bastante más en el sistema nervioso central)	Cápsulas (10, 18, 25, 40, 60 y 80 mg)

Nota: MTF: metilfenidato; AMP: anfetamina.
La tabla muestra los todos fármacos aprobados para el tratamiento del TDAH en Estados Unidos. Puede ser que en su país no se encuentren todos disponibles o puede variar la aprobación en adultos o en menores de 6 años. Por ejemplo, en España solo se dispone de los marcados con **.
*Aprobado para tratar el TDAH en pacientes a partir de los 6 años en EE. UU.
^Aprobado para tratar el TDAH en pacientes a partir de los 3 años en EE. UU.
¨Aprobado específicamente para tratar el TDAH en adultos en EE. UU.

13 Los estimulantes

Los estimulantes son los medicamentos para el TDAH de los que probablemente más haya oído hablar. Son los más antiguos y se suministran tanto a niños como a adultos. Si le diagnosticaron de pequeño, es posible que años atrás le recetaran estimulantes como parte del tratamiento. También son los medicamentos para el TDAH más controvertidos. En los medios de comunicación, sobre todo en Internet, aparecen constantemente mitos y también algunas reservas realistas con respecto a este tipo de medicinas. Este capítulo se encargará de:

- separar la realidad de la ficción,
- darle una idea general de si un estimulante le ayudaría en su caso,
- responder a las preguntas que suelen surgir sobre este tipo de medicamentos en adultos con TDAH.

Los estimulantes: ventajas e inconvenientes

Las ventajas: Los estimulantes aumentan la inhibición, reducen las distracciones y le ayudan a fijar su atención en lo que tiene que hacer o lo que está planeando. También incrementan el ritmo y la coordinación psicomotores y el control emocional. De este modo, reducen los efectos adversos provocados por los síntomas del TDAH en los principales ámbitos de su vida. Con las nuevas fórmulas de liberación prolongada de estas medicinas, sus efectos positivos pueden durar entre 8 y 12 horas, en lugar de las típicas 3-5 horas que proporcionaban las fórmulas de liberación inmediata.

> **Los inconvenientes**: Algunas personas experimentan problemas de insomnio, pérdida de apetito, dolor de estómago o de cabeza. Otras se sienten algo tensas, como si hubieran tomado demasiada cafeína. Un pequeño porcentaje de casos ve incrementada su ansiedad, sus tics u otros impulsos nerviosos, especialmente si estos problemas ya existían antes de tomar la medicación. Las medicinas no pueden tomarse durante las 24 horas del día, por lo que dejan al paciente expuesto durante ciertas partes del mismo o con una cantidad demasiado baja para que surta efecto. A modo de ejemplo, si se administra el medicamento por la mañana, su efecto será nulo en las últimas horas de la tarde.

¿Cómo ayudan los estimulantes?

Actualmente existen dos tipos básicos de estimulantes en el mercado: el metilfenidato (MTF) y la anfetamina (ANF).

Nombre genérico	Marca	Nombre genérico	Marca
Metilfenidato	Ritalin, Rubifen* Medikinet* Focalin Methylin Metadate, Equasym* Concerta	Anfetamina	Dexedrine Dextrostat Adderall Vyvanse

Nota. Durante unos 30 años, estuvo disponible un tercer estimulante, la pemolina (la marca es Cylert), que se retiró del mercado por sus riesgos, poco frecuentes aunque importantes, de afección hepática. Los marcados con * son la maracas disponibles en España. En otros países pueden variar los nombres o su disponibilidad.

Los estimulantes ayudan a mitigar los síntomas del TDAH corrigiendo la escasez de los agentes neuroquímicos que envían mensajes para el autocontrol en el cerebro. Para cumplir su misión de mensajeros, los neurotransmisores deben estar disponibles en los espacios que hay entre las células nerviosas. Piense en ellos como si fueran el agua que fluye en un sistema de canales. La función de las anfetaminas es incrementar la cantidad de dopamina (y, en menor medida, de norepinefrina), producida y liberada por las células nerviosas, para que dichos espacios queden cubiertos. Su efecto en el cerebro es equivalente a abrir una compuerta para dejar que el agua fluya por los canales. El metilfenidato se encarga de reducir la cantidad de dopamina que reabsorben las células nerviosas después de liberarla, es decir, mantiene la compuerta cerrada para que el nivel de agua (neurotransmisor) siga siendo alto.

13. LOS ESTIMULANTES

(?) *¿No me pondrán los estimulantes más nervioso de lo que ya estoy?*

El término *estimulante* es engañoso. Es cierto que los medicamentos estimulantes como el MTF (Ritalin, etc.) hacen que la gente sin TDAH esté más despierta y activa, ya que estimulan la actividad en las regiones frontales del cerebro. La razón por la que no ponen aún más nerviosos a los niños y adultos con TDAH es porque su actividad en estas regiones del cerebro es inferior a la normal. No disponen de norepinefrina y dopamina en cantidad suficiente para enviar señales entre las neuronas y estimular la mente para hacer lo que tiene que hacer a niveles normales, como prestar atención, estarse quieto, fijarse en lo que está haciendo, etc.

Aunque los estimulantes también pueden estimular la mente de los adultos normales, su efecto en los adultos con TDAH es mucho menor, probablemente debido al bajo rendimiento de su cerebro.

> ¿Por qué se abusa con frecuencia de los estimulantes? En las personas con niveles normales de dopamina en el cerebro, el estímulo que provocan estos medicamentos proporciona una sensación placentera de «rapidez». Aunque eso no es todo, ya que también incrementan el nivel de este neurotransmisor en otras regiones del cerebro que sabemos que aumentan las posibilidades de drogadicción, algunas de las cuales (el córtex prefrontal y el cerebelo) son las mismas en las que estos medicamentos hacen tanto bien a las personas con TDAH. Algunas de estas regiones se encargan de premiar al cerebro, determinando lo placenteros o impulsores que serán ciertos estímulos. Al fomentar la actividad de dichas zonas también se incrementa la sensación de euforia, interés u otras experiencias gratificantes.
>
> La posibilidad de experimentar este estado de conciencia agradable es mayor si los estimulantes se inyectan o se esnifan, de forma que la droga entra y sale del cerebro mucho más rápido. Es precisamente esta alteración rápida de la conciencia la que crea el sentimiento de euforia y otras sensaciones placenteras.

> ¿Por qué no se enganchan a los estimulantes los adultos (o los niños) con TDAH? Sobre todo porque los toman por vía oral, en forma de comprimidos o cápsulas, por lo que entran y salen del cerebro muy lentamente. La mayoría de la gente que abusa de ellos los esnifa o se inyecta una solución en vena, como el estimulante mezclado con agua. Mediante estas vías, llega de golpe al cerebro y su efecto es mucho mayor. Además, en el caso de los pacientes con TDAH, los estimulantes se están usando para compensar la falta de dopamina y normalizar sus niveles; no para elevarlos rápidamente por encima de los niveles normales, como ocurre en los casos en que su administración es por vía nasal o intravenosa.

¿Son seguros los estimulantes?

Está claro que cualquiera puede abusar de los estimulantes. Por esta razón, la Food and Drug Administration (FDA), el organismo estadounidense que vela por la calidad de los productos alimentarios y farmacéuticos, los clasifica como de Tipo II. Esta clasificación establece unos límites estrictos acerca de la cantidad que los fabricantes pueden producir anualmente, el procedimiento para recetarlos y la forma en que las farmacias deben almacenarlos y venderlos. Asimismo, al pertenecer a esta categoría, si decide probarlos, debe responsabilizarse de mantenerlos fuera del alcance de cualquiera que no sea usted.

Pero, ¿qué hay del daño que pueden causarle a usted? Quizá haya oído algunos mitos sobre los estimulantes. Ahora es el momento de conocer toda la historia.

¿Llevan los estimulantes a consumir otras drogas?

Quizá haya oído que estos medicamentos incrementan el riesgo de acabar abusando de otras drogas, sobre todo de otros tipos de estimulantes. La gran mayoría de los estudios de investigación llevados a cabo hasta el momento no sustentan dicha afirmación. Más de 16 estudios han tratado este asunto; muchos de ellos, como el mío, realizaron un seguimiento hasta la edad adulta a un grupo de niños con TDAH que habían sido tratados con estimulantes durante meses o años. Ninguno de ellos encontró ningún incremento en el riesgo de drogadicción. Las pruebas de que estos medicamentos sensibilizan al cerebro, exponiéndolo después al deseo de estimulantes más fuertes y potencialmente adictivos, provienen de estudios hechos con animales, a los que se les administraban estos compuestos por vía intravenosa, directamente en el cerebro o en dosis mucho mayores de las que se recetan a los niños o adultos con TDAH. Por tanto, las evidencias hasta la fecha no sustentan la afirmación de que usar estimulantes para el TDAH contribuya al riego de abusar de estas u otras sustancias simultánea o posteriormente al tratamiento.

¿Pueden causar los estimulantes un infarto de miocardio o un derrame cerebral?

Quizá haya oído que estos medicamentos incrementan el riesgo de muerte súbita, normalmente por bloqueo cardíaco; y que quienes los toman pueden sufrir un derrame cerebral, aunque es menos probable. Todos los casos de muerte súbita porque el corazón deja de latir se deben a otros factores, como antecedentes de defectos estructurales cardíacos combinados con la realización de un sobreesfuerzo justo antes de morir. Estos factores por sí solos pueden explicar la muerte súbita. De hecho, los datos de que disponemos muestran que las personas que toman estimulantes tienen en cierto modo menos riesgo de muerte súbita que la población general. Es probable que se deba a que los médicos suelen hacerles chequeos en busca de posibles problemas de corazón antes de recetarles los estimulantes, y a que no se los prescriben a personas con casos de muerte súbita en la familia o antecedentes de anomalías estructurales cardíacas, arritmias o cualquier otro tipo de problema cardíaco, incluyendo la hipertensión. Es decir, a las personas con mayor riesgo de padecer problemas cardíacos no se les recetarán los estimulantes, y quizá sea esta la razón por la que las personas que sí los toman presenten un riesgo de infarto.

> Los estimulantes aumentan el ritmo cardíaco y la presión sanguínea, pero no mucho más que subir medio tramo de escaleras. No se han encontrado evidencias de que causen hipertensión en personas que no la padecían antes.

> Ciertos estudios demuestran que se producen de uno a tres casos de muerte súbita en cada 100.000 personas que toman estimulantes para el TDAH; comparado con un rango de uno a siete por cada 100.000 personas de la población general. Por tanto, el índice de muerte súbita en las personas que toman estimulantes no es mayor que el de la población que no los toma.

> De hecho, algunos estudios demostraron que el índice era incluso menor. La causa es que las personas que toman estimulantes suelen someterse antes a un reconocimiento médico en busca de cualquier problema cardíaco. Cuando se detecta alguno, los estimulantes no se recetan. En cambio, la población general no tiende a hacerse un chequeo cardíaco.

(?) ¿Durante cuánto tiempo puedo seguir tomando estimulantes sin efectos secundarios a largo plazo?

Por lo que sabemos, usted puede tomarlos tantos años como le sea preciso para manejar sus síntomas y reducir las limitaciones que estos le provocan.

(?) ¿Hay evidencias científicas que sugieran que el Ritalin u otros estimulantes son perjudiciales durante el embarazo?

No hay datos acerca de los efectos secundarios de ningún medicamento para el TDAH en mujeres embarazadas o en los fetos, con lo cual todas las compañías farmacéuticas recomiendan interrumpir el tratamiento si está embarazada o planea estarlo.

¿Qué efectos secundarios puedo experimentar?

A continuación, se detallan los efectos secundarios más frecuentes que experimentan los adultos cuando toman estimulantes. Están enumerados de más a menos común.

- Insomnio
- Pérdida de apetito
- Pérdida de peso
- Dolores de cabeza
- Náuseas, dolor de estómago, digestión pesada
- Ansiedad
- Irritabilidad
- Tics
- Aumento de la tensión muscular

Listas como esta se incluyen en los prospectos de todos los medicamentos, aunque no le informan sobre el impacto real que pueden tener los estimulantes en su vida diaria. Los testimonios que se incluyen a continuación ilustran tanto

13. LOS ESTIMULANTES

lo que usted podría experimentar como la manera en que puede contrarrestar cualquier efecto negativo:

> Nunca antes me había tratado para el TDAH; siempre había pensado que mis síntomas eran tan solo un reflejo de mis defectos personales y mi falta de autodisciplina. Pero cuando mi médico me recetó un estimulante para el TDAH, los resultados fueron increíbles. Podía recordar varias tareas pendientes a la vez, sin olvidarlas a la mínima distracción, y perseverar en los trabajos que acostumbraba a encontrar aburridos, lo que me hizo mucho más productivo, rápido y eficaz, ya que podía concentrarme mejor en las tareas que tenía entre manos. Ya sé que suena raro, pero de hecho podía ver las cosas con más claridad, no tanto las cosas que me rodeaban, sino que mis ideas sobre qué quería hacer se habían vuelto más claras, menos confusas y desorganizadas y más asequibles.
>
> Tenía menos apetito, sobre todo a la hora de la comida, aunque de todas maneras llevaba tiempo queriendo perder algo de peso, así que no fue un problema muy grave. También me costaba un poco más conciliar el sueño, aunque no tanto para afectarme al día siguiente. En términos generales, recibir tratamiento para el TDAH salvó literalmente mi trabajo y mi matrimonio. A veces, todavía necesito algo de ayuda para estructurar mi trabajo a última hora del día, cuando los medicamentos dejan de hacer efecto. Pero en general, este tratamiento ha cambiado radicalmente mi vida.
>
> Tomé Ritalin durante dos años en la escuela, y me ponía muy nervioso e inquieto. Me tiré un buen tiempo sin querer ir. Me sentí algo más calmado cuando el médico me lo quitó. Pero entonces, cuando iba a la escuela, no podía concentrarme ni estarme quieto. Todavía hoy sufro ansiedad, así que no me entusiasmaba la idea de tomar Adderall, el medicamento que mi médico me recomendó hace poco. Pero esta vez me recetó también un ansiolítico, y me está yendo de maravilla.

> **ⓘ** En el mundo de la investigación no existe consenso sobre si los estimulantes empeoran la ansiedad o no, pero los resultados de algunos estudios nos dicen que así es (aunque más en niños que en adultos); así que usted debería estar al tanto de estos posibles efectos adversos. Si le preocupa la ansiedad, los no estimulantes podrían ser una elección mejor (ver Capítulo 14).

> Sí, a veces me cuesta horrores dormirme por las noches. A menudo me ayuda beber un vaso de leche caliente y hacer unos ejercicios de respiración y relajación progresiva que me recomendó un amigo. El lado positivo es que he perdido 5 kilos que hacía tiempo que quería quitarme de encima. No tengo mucho apetito a mediodía, quizá porque los estimulantes están en su punto álgido en mi cuerpo, y creo que ahora como el número apropiado de calorías.

Mi hermano me contó que cuando empezó a tomar los estimulantes, se ponía de repente a gritar a todo el mundo y perdía los papeles cada dos por tres. Su médico le redujo la dosis. Se encontraba mejor, aunque no conseguía mitigar los síntomas del TDAH como antes. En cambio, cuando yo tomaba ese mismo medicamento, me sentía bastante calmado, como si por primera vez en mucho tiempo pudiera controlar de verdad mis emociones.

> En algunos casos, aunque no son muy frecuentes, los estimulantes vuelven irritables o irascibles a algunas personas. La posibilidad de que los estimulantes le hagan sentir de esa manera, podría depender de su personalidad, de otros trastornos que tenga además del TDAH y de las funciones ejecutivas tenga más afectadas debido al trastorno. Si ha tenido muchas dificultades para controlar sus emociones en el pasado y no se le ha diagnosticado otro problema más como depresión, los estimulantes podrían mejorar su autocontrol emocional. La regulación de las emociones es una de las funciones ejecutivas que el trastorno debilita y que mejoran con la medicación.

Cuando empezaron a hacerme efecto los medicamentos, notaba todo mi cuerpo tenso, como si estuviera constantemente apretando la mandíbula y haciendo rechinar los dientes; y siempre con dolor de cabeza. A veces tenía también la espalda bastante tensa. Era como si me hubiera tomado cuatro tazas de café en lugar de una o dos, como hacía normalmente. Ahora voy al gimnasio y hago ejercicio, lo cual me relaja bastante antes de volver a casa después del trabajo. Mi mujer dice que no solo he perdido peso, sino que además tengo mejor tono muscular.

> El aumento de la tensión muscular no es un efecto secundario común en los tratamientos con estimulantes. Sin embargo, algunas personas pueden experimentarlo, especialmente si están tomando dosis más altas de lo habitual. A menos que tenga antecedentes familiares de tics, es muy poco probable que los estimulantes vayan a causárselos. En el caso contrario, podría desarrollarlos mientras esté tomando el medicamento. Hasta un tercio de las personas que ya tienen tics los verán empeorar.

13. LOS ESTIMULANTES

> **(?)** *Este medicamento me ayuda mucho con los síntomas, pero me da náuseas. ¿Qué puedo hacer?*

Puede sentir náuseas si lo toma en ayunas, así que intente comer algo antes. Si las nauseas persisten, hable con su médico para que le reduzca la dosis, le cambie el horario al que debe tomarlo o le modifique la medicación.

> **(?)** *¿Puedo beber alcohol o consumir drogas cuando estoy tomando estimulantes?*

Sí, pero con moderación. Las únicas drogas que debería evitar son evidentemente las estimulantes, como la cocaína, la metanfetamina o el crack, ya que multiplicarían los efectos del medicamento en su cuerpo. La cafeína y el alcohol no interactúan de forma negativa con estas sustancias. La nicotina sí puede actuar como estimulante y podría agravar su tensión arterial o su ritmo cardíaco. Si usted es fumador, consulte a su médico.

¿Qué opciones tengo?

> La elección de una forma farmacéutica u otra dependerá en gran medida de aspectos diversos como de cuántas horas se compone su jornada o cuándo necesita rendir más. Cientos de estudios han demostrado que todas las formas en que se suministran los estimulantes son seguras y efectivas.

Los estimulantes se distribuyen en distintas formas farmacéuticas: comprimidos, comprimidos de liberación prolongada, cápsulas, parches o profármacos.

> Busque estas marcas para los estimulantes en forma de comprimidos:
> Ritalin (MTF, una mezcla de d-MTF y l-MTF)
> Focalin (solo d-MTF)
> Dexedrine (d-ANF)
> Benzedrine (l-ANF)
> Adderall (una mezcla de las formas o sales de d-ANF y l-ANF)

Comprimidos

Es su versión original y llevan a la venta varias décadas. Las primeras versiones de ANF se elaboraron en los años 30, mientras que la primera versión de MTF se creó en los 50. En forma de comprimidos, estos estimulantes se absorben rápidamente, por lo general entre 15 y 20 minutos después de su ingestión. Suelen alcanzar su máximo nivel de actividad en sangre (y en el cerebro) de 60 a 90 minutos después y pueden controlar los síntomas del TDAH durante unas 3-5 horas. Este es su principal problema. Si quiere controlar los síntomas del TDAH durante las 14-16 horas diarias de actividad de un adulto medio, tiene que tomarlos entre dos y cuatro veces al día, y a veces incluso más a menudo.

> Inconvenientes: Debe acordarse de tomar las distintas dosis a lo largo del día, probablemente uno de sus puntos débiles.

Comprimidos de liberación prolongada

Después llegó la invención de una ingeniosa bomba osmótica que libera progresivamente el medicamento en el cuerpo y lo mantiene durante más tiempo en la sangre. La marca se llama Concerta y suministra MTF. Se parecen mucho a los comprimidos normales, pero tienen un pequeño agujero hecho con láser en uno de los extremos. Dentro tienen dos compartimentos: uno contiene una especie de gel con MTF y el otro está vacío. También hay MTF pulverizado en el revestimiento. Ahora viene lo interesante: cuando usted lo ingiere, el MTF en polvo funciona inmediatamente, como lo haría en el caso de un comprimido normal. Esto le da tiempo al comprimido para empezar a absorber agua de su estómago (y más tarde de sus intestinos). El agua se absorbe por las paredes de la bomba en un flujo continuo y regular y entra en el compartimento vacío. Conforme se va llenando, este comprime el compartimento que contiene el MTF en gel, que es expulsado por el agujero de forma ininterrumpida durante un periodo de entre 8 y 12 horas, o incluso más. Como resultado, muchas personas, sobre todo los niños, necesitan tomar solo una pastilla al día, y no las dos o tres (o más) que necesitarían si se les recetaran los comprimidos normales.

> Ventajas: De 8 a 12 horas de control sobre sus síntomas con una sola dosis. Posiblemente la mejor forma de administración del metilfenidato si lo que necesita es estar en óptimas condiciones por la tarde.

Por supuesto, existen varios tipos de comprimidos de liberación prolongada, en función de la cantidad de MTF que contienen. Su médico puede ajustarle la dosis de acuerdo con sus necesidades particulares. Sin embargo, uno de sus problemas es que algunos adultos necesitan que el efecto dure un poco más diariamente de lo que el comprimido les proporciona. Para solucionar este problema, algunos médicos recetan un comprimido de liberación inmediata de MTF o ANF para tomar al final del día, en las horas en las que Concerta deja de hacer efecto, para conseguir de 3 a 5 horas extras de tratamiento. Aun así, no podemos más que admirar la genialidad humana que hizo posible este descubrimiento.

> Inconvenientes: Podría ser necesario añadir un comprimido normal para que sus síntomas estén bajo control durante todo el día. No es fácil ajustar la dosis debido al limitado espectro de presentación de estos comprimidos.

Cápsulas

Más o menos al mismo tiempo que se inventaba el sistema de bomba osmótica, los ingenieros farmacéuticos estaban modificando un método que se sirve de gránulos de liberación prolongada para mantener las medicinas en el cuerpo y en la sangre durante periodos más prolongados que con los comprimidos. Este método se llevaba usando años con algunos medicamentos para el resfriado, pero hubo que adaptarlo ligeramente para poder usarlo con MTF y ANF. Ahora contamos con gránulos de liberación prolongada para ambos tipos de estimulantes. Estos pequeños gránulos están recubiertos de distintas capas, algunas de las cuales se disuelven enseguida, mientras que otras lo hacen una, dos, tres o incluso más horas después. De este modo, la sangre puede absorber la sustancia de modo más gradual durante un periodo de entre 8 y 12 horas en la mayoría de los casos. Esta ingeniosa forma de suministrarse tiene la ventaja añadida de que cualquiera que no pueda o no quiera tragarse la cápsula que contiene los gránulos puede abrirla y mezclar su contenido con zumo, un yogur o cualquier otro alimento, sin alterar el funcionamiento de sus principios activos.

> Busque las siguientes marcas de estimulantes en cápsulas:
> Ritalin LA (MTF)
> Focalin XR (d-MTF)
> Metadate CD (MTF)
> Adderall XR (ANF)

> ▼ Ventajas: Es ideal para aquellos que no pueden (o no quieren) tragarse una cápsula. Resulta preferible para aquellos que necesitan estar más activos durante la mañana que durante la tarde.

Asimismo, se presenta en distintas cantidades, lo cual permite al médico ajustar su dosis al nivel óptimo que necesita. Al igual que en el caso anterior, si usted necesita controlar sus síntomas a última hora de la tarde, este sistema de liberación prolongada tiene que completarse con un suplemento, como un comprimido normal o de efecto inmediato del mismo medicamento. Algunos estudios demuestran que las cápsulas funcionan mejor por la mañana que por la tarde, mientras que el punto álgido de los comprimidos de liberación prolongada es por la tarde.

> ▼ Inconvenientes: Es posible que se necesite un comprimido para prolongar el control de los síntomas durante las últimas horas del día.

> ▼ Ventajas: Los síntomas están controlados durante todas las horas que usted necesite. No hay que ingerir nada.

Parches

La siguiente creación fue aprobada por la FDA en 2007 y consiste en un parche con una capa adhesiva que se aplica directamente sobre la piel, en zonas como los omóplatos o los glúteos. El parche, que se comercializa bajo la marca Daytrana, contiene MTF que se absorbe a través de la piel y llega por este medio a la sangre. Mientras lo lleve puesto, seguirá llegando el estimulante a su sangre; durante tantas horas como quiera. También se distribuye en distintas dosis para que usted tome la que más le convenga.

> ▼ Inconvenientes: Hay que retirarlo algunas horas antes de ir a dormir para prevenir el insomnio. En el 15 o 20% de los casos causa irritación en la piel de la zona donde se coloca.

Profármacos

En 2008, la FDA aprobó otra forma farmacéutica para el tratamiento del TDAH en adultos, un nuevo ejemplo de inventiva humana; esta vez para la marca Vyvanse (una ANF). Uno de los principales problemas de los comprimidos de liberación inmediata o de las cápsulas es que de ellos se puede hacer un uso indebido con demasiada facilidad. Basta con machacar el comprimido o los gránulos de la cápsula y esnifar el polvo obtenido, o diluirlo en agua e inyectarlo en vena. Este problema llevó a una pequeña empresa de biotecnología cerca de Albany, Nueva York, a investigar un método en el que la anfetamina no pudiera activarse a no ser que se encontrara en el estómago o en los intestinos. Lo consiguieron uniendo un compuesto de lisina a la dextroanfetamina (d-ANF). Mezclando una sustancia activa con otro compuesto que alteraba su patrón de activación obtuvieron un tipo de medicamento que la FDA denominó *profármaco*. Una vez ingerido, un agente químico que existe en el estómago y los intestinos (y es probable que también en la sangre) separa la lisina del d-ANF, permitiéndole hacer su trabajo. Los efectos de la d-ANF suelen durar de 10 a 14 horas.

> Ventajas: Resulta casi imposible abusar de ellos. Los síntomas están controlados durante todo el día.

¿Son los genéricos realmente tan diferentes? La farmacia a la que voy me cambió el Ritalin por un genérico, y no me funcionó tan bien. Mi médico tuvo que volver a recetármelo, pero ¿de verdad necesito pagar más por la marca?

Su doctor estaba en lo cierto al creer que había una diferencia importante. Los genéricos no suelen fabricarse con el mismo rigor que los medicamentos de marca. Existen numerosos informes de una mayor variabilidad a la hora de controlar los síntomas en el día a día y de una menor efectividad en general. Si le ocurre, vale la pena volver a tomar los medicamentos de marca.

¿Debería cambiar de medicación cada vez que sale algo nuevo, aun sabiendo que no me va mal con la que tomo en ese momento? Si no pruebo ese nuevo medicamento que promete unos efectos mucho más beneficiosos, ¿me los estoy perdiendo?

Por lo general, no es buena idea obsesionarse con estar a la última en cuanto a medicamentos, sobre todo si sus síntomas están bajo control. Sin embargo, si los efectos secundarios son molestos y su médico cree que cambiando puede irle mejor, quizá valga la pena probar un nuevo medicamento u otra forma farmacéutica. Por ejemplo, algunos adultos afirmaron encontrarse algo tensos al tomar Adderal XR, debido a lo rápidamente que entra en acción; cambiar a Vyvanse les ayudó, ya que sus efectos aparecen y desaparecen de forma más paulatina. Ambos son anfetaminas, aunque la forma farmacéutica de Vyvanse difiere con respecto a la rapidez con que se siente la acción de la dosis.

13. LOS ESTIMULANTES

(?) *¿Qué hago si olvido tomar mis medicinas?*

Siempre y cuando no se superen la una o las dos de la tarde, puede tomar la dosis sin comprometer su sueño. Si no se ha acordado en todo el día, déjelo para el siguiente. No suele haber problemas al interrumpir abruptamente el tratamiento con estimulantes, lo más probable es que se deba a que estas medicinas se eliminan de su cuerpo en 24 horas si las toma según lo recetado.

(?) *¿Es posible desarrollar tolerancia a los estimulantes? Si es así, ¿qué puedo hacer para evitarlo? ¿Cómo lo soluciono si ya la experimento?*

La tolerancia física en sí a los medicamentos actuales para el TDAH parece poco probable, pero algunos pacientes afirman que su medicación parece menos efectiva entre 3 y 6 meses después de comenzar el tratamiento. En estos casos, normalmente se tiene que reajustar la dosis o, a veces, cambiar la forma o marca del medicamento. En ocasiones, vemos en la clínica a personas quejarse de que su medicina no funciona tan bien como antes; pero tras indagar un poco, nos damos cuenta de que están pasando por una etapa especialmente estresante en su vida, que quizá es la que está exacerbando sus síntomas y dificultando el tratamiento. La solución podría ser ajustar la dosis temporalmente o solucionar lo que le está generando estrés en ese momento.

Algunas personas ajustan la imagen que tienen de sí mismas de tal manera que cuando están tomando la medicación, acaban fijándose tanto en las áreas en las que no han experimentado una mejoría notable que empiezan a pensar que no les está funcionando. Quizá necesiten interrumpir el tratamiento durante unos días para apreciar sus efectos positivos; o para que se demuestre que es verdad que la medicina no les está haciendo efecto alguno.

14 Los no estimulantes

Cuando los médicos y los investigadores hablan de los no estimulantes utilizados para el TDAH, suelen referirse a la atomoxetina, que se vende con el nombre de Strattera. Sin embargo, en septiembre de 2009, la FDA aprobó el uso de una forma de liberación prolongada de guanfacina, cuyo nombre comercial es Intuniv y que había sido usado para la hipertensión, para tratar a niños con TDAH. Este es otro no estimulante que podría entrar en escena, aunque no está claro cuándo se aprobará su uso en adultos. Por este motivo, no hablaremos aquí de la guanfacina.

La FDA aprobó el empleo de la atomoxetina en niños, adolescentes y adultos en 2003. Fue el primer (y de momento único) no estimulante aprobado para el tratamiento del TDAH en adultos. Hacía más de 25 años que no se daba luz verde a un nuevo medicamento para este trastorno. Antes de recibir la aprobación de la FDA, se realizaron más estudios para la atomoxetina que para cualquier otro medicamento para el TDAH; se trató de estudios aleatorizados de doble ciego en los que participaron más de 6000 pacientes en todo el mundo. Aunque los estimulantes se han estado usando para el TDAH durante mucho más tiempo, no hay duda de que se ha investigado rigurosamente la fiabilidad y la eficacia de la atomoxetina.

> Véase el capítulo 11 para una definición de los estudios aleatorizados de doble ciego.

Atomoxetina (Strattera)

Curiosamente, la atomoxetina (la marca es Strattera) se estudió durante años como un posible antidepresivo. Cuando su productor abandonó esa línea (por razones que desconocemos), la compañía aparcó el medicamento, si bien mucho más tarde empezara a considerar su utilidad para tratar el TDAH. La ato-

14. LOS NO ESTIMULANTES

moxetina evita que las células nerviosas reabsorban la norepinefrina que ellas mismas liberan, por lo que queda más cantidad para actuar sobre otras células nerviosas cercanas. Se convierte así en el tratamiento ideal para un trastorno caracterizado por la falta de este neurotransmisor. En el capítulo 13, usted leyó que los estimulantes actúan principalmente sobre la dopamina. El hecho de que la atomoxetina lo haga sobre la norepinefrina significa que tiene un efecto ligeramente distinto sobre los síntomas del TDAH; por lo que puede funcionar mejor que los estimulantes en ciertas personas, dependiendo de dónde se encuentren sus déficits neurológicos. Cada uno de nosotros somos biológicamente únicos, sobre todo en cuanto a la organización y el funcionamiento del cerebro.

> **En comparación con otros estimulantes, ¿cuál es la eficacia de la atomoxetina?**
> - Más o menos un 75% de las personas obtienen efectos positivos de los estimulantes o los no estimulantes.
> - Algunos estudios sugieren que mientras que el 50% de las personas responde positivamente a ambos tipos de medicamentos, un 25% reacciona mejor a la atomoxetina y el otro 25% a los estimulantes.

> **¿Por qué casi nunca se abusa de la atomoxetina? ¿Qué significa para usted?**
>
> Algunos estudios demuestran que al bloquear la reabsorción de norepinefrina, la atomoxetina también aumenta la cantidad de dopamina fuera de las células nerviosas, aunque solo *en ciertas partes del cerebro, como el córtex frontal*. Esto significa que puede reparar déficits del TDAH relacionados con la dopamina sin afectar a las zonas que se encargan de premiar al cerebro, a menudo asociadas con la drogadicción. Al no producir el mismo efecto estimulante que el metilfenidato o la anfetamina, la atomoxetina resulta muy poco atractiva para su consumo recreativo. De hecho, ciertos estudios sugieren que es menos popular entre los drogadictos que los antidepresivos, es decir, poquísimo. Por eso es por lo que se llama no estimulante y por lo que no es una sustancia controlada en Estados Unidos.

> ¿Qué significa para usted?
> - Es mucho más fácil conseguir recetas. Su médico puede recetársela por teléfono, lo cual no puede hacerse con los estimulantes.
> - No tiene que tomar ninguna precaución para mantenerla fuera del alcance de los demás.
> - Podría ser su tratamiento ideal si ha padecido alguna adicción en el pasado. (De hecho, un estudio llevado a cabo con adultos alcohólicos que sufrían TDAH demostró que la atomoxetina mejoraba sus síntomas y reducía al mismo tiempo su necesidad de beber en exceso).

La atomoxetina se puede tomar una o dos veces al día, dependiendo de la dosis; si bien a la mayoría de los adultos se les receta una sola toma. Sus efectos duran casi todo el día y no hay necesidad de formas de liberación prolongada para obtener esa cobertura diaria, tal como ocurre con los estimulantes. La mayoría de los pacientes empiezan tomando el medicamento por la mañana; sin embargo, si semanas después siguen experimentando somnolencia o cansancio, es mejor que opten por tomarla por la noche o dividir la dosis en dos veces. Quizá a su médico le lleve más tiempo acertar con la dosis de atomoxetina que si hubiese sido un estimulante. Asimismo, su cuerpo tardará algo más en adaptarse a sus efectos secundarios, por lo que su médico no se precipitará a cambiarle la dosis.

He oído que este medicamento tarda más en funcionar que los estimulantes. ¿Es cierto? Si lo es, ¿cuánto más?

Sí, su médico puede tardar entre 2 y 4 semanas en ajustar su dosis. Este proceso es más lento porque los medicamentos que actúan sobre la norepinefrina suelen provocar efectos secundarios como náuseas y somnolencia, si se aumenta mucho o muy rápidamente la dosis. Yo recomiendo a los adultos que estén empezando el tratamiento que tengan paciencia. Usted lleva años sufriendo los síntomas del TDAH, así que unas semanas de espera es un precio muy bajo por las ventajas que este medicamento puede proporcionarle.

¿Es segura la atomoxetina?

- No entraña riesgo alguno de adicción.

- En uno entre un millón de casos surgen complicaciones en el hígado: se han dado cuatro casos entre los 4,5 millones de personas que han recibido este tratamiento, y no se ha llegado a demostrar que en todos ellos el problema lo causara el medicamento. Este efecto secundario tan inusual parece ser el resultado de una reacción autoinmune poco frecuente que ataca e inflama las capas externas del hígado. Por seguridad, se desaconseja su uso en pacientes con antecedentes de patologías hepáticas
- El prospecto del medicamento advierte de un posible aumento de los pensamientos suicidas, aunque no de los *intentos* de suicidio. Es importante puntualizar que no se registró este riesgo en adolescentes ni adultos, y que incluso en los niños resulta cuestionable ya que los métodos por los que se obtuvo esta información durante los ensayos clínicos no eran del todo fiables.
- La atomoxetina también puede incrementar el ritmo cardiaco y la tensión, aunque menos que los estimulantes.

> No tome atomoxetina al mismo tiempo que un inhibidor de la monoaminooxidasa (IMAO), ya que la combinación puede conllevar riesgo de muerte.

Los efectos secundarios más comunes de la atomoxetina son:

- Náuseas o vómitos
- Sequedad bucal
- Sensación de mareo
- Somnolencia
- Estreñimiento
- Sudoración
- Disminución de la libido (apetito sexual) o disfunción eréctil
- Insomnio (mucho menos común que con los estimulantes)
- Irritabilidad (muy poco frecuente, similar a la que provocan los estimulantes; algunas personas incluso están de mejor humor o pueden controlar más sus emociones cuando están bajo sus efectos)

No podía soportar el insomnio que me causaba el primer estimulante que probé. Mi médico me recetó otros estimulantes y tuve el mismo problema. Pero con Strattera no noto que mis síntomas mejoren. ¿Qué más puedo hacer?

Es una situación poco probable, pero plausible. Pruebe alguna de las opciones que no implican medicación que encontrará en los pasos Cuarto y Quinto, así como unas sesiones de entrenamiento para el TDAH para ver si le sirve de ayuda.

La atomoxetina puede ser una buena alternativa a los estimulantes si:

- Tiene un TDAH suave o moderado y no necesita medicamentos más potentes como la ANF.
- Ha probado los estimulantes sin notar grandes mejorías en sus síntomas.
- No puede tolerar los efectos secundarios de los estimulantes, sobre todo el insomnio. La atomoxetina no produce trastornos del sueño.
- Usted o alguien de su familia ha tenido problemas de drogadicción.
- Necesita los efectos terapéuticos durante todo el día.
- Tiene ansiedad, depresión, tics, gestos nerviosos o un comportamiento obsesivo-compulsivo. La atomoxetina no empeora estos problemas; en algunos casos, incluso puede aliviar los tics o la ansiedad.

¿Qué es lo más importante? Algunos estudios sugieren que la atomoxetina no produce tanta mejoría, pero quizá sí lo suficiente en su caso para controlar los síntomas del TDAH sin padecer los efectos secundarios de los estimulantes.

¿Puedo abrir la cápsula para mezclar el contenido con la comida o ajustar mi dosis?

No. La atomoxetina tiene ciertas propiedades ácidas que pueden producirle quemaduras en los ojos, pues pueden quedarle restos en los dedos y frotárselos sin darse cuenta. Para ajustar la dosis, su médico puede combinar varios tamaños de cápsulas con el fin de proporcionarle el mejor tratamiento posible para su TDAH.

Bupropión (Wellbutrin)

El bupropión (de marca Wellbutrin) es un medicamento para la depresión que a veces se utiliza para tratar a adultos con TDAH, en particular si también sufren de ansiedad o depresión. Su aplicación para el TDAH no ha sido aprobada por la FDA ni tampoco se ha estudiado de forma tan minuciosa como el uso de la atomoxetina. No obstante, esto no impide que los médicos lo receten en casos en los que podría resultar mejor que los estimulantes o la atomoxetina (generalmente cuando se le ha diagnosticado además ansiedad o depresión). El bupropión aumenta la cantidad de norepinefrina del mismo modo que la atomoxetina, pero afecta también a otros agentes

> Usar un medicamento para un uso distinto al que aprobó la FDA puede ser totalmente seguro (e incluso la mejor elección en algunos casos). No obstante, pida siempre a su médico que le explique sus ventajas e inconvenientes, y por qué es preferible entre todas las opciones.

químicos del cerebro, lo cual podría producir efectos secundarios no deseados. Si a usted se le ha diagnosticado solo TDAH, quizá le vaya mejor un estimulante o la atomoxetina.

14. LOS NO ESTIMULANTES

Tal vez le prescriban otros no estimulantes, aunque no necesariamente para el TDAH, ya que ninguno es efectivo a la hora de mejorar sus síntomas. Sin embargo, los medicamentos para este trastorno se combinan a menudo con otros indicados para tratar otras enfermedades, como los antidepresivos, los ansiolíticos, los medicamentos para la hipertensión e, incluso, algunos eutimizantes o antipsicóticos.

El modafinilo, un antinarcoléptico cuya marca es Provigil, ha mostrado inicialmente ciertos resultados prometedores en niños con TDAH; pero dichos resultados no siempre se han repetido en otros estudios. Tampoco se ha investigado hasta la fecha su uso en adultos. Este medicamento incrementa su vigilia y excitación y a veces se ha utilizado para tratar la apnea del sueño (interrupción de la respiración mientras se duerme). Pero hasta el momento no ha recibido la aprobación de la FDA para el TDAH, que ha solicitado que antes se estudien más a fondo ciertos efectos secundarios. Manténgase al día sobre el progreso de este medicamento.

15 ¿Qué puede esperar del tratamiento?

Los medicamentos para el TDAH se encuentran entre los más seguros, efectivos y estudiados de todos los que se utilizan para tratar afecciones psiquiátricas. Usted tiene muchas posibilidades –hasta un 80%– de que el tratamiento le cambie la vida. Quizá tarde un poco o necesite varios intentos bajo la supervisión de su médico hasta encontrar el que mejor se adapte a usted. Así es cómo usted y su médico llegarán a ese punto:

Someterle a un reconocimiento físico y una entrevista

Quizá haya cubierto este paso durante su exploración de diagnóstico. Sin embargo, si lo hizo tiempo atrás y aún no había considerado medicarse, es probable que su médico quiera hacerle otro reconocimiento. Sería arriesgado no asegurarse de que no hay nuevos factores que puedan afectar al tratamiento.

Su médico prestará especial atención a:

- su ritmo cardiaco,
- su tensión,
- otros medicamentos que esté tomando.

Descarte problemas cardiacos: Si ha leído los capítulos 13 y 14, sabrá que es importante identificar cualquier problema cardiaco (suyo o en sus antecedentes familiares) antes de decidirse por un estimulante o incluso también por un no estimulante. Algunos médicos prefieren realizar un electrocardiograma, que si bien no suele ser necesario, no deja de

> Cuando comience el tratamiento, acuda inmediatamente a su médico si experimenta palpitaciones, una aceleración del pulso, dolor de pecho, mareos o desvanecimientos.

ser una medida preventiva bastante barata y una buena idea si lleva tiempo sin hacerse uno.

Identifique cualquier posible interacción con otros medicamentos: Aunque combinar la medicación para el TDAH con la mayoría de medicamentos no entraña riesgos , es mejor asegurarse. Podría terminar tomando dos estimulantes al mismo tiempo o estar considerando el uso de atomoxetina cuando ya toma un inhibidor de la monoaminooxidasa. Si fuma, hágaselo saber a su médico por si está pensando en recetarle un estimulante. La nicotina puede actuar como tal, y la combinación de ambos podría aumentar su tensión o su ritmo cardíaco, o causarle otros efectos secundarios.

Buscar el medicamento correcto

Usted tiene alrededor de un 75% de posibilidades de responder positivamente a cualquier medicamento para el TDAH que pruebe primero. No se sorprenda si siente que de repente puede actuar con normalidad, quizá por primera vez en su vida. Pero si esto no ocurre, tampoco se desanime. Existen muchos otros medicamentos, formas y dosis que puede probar.

¿Cómo decidirá su médico cuál probar primero?

> Diseñar el mejor tratamiento posible es una ciencia, pero también un arte. Intente ser paciente durante el proceso, usted es quien saldrá ganando.

¿Un estimulante o atomoxetina?

Todos los médicos se plantean siempre esta cuestión a la hora de tratar a un adulto con TDAH. Algunos empiezan recetando el medicamento que llevan tiempo usando con éxito con muchos de sus pacientes. Otros se decantan por lo que les han recomendado como primera opción durante su formación. Otros usan lo que les recomienda un colega, sobre todo si tienen menos experiencia.

La mayoría de los médicos probarán antes con un estimulante si usted no tiene otros trastornos aparte del TDAH, o si le urge controlar sus síntomas (le han dado un ultimátum en el trabajo, su pareja va a dejarle si no se producen cambios inmediatos en la relación, está a punto de suspender en la universidad...). La elección de una forma u otra dependerá de las ventajas e inconvenientes mostrados en el capítulo 13. No obstante, mis colegas y yo creemos que su médico puede decidir lo que es mejor en su caso basándose en algo más que en unos parámetros estándar. La siguiente lista le dará una idea de qué es mejor para usted: un estimulante o la atomoxetina. También podría mostrársela a su médico para que la tomase en consideración.

Sí	No	Asunto que hay que tener en cuenta
		1. ¿Ha respondido de forma negativa o insuficiente a los estimulantes en el pasado?
		2. ¿Ha respondido de forma negativa o insuficiente a un agente noradrenérgico?
		3. ¿Es innecesaria una respuesta inmediata a la medicación para controlar sus síntomas?
		4. ¿Padece problemas de ansiedad o depresión además del TDAH?
		5. ¿Tiene tics o el síndrome de Tourette?
		6. ¿Sufre de insomnio o le cuesta quedarse dormido?
		7. ¿Tiene problemas importantes de impulsividad emocional, rabia o conflictividad a primera hora de la mañana?
		8. ¿Le preocupa usar un estimulante de Tipo II según la FDA (quizá debido a su mala publicidad o a la posibilidad de crearle adicción)?
		9. ¿Tendrá un conflicto familiar si toma estimulantes?
		10. ¿Le preocupan a usted o a su médico los problemas logísticos que conlleva tomar estimulantes (las visitas frecuentes a la consulta, el seguimiento más de cerca, el aumento de los costes médicos asociados)?
		11. ¿Estudia usted en un centro donde son frecuentes los hurtos o con un extendido uso recreativo de ciertas drogas?
		12. ¿Ha tenido problemas con las drogas?
		13. ¿Vive con alguien, como un familiar directo, que haya tenido esta clase de problemas?
		14. ¿Ha sufrido alguna vez insomnio debido a los estimulantes?
		15. ¿Ha experimentado irritabilidad, rabia u otros problemas de comportamiento por las mañanas mientras tomaba estimulantes?
		16. ¿Ha experimentado apatía o una restricción anormal en su respuesta emocional mientras tomaba estimulantes?
		Total: Suma total de casillas en las que respondió *sí* y *no*.

A más casillas con respuesta afirmativa, más razones en mi opinión para tomar atomoxetina en lugar de un estimulante. Su médico también podría considerar una combinación de ambos (en dosis menores) para abarcar mejor todas sus necesidades.

> Si cree que el medicamento que está tomando no le va bien, consúltelo con alguien que viva con usted o que forme parte de su día a día. A veces, es más fácil ver los cambios desde fuera.

Calcular la dosis adecuada

La dosis varía en gran medida según la persona. Algunos adultos requieren una dosis muy pequeña, equivalentes a la que se usa con los niños, mientras que otros requieren una mucho más alta, incluso bastante por encima de la media.

Es probable que su médico vaya probando distintas dosis, que empiece por una más baja y vaya aumentándola de forma progresiva cada semana hasta que responda positivamente al tratamiento o hasta que los efectos secundarios dejen de ser soportables.

Pero sea paciente. A veces se tarda entre dos y tres semanas, o incluso entre uno y dos meses, en encontrar la mejor dosis para cada situación.

> Hay bastantes posibilidades de que el primer medicamento que pruebe le vaya bien:
> - Solo tiene entre un 10% y un 25% de posibilidades de no responder positivamente al primer medicamento que pruebe.
> - Solo tiene entre un 3% y un 10% de posibilidades de no tolerar en absoluto el medicamento.

Su médico debería tratar siempre en primer lugar la afección que más le limita o que más pone en peligro su vida. Por ejemplo, si padece un trastorno bipolar o depresión grave, debería medicarse para estas afecciones antes de hacerlo para el TDAH.

Si el primer medicamento que prueba no le funciona, o no tan bien como a usted o a su médico les gustaría, hay otras opciones.

Pongamos por caso que usted empieza a tomar cápsulas de MTF, como Ritalin LA o Focalin XR, sin grandes resultados. Quizá el problema sea la forma y no el componente. Puede que le funcionen los comprimidos de liberación prolongada (Concerta) o el parche cutáneo (Daytrana). Si esto falla, pruebe con una forma de ANF, como el Adderall XR o el Vyvanse, o con la atomoxetina (Strattera). Su médico solo debería recetarle un medicamento diseñado inicialmente para otra afección si no ha respondido de forma positiva a ninguno de los medicamentos que ha probado o si tiene otra afección que deba ser tratada con prioridad.

Realizar un seguimiento del tratamiento

Los medicamentos diseñados para tratar el TDAH actúan específicamente sobre los problemas cerebrales expuestos en el Segundo paso. Cuando encuentre la medicación adecuada para usted, notará que:

- Es más productivo en el trabajo.
- Le es más fácil centrarse en las tareas que tiene que llevar a cabo.
- Ha mejorado el control de sus impulsos.
- Piensa más en lo que está haciendo.
- Puede organizar mejor sus pensamientos.

- Le es más fácil mantener una conversación.
- Le es posible escribir cartas formales o informes.
- Puede cumplir sus promesas.
- Sus emociones están más controladas.

Al empezar con la medicación, es probable que su médico quiera verle una vez a la semana para ajustar la dosis hasta que sus síntomas estén bajo el mayor control posible. Después, tendrá que ponerse en contacto con él una vez al mes aproximadamente, ya que necesitará obtener nuevas recetas.

Una vez que haya encontrado la dosis que le funciona, seguramente su médico necesitará verle cada 3-6 meses para hacerle un chequeo rutinario. Hemos podido comprobar que a menudo hay que ajustar la dosis después de los primeros 3 a 6 meses de medicación, cuando los pacientes pierden o ganan bastante peso o cuando hay cambios importantes en su vida diaria y, por lo tanto, también en sus síntomas. Por ejemplo, volver a las clases tras las vacaciones podría aumentar su necesidad de administrarse el tiempo, organizar sus cosas o automotivarse, que requiere un incremento de la dosis, por lo menos durante los días que vaya a clase o estudie. O si está trabajando en un departamento de ventas, podría necesitar una dosis menor cuando tenga que llamar por teléfono a los clientes y una mayor a la hora de realizar los informes o si le ascendieran a jefe de equipo. Por el contrario, si no cambian sus circunstancias ni su peso, es posible que la dosis pueda permanecer invariable durante muchos meses.

Para ayudarle a detectar cualquier cambio en sus síntomas, quizá debería utilizar el Cuestionario de seguimiento de los síntomas del TDAH que aparece al final del capítulo. Este puede proporcionarle a su médico información más precisa sobre cómo están mejorando sus síntomas gracias a la medicación o si es necesario un aumento de la dosis. También puede servirle a usted como recordatorio para comunicar a su médico una información que no sería capaz de recordar de no tenerla por escrito.

¿Cuándo debería interrumpirse la medicación? Los médicos recomiendan a los adultos tomar su medicación los 7 días de la semana, durante todo el año, porque las limitaciones que puede causar el TDAH no se dan solo cuando trabaja o estudia, sino también en muchos otros aspectos de la vida diaria: cuando conduce, se encarga de sus hijos, realiza las tareas del hogar, gestiona la economía doméstica o se relaciona en contextos sociales. Todos ellos se beneficiarán de los efectos de la medicación y podrían verse afectados si se interrumpiera. Mientras experimente limitaciones en cualquiera de estos ámbitos, debería continuar con la medicación.

Aun así, existen también situaciones en las que dejar la medicación podría tener sentido, por lo menos de manera temporal. Pasando consulta, me he encontrado con algunos adultos que afirmaban que la medicación que estaban tomando limitaba su gama de emociones, e incluso su creatividad. Aunque no es común y no se ha documentado en ningún estudio, estos individuos se hallaban inmersos en una situación laboral especial, en la que sus quejas cobraban sentido.

Una de esas personas era poetisa. Tomaba la medicación la mayor parte del tiempo porque tenía obligaciones como llevar la casa, pagar las facturas o conducir, entre otras. Pero descubrió que era mucho menos creativa los días en que se dedicaba exclusivamente a escribir. Así pues, lo que hizo fue probar a interrumpirla solo durante esos días, y el ajuste le fue muy bien. La poesía depende mucho de las emociones del poeta, de la metáfora y del imaginario, y esos aspectos se veían restringidos en gran medida por la medicación.

Otro caso es el de un músico que tocaba en una orquesta sinfónica. Como le pasaba a la poetisa, la medicación le era muy útil los días en los que no tocaba el violoncelo. Pero cuando lo hacía, su música era mucho menos expresiva y estaba menos conectado con su instrumento; y necesitaba esas cualidades ya que eran el principal motivo de su éxito.

¿Pueden los cambios en el cuerpo como un aumento o pérdida considerables de peso o los cambios hormonales (perimenopausia, menopausia) influir en la eficacia de la medicación?

Algunas personas, en especial los niños en edad de crecimiento, necesitan que se les ajuste la dosis con el tiempo. Probablemente se deba al aumento de masa corporal u otros cambios relacionados con el desarrollo hormonal. Estos cambios son más raros en los adultos, si bien algunos de ellos relatan una pérdida de eficacia por parte de su medicación cuando su peso varía; por lo que es posible que la dosis deba ajustarse de vez en cuando, aunque con menos frecuencia que en el caso de los niños. No contamos con evidencias de un posible impacto de la perimenopausia o incluso de la menstruación en la eficacia de la medicación, así que esta cuestión queda sin respuesta por el momento.

No siempre se trata del TDAH

Tenga en cuenta que ninguna medicación para el TDAH resolverá milagrosamente todas sus dificultades. No todos los problemas que tenga en el trabajo, en sus relaciones o en otros ámbitos los provocará el trastorno. Como es natural, la medicación no los resolverá por el simple hecho de funcionar; aunque por desgraciada averiguar qué problemas hay que atacar por otras vías, no es cosa fácil.

- ¿Está siempre su novia enfadada con usted porque aún se olvida de llamarla cuando se lo ha prometido? ¿O simplemente porque son incompatibles?
- ¿No le ascendieron porque no sabe qué decir o no decir a su jefe? ¿O porque no ha adquirido las habilidades necesarias para tomar la responsabilidad de un nivel más alto?
- ¿Le acosan las agencias de cobro de morosos por no pagar sus facturas a tiempo (o no pagarlas)? ¿O porque le han confundido con otra persona?

En muchos casos, el primer problema planteado en cada una de las situaciones descritas antes podría ser una consecuencia del TDAH, mientras que el segundo no, con lo cual es poco probable que se solucione con la medicación. A muchas personas que padecen el trastorno les resulta más fácil responder a estas preguntas una vez que se están medicando, pues les ayuda a pensar con más claridad. Para algunos, requiere práctica. Vivir con TDAH durante un largo periodo de tiempo sin tratamiento puede hacerle cargar con una serie de errores a sus espaldas que no tendría por qué haber cometido. Estos errores pueden hacer que otras personas esperen de usted un mal comportamiento y decisiones erróneas. Y a su vez, usted puede terminar actuando a la defensiva y con resentimiento. Incluso cuando usted pueda funcionar mejor gracias a la medicación, quizá tenga problemas para determinar objetivamente qué está causando sus problemas. ¿Lo que esperan de usted los demás se basa en su pasado en lugar de en cómo es ahora? ¿Cree que todas las críticas que ha recibido durante años hacen que espere recibir las culpas de todo o que vea malas intenciones donde no las hay? El TDAH puede acarrearle un montón de actitudes improductivas y hábitos con los que se perjudica a sí mismo y que son muy difíciles de superar. Por eso, muchos adultos con TDAH recurren a psicoterapeutas, consejeros o entrenadores para poder comenzar de cero.

Echarle una mano a la medicación

Los terapeutas y entrenadores pueden ser de gran ayuda para los adultos con TDAH, una vez que han empezado un tratamiento con medicación eficaz. Sin embargo, debe entender que no hay evidencias científicas que demuestren que este tipo de tratamientos sin medicación es suficiente por sí solo. Lo que sí puede hacer es ayudarle a afrontar ciertos problemas específicos o a rellenar los huecos que deja la medicación, cuando no es suficiente para abarcar todos los aspectos de su TDAH o en los momentos del día en que no puede usarla.

> En el apartado de Recursos, al final del libro, encontrará una lista de organizaciones y grupos de apoyo que pueden ayudarle a adquirir habilidades para la vida diaria, así como diversas fuentes de referencia para encontrar un terapeuta o un entrenador.

Tiene a su disposición numerosas estrategias y herramientas para tratar cualquier síntoma o limitación residual en los distintos ámbitos de su vida. Consultar a un psicólogo o a un entrenador es una manera de aprovecharlas; otra es leer el resto de este libro. Los pasos Cuarto y Quinto ofrecen una serie de técnicas para mejorar su vida diaria, basadas en mi teoría de que el TDAH es un trastorno del autocontrol, una afección que le deja sin sentido del tiempo. Todas siguen el principio de que el TDAH no consiste en no saber qué hacer, sino en no hacer lo que sabe cuando tiene que hacerlo. Añada estas estrategias o herramientas a su medicación y encontrará el camino hacia una vida mucho mejor.

Cuestionario de seguimiento de los síntomas del TDAH

Nombre: ....
Fecha: ....

Instrucciones para la sección 1

Este formulario está diseñado para conocer la frecuencia con la que muestra los siguientes comportamientos, según su opinión. Marque en cada uno de los puntos el número del 0 al 3 que describa la frecuencia con la que se ha dado dicho comportamiento durante el periodo indicado a continuación. Seleccione un espacio de tiempo antes de completar el formulario. Después, compártalo con su médico para proporcionarle más información sobre su nivel habitual de TDAH antes de empezar a tomar un medicamento o durante la fase inicial del tratamiento.

- Durante los últimos 6 meses (punto de referencia)
- Desde que empezó a medicarse
- Desde que cambió la dosis
- Desde que interrumpió el tratamiento

Síntomas	Nunca o rara vez	A veces	A menudo	Muy a menudo
1. No puedo prestar atención a los detalles o cometo descuidos en el trabajo	0	1	2	3
2. No paro de mover manos y pies o de revolverme en mi asiento cuando tengo que estar sentado	0	1	2	3
3. Tengo dificultades para mantener la atención cuando realizo tareas o actividades de ocio diversas	0	1	2	3
4. Abandono mi asiento cuando no debo	0	1	2	3
5. No escucho cuando me hablan	0	1	2	3
6. Estoy intranquilo	0	1	2	3
7. No sigo las instrucciones ni consigo terminar nada	0	1	2	3
8. Tengo dificultades para llevar a cabo actividades de ocio o hacer cosas divertidas sin hacer ruido	0	1	2	3
9. Me cuesta organizarme las tareas y actividades	0	1	2	3
10. Parece que tenga que estar siempre moviéndome de aquí para allá, como si llevara un motor	0	1	2	3
11. No me gustan los trabajos que requieren un esfuerzo mental constante, los evito o los hago a regañadientes	0	1	2	3
12. Hablo excesivamente	0	1	2	3
13. Pierdo cosas que necesito para mis tareas o actividades	0	1	2	3
14. Profiero una respuesta antes de que termine la pregunta	0	1	2	3
15. Me distraigo con facilidad	0	1	2	3

Cuestionario de seguimiento de los síntomas del TDAH

16. Tengo dificultades para esperar mi turno	0	1	2	3
17. Soy muy despistado en lo que respecta a mis actividades diarias	0	1	2	3
18. Interrumpo a los demás o me meto donde no me llaman	0	1	2	3

Instrucciones para la sección II
¿Hasta qué punto los problemas que marcó en la primera parte del formulario interfieren en su habilidad para funcionar bien en cada uno de estos ámbitos de la vida diaria?

Actividades	Nunca o rara vez	A veces	A menudo	Muy a menudo
En casa con mis familiares directos	0	1	2	3
En las relaciones sociales con los demás	0	1	2	3
En mis actividades públicas	0	1	2	3
En la escuela u otros ámbitos de aprendizaje (si estoy estudiando)	0	1	2	3
Al formar parte de un equipo deportivo, un club u otra organización	0	1	2	3
Al conducir	0	1	2	3
En actividades de ocio o recreativas	0	1	2	3
Al llevar las cuentas o administrar el dinero	0	1	2	3
En mis relaciones sentimentales	0	1	2	3
Al cuidar de mis hijos	0	1	2	3
Al atender mis quehaceres diarios u otras responsabilidades	0	1	2	3

© Russell A. Barkley. *Taking Charge of Adult ADHD* (Guilford Press, 2010)

CUARTO PASO: CAMBIE DE VIDA

Reglas para tener éxito en la vida diaria

El TDAH puede hacer que se sienta como si intentara avanzar por una cinta mecánica en dirección contraria. Sus síntomas le hacen más difícil que a los demás cumplir con las demandas de la vida adulta. No consigue terminar algunas tareas cuando debería y otras simplemente se le resisten día tras día por mucho que lo intente. Puede terminar exhausto al final del día y aun así sentir que no ha llegado a ningún sitio.

Afortunadamente, la medicación que normaliza los síntomas de tanta gente puede allanarle el camino. De hecho, como dije antes, muchos de los adultos con TDAH que he conocido declaran que la medicación ha dado un vuelco a sus vidas. Si usted siente lo mismo después de haber colaborado con su médico para encontrar la medicación adecuada, quizá tenga la tentación de cerrar este libro ahora mismo.

Hágalo, ponga el libro en la estantería y comience a vivir el resto de su vida.

De todas maneras, guárdelo en algún lugar donde pueda encontrarlo fácilmente. Espero que vuelva a él pronto, ya que el Cuarto paso puede ofrecerle muchas ventajas.

- *Los principios que aprenderá en el Cuarto paso aumentarán la acción de su tratamiento*, de una manera parecida a cómo la dieta y el ejercicio aumentan la insulina en los diabéticos. Incluso con una medicación eficaz, usted puede experimentar ciertos síntomas residuales que pueden eliminar las reglas que encontrará a continuación.
- *Las ocho reglas para tener éxito en la vida diaria le servirán como reserva para momentos particularmente difíciles.* Una crisis existencial, una enfermedad o cualquier otro acontecimiento estresante podrían alterar de modo

temporal la eficacia de su medicación. Tener un «botiquín de emergencia» a mano pude mantenerle en la senda del éxito en esos momentos.
- *Si por cualquier razón la medicación perdiese efecto, las reglas del Cuarto paso pueden ser un buen sustituto temporal mientras usted y su médico encuentran un nuevo régimen.* Siempre es bueno tener un plan B.
- *Las reglas le ayudarán a deshacerse de viejos hábitos arraigados que le han provocado sus síntomas.* Incluso si la medicación le ayuda a superar los déficits del TDAH, pueden permanecer viejos hábitos. Estas reglas le recordarán que hay otra manera de lidiar con sus actividades diarias que puede ayudarle a mejorar su vida sin esperar más.

Recuerde que en el capítulo 11 le comenté que hay muchas cosas que puede hacer para moldear su entorno de acuerdo con sus necesidades. El Cuarto paso se centra en el aprendizaje de ciertos principios básicos que le ayudarán a hacer esas modificaciones en su vida diaria. **Cambie la situación adecuadamente y reducirá el impacto de las limitaciones que experimenta en dicho contexto.**

Cada una de estas reglas para tener éxito está basada en los síntomas del TDAH y en su origen en el cerebro. Aplíquelas y estará directamente contrarrestando las tendencias que crea su cerebro y sobre las que leyó en el Segundo paso. A lo largo del Cuarto paso, le ayudaré a conectar los puntos entre las grandes dificultades que le causa el trastorno (identificadas en el Segundo paso) y las reglas que más le interesa aprender y aplicar. Use estas reglas cuando quiera conseguir algo:

> Los trastornos pertenecen a las personas. Las limitaciones pertenecen a las situaciones.

- Cuando necesite terminar algo.
- Cuando sea importante no cometer errores.
- Cuando necesite llegar a tiempo.
- Cuando quiera seguir aprendiendo del pasado para poder prepararse para el futuro.
- Cuando quiera alcanzar sus metas, de modo que quizá acabe el día cansado, pero sabiendo al menos que ha obtenido resultados.

16 Regla 1: ¡Deténgase!

Si es un adulto con TDAH, la regla 1 va dirigida a usted. Así de simple.

> Qué puede hacer la regla 1 por usted: **Le proporcionará tiempo antes de responder**

Los problemas de autocontrol en los que consiste principalmente el TDAH comienzan con la dificultad para resistir los impulsos. Su jefe le propone doblar sus objetivos de ventas para ese año y antes de que pueda morderse la lengua, le suelta: «¿Está usted loco?». Nada más ver los nuevos ornamentos que se ha puesto su vecino en el jardín, le dice que su casa parece un motel barato y este deja de hablarle, otra vez. Ve unos zapatos preciosos en el escaparate y se apresura a comprarlos, aun a sabiendas de que no puede gastar porque necesita el dinero.

Si no se detiene antes de actuar, no tiene tiempo para pensar. Cuando piensa utiliza su capacidad de retrospección y de anticipación para evaluar la situación, recordar qué le pasó anteriormente en un contexto similar y considerar qué es lo siguiente que debería hacer. También incluye un tiempo para hablar de la situación consigo mismo mediante la voz de su mente, con el fin de considerar cómo manejarla.

Afortunadamente, usted no carece por completo de un circuito de frenos mentales. *Sin embargo, incluso con todos los beneficios que le proporciona la medicación, aprender a dejar de reaccionar a los acontecimientos que le rodean con decisiones impulsivas, comentarios inadecuados y acciones irreflexivas le llevará tiempo y práctica*. Recuerde, las funciones ejecutivas le proporcionan la *capacidad* de ejercer el autocontrol. Hacer un esfuerzo consciente para utilizar dicha capacidad depende de usted.

> Vuelva a los capítulos 6 y 7 y relea las situaciones que le vinieron a la cabeza con respecto a los lugares y momentos en que su impulsividad le ha perjudicado.

Empiece por aprender a lidiar con el problema en las *situaciones* en las que tiene más probabilidades de actuar impulsivamente y pueden perjudicarle más. Hay momentos y lugares en los que no pasa nada por ser impulsivos, parlanchines, espontáneos o incluso caprichosos; o por lo menos sin que suponga un coste extraordinario. Por el contrario, como ya sabe, hay otros en los que actuar de esta manera puede traerle consecuencias indeseadas.

Descubra dónde le perjudica más su impulsividad

No se limite a adivinar la respuesta. Si es necesario, haga una lista de las situaciones que le han supuesto un coste excesivo en el pasado. Pídale a su pareja, a un compañero de trabajo, a algún amigo o hermano que le ayude a identificar las situaciones más problemáticas. Escríbalas o pida a la otra persona que lo haga para así tener un recordatorio de cuándo debe estar alerta y poner en práctica la regla de detenerse.

¿En qué situaciones la impulsividad constituye un grave problema para usted?

¿En el trabajo?
¿Dónde y cuándo?
_____
_____

¿Cuando tiene una cita?
¿Qué pasa normalmente?
_____
_____

¿Cuando mantiene una conversación?
¿Con quién? ¿Con un amigo, su pareja o algún otro ser querido?
_____
_____

¿Cuando compra con la tarjeta de crédito?
¿Qué tiendas (o páginas web) y objetos encuentra irresistibles?
_____
_____

> **¿Cuando se pone al volante?**
> ¿Siempre o solo si circula por ciertas rutas o a determinadas horas?
>
> **¿En qué otras situaciones?**

Estrategia: *Lleve a cabo una acción simple para evitar la urgencia de actuar.*

La próxima vez que se encuentre en una de las situaciones que acaba de identificar, quiero que pruebe a darse unos segundos para pensar mediante *cualquiera de las siguientes acciones*:

- Tome aire y expúlselo lentamente, adopte una expresión pensativa y dígase a sí mismo: «A ver, déjame que lo piense…».
- Diga tan solo: «Hummm… veamos…», después de respirar profundamente.
- Tápese la boca con la mano durante unos segundos.

Casi cualquier pequeña acción funcionará. En el capítulo 9, mencioné a un adulto que se cerraba la boca mentalmente con una llave invisible para no hablar. Una vez que haya incorporado el hábito de realizar estas acciones de forma visible, puede sustituirlas por gestos mentales parecidos. Por ahora, pruebe una versión más externa del truco de la llave: métase la mano en el bolsillo o póngasela a la espalda, y haga el gesto de cerrar con llave una cerradura imaginaria.

Para ganar aún algunos segundos más, parafrasee lo que la otra persona acaba de decirle:

- «Ah, así que quiere saber…»
- «Me está pidiendo que…»
- «Lo que quiere que haga es…»
- «Usted cree que…»

Se trata tan solo de algunos ejemplos. Escoja una frase que le resulte fácil recordar y que suela usar.

La clave es no decir o hacer nada más en estos primeros segundos. Dese cuenta de que no he dicho que la clave fuera *no hacer nada*. Seguro que le han repetido más de una vez que se pare a pensar antes de actuar, pero nadie le ha explicado nunca cómo mitigar esa urgencia imparable de hacer o decir algo y limitarse a quedarse ahí sin hacer nada mientras cada molécula de su cuerpo le pide lo contrario. La razón por la que este pequeño truco funciona es porque le da algo que hacer mientras intenta ganar tiempo para pensar, un tiempo que el TDAH normalmente le niega.

Práctica: Intente hacerlo a menudo, todos los días, muchas veces al día, incluso cuando esté solo. Este comportamiento se produce de manera natural en las personas sin TDAH porque el sistema motor de su cerebro no reacciona tan rápido como el suyo. Quizá ellas lo hagan inconscientemente, pero usted tiene que hacerlo de manera muy pero que muy consciente, por lo menos al principio. Cuanto más lo practique, antes se convertirá en un hábito inconsciente. Será duro, pero créame, vale la pena. Va a intentar hacerlo tan a menudo que la gente le mirará raro: ¿por qué este tipo se lleva siempre la mano a la boca?; ¿por qué esa mujer siempre repite lo que le digo? No se preocupe, es mucho mejor esto que disgustar a alguien con una mala respuesta. Si está algo susceptible, échele un vistazo a la regla 8.

Estrategia: *Piense en alguien que hable despacio, tómelo como modelo e imítelo cuando conversa.*

Tiene que dejar de hablar como el Pájaro Loco y empezar a hacerlo como Winnie the Pooh, olvidarse de soltar palabras como si regentara una tómbola e imitar los sermones de la Iglesia. Hable más despacio. Tardar un poco más en terminar sus frases le proporcionará tiempo para reproducir imágenes del pasado en la mente. Practique hablando lentamente delante del espejo y tómese como modelo. Hablar así le dará a sus lóbulos frontales la oportunidad de ponerse en funcionamiento y de cumplir con su cometido, en lugar de colapsarlos con la incesante marea de sus impulsos.

Aplicar la regla 1 le ayuda a ganar tiempo para que su cine mental privado se ponga en marcha y proyecte algunas imágenes de su pasado que podrían guardar relación con la situación presente. Una vez que ha ganado ese tiempo, debe intentar conscientemente pensar en la situación. Pensar, en este caso, significa visualizar sus experiencias pasadas para averiguar qué tienen que decirle. La siguiente regla le ayudará con esto.

17 Regla 2: Vea el pasado... y después, el futuro

Cuando surge un problema en un día cualquiera, ¿se siente totalmente superado, sin saber qué puede pasar o qué debe hacer? ¿Se castiga a sí mismo por cometer los mismos errores una y otra vez? La regla 2 es para usted.

> Qué puede hacer la regla 2 por usted: **Le ayudará a ver qué es lo que pasará a continuación.**

Ya sabe que la visión de su mente (su memoria de trabajo no verbal) no es tan potente como la de las personas sin TDAH, por lo que le resulta realmente difícil activar su imaginario mental, relacionado con sus capacidades de retrospección y anticipación, antes de pasar a la acción. Seguro que busca en su pasado y mira luego hacia el futuro para hacerse una idea de qué es lo que puede pasar, *pero por lo general cuando ya ha actuado y las cosas se han calmado*. La buena noticia es que posee la capacidad de retrospección, la mala es que si solo puede ejercitarla después de haber actuado, está condenado al arrepentimiento por lo que ha hecho o dicho. Siendo el blanco de todas las críticas, el sentimiento de culpabilidad puede dejarle derrotado, y puede que cada vez le cueste más remontar.

En cuanto a la capacidad de anticipación, ser capaz de extraer del pasado lo que es probable que pase en el futuro es genial, siempre y cuando lo haga en el momento en que lo necesita. Si la semana pasada decidió que haría algo diferente si se repetía una situación concreta, es posible que tal decisión se evapore antes de que tenga la oportunidad de ponerla en práctica.

> Vuelva al Capítulo 9 y relea las dificultades específicas con la visión de su mente que anotó al leer la sección «Memoria de trabajo no verbal».

Lo que usted necesita es una manera de asegurarse de que lo que ha aprendido del pasado estará a mano cuando lo necesite.

Identifique dónde residen los puntos débiles de su memoria de trabajo no verbal

Averigüe dónde tiene más problemas a la hora de mirar hacia el futuro; allí será donde más tendrá que practicar el visionado de su pasado.

> **¿Se dedica a golpear con un martillo a todos los problemas porque todos le parecen clavos?**
> Los adultos con TDAH no han recopilado una gran cantidad de experiencias pasadas, así que a menudo no perciben las sutiles diferencias que existen entre los problemas ni la necesidad de utilizar distintas herramientas para resolverlos.
>
> **¿Para usted, aprender algo nuevo requiere pasar por un largo y tedioso proceso de ensayo y error?**
> Al no poder recurrir fácilmente a sus imágenes mentales, se ve obligado a ir probándolo todo una y otra vez.
>
> **¿Tiene problemas para ahorrar dinero, seguir una dieta o mejorar en un deporte?**
> Aplazar la gratificación es muy difícil cuando no se puede recurrir a la imagen de la recompensa futura.

Estrategia: *Utilice un reproductor imaginario para activar la visión de su mente.*

Aprender a detener la acción le hace disponer de ese tiempo que necesita para activar la visión de la mente, pero esta es tan frágil que cualquier cosa que pase a su alrededor, por irrelevante que sea, puede distraerle de aquello en lo que estaba intentando pensar. De repente, su atención estará en otra parte. Por tanto, lo que tiene que hacer es traer a su memoria cualquier aparato electrónico que reproduzca imágenes y que le resulte fascinante. Su televisión de pantalla plana, su videoconsola favorita, su cámara de vídeo..., cualquier cosa. En cuanto detenga la acción, active el dispositivo. Puede incluso valerse de un movimiento furtivo para ponerlo en marcha durante su «hummm...», o justo después de hacer el movimiento de cerrar con llave sirviéndose de la misma mano.

Ahora intente concentrarse y ver literalmente en la pantalla del reproductor elegido cualquier luz que su pasado pueda arrojar sobre la situación particular en la que está inmerso. Visualice qué pasó la última vez que se encontró en una situación parecida y sea creativo. Vea el pasado desplegarse a todo color y con todo lujo de detalles, como si estuviera grabándolo con la cámara o visionándolo en ese mismo momento.

Práctica: Cuanto más a menudo lo haga, más habitual y automático acabará siendo y más «vídeos» distintos aparecerán en su mente desde su banco de recuerdos para guiar su futuro. Será capaz de pensar: «Vaya, la última vez que interrumpí una reunión con un chiste, todos se rieron de mí, no conmigo». O quizá: «Me sentí tan culpable cuando llegué a casa con aquellos zapatos nuevos y descubrí que mi hijo necesitaba comprar unos libros muy caros para la escuela, y no teníamos dinero». No se dedique a proyectar la visión de la mente en una televisión o en el monitor de un ordenador solo en las situaciones más arriesgadas. Para consolidar el hábito, hágalo también cuando no esté bajo presión, cuando haya menos en juego y le sea más fácil detenerse y ofrecerse la oportunidad de pensar.

Estrategia: *Use soportes visuales tangibles para echarle una mano a la visión de su mente.*

Encontrará más información en la regla 4. De momento, pongamos que hay un ámbito particular en el que la visión de su mente es ciega y usted está cansado de sentirse culpable por no poder visualizar lo que debería. Haga una fotografía, recórtela de una revista o incluso haga un dibujo de cualquier cosa que represente lo que no quiere hacer. Haga lo mismo con lo que sí quiere. Téngalas en un lugar visible, reforzará los circuitos mentales que conectan lo que desea con las cosas que ha hecho en el pasado y que le han alejado de dicha meta. La mujer que sentía debilidad por los zapatos caros pegó en el interior del armario un anuncio de unos zapatos de diseño junto con un extracto del banco en números rojos; en la otra puerta, colocó una foto de su hijo y un certificado de estudios que había recortado de una revista. Verlas cada día sirvió para esas mismas imágenes se reprodujeran en su mente cada vez que pasaba por el escaparate de su tienda de zapatos favorita.

La visión de su mente (su memoria de trabajo no verbal) es más débil y menos efectiva que la de los demás. Aunque cuenta también con la voz de su mente, que puede servirle para reforzar lo que está tratando de visualizar. Siga leyendo la regla 3.

18 Regla 3: Hable del pasado... y después del futuro

¿Ve venir las cosas y aun así reacciona automáticamente? ¿Se siente como si tuviera que aprender la misma lección una y otra vez? La regla 3 es para usted.

> Qué puede hacer la regla 3 por usted: Le ayudará a analizar la situación antes de decidir qué hacer. Le ayudará a desarrollar reglas que podrá usar en situaciones similares futuras.

La memoria de trabajo no verbal (la visión de la mente) no es suficiente para la mayoría de nosotros si queremos tener éxito en el mundo adulto. No solo necesitamos ver qué pasó la última vez que actuamos de un modo determinado, sino también ser capaces de analizar cada situación en la que nos encontramos y sopesar los pros y los contras de las distintas respuestas posibles. Supongamos que usted ya sabe que soltar su opinión sin miramientos en una reunión es un error. Durante la reunión de esta semana, su jefe presenta un nuevo plan que usted considera incorrecto... ¿se callará? ¿Plasmará sus pensamientos en un informe que luego le entregará? ¿Reclutará algunos aliados y le comentarán juntos sus objeciones? ¿Propondrá un plan alternativo?

Tenemos que ser capaces de extraer reglas y directrices de nuestra experiencia para así mejorar con el paso del tiempo a la hora de responder y planificar. Esperar hasta después de la reunión para expresar una opinión que quizá no sea bien recibida es un ejemplo de regla que podría adoptar en el trabajo. Saber cuáles de sus compañeros están de su lado podría ser una buena directriz para prosperar en su carrera.

El ingrediente clave en este proceso mental es el lenguaje. Cuando adquirimos la habilidad de detener la acción y somos capaces de ver el pasado para anticipar el futuro, la única manera de aprender de nuestro imaginario es utilizar palabras para describirlo. Hablarnos a nosotros mismos es fundamental para solucionar problemas, planificar e incluso entender las normas sociales. De hecho, una memoria de trabajo verbal defectuosa es la razón por la que no es extraño que los adultos con TDAH acumulen antecedentes penales, aunque a menudo por faltas menores. No es la malevolencia la causa de que cometan actos ilegales, sino la falta fundamental de compresión de las reglas. Si no se habla a sí mismo de las opciones que tiene, podría decidir fácilmente, por ejemplo, que robar en una tienda algo que le ha llamado la atención está bien porque siempre podrá devolverlo después.

Tener una idea de cómo afecta el TDAH a sus funciones ejecutivas puede serle de gran ayuda a la hora de compensar sus déficits. Es cierto que la voz de su mente (su memoria de trabajo verbal) es más débil y menos eficaz que la de las personas sin TDAH; aunque, por otro lado, si la entrena y la refuerza, puede utilizarla para compensar una memoria de trabajo no verbal deficiente, y viceversa. Háblese a sí mismo sobre las imágenes mentales que es capaz de recordar y estará reforzándolas para usarlas más adelante. Enriquezca su banco visual de recuerdos y tendrá más información para analizar lógicamente las situaciones mediante la voz de su mente. ¿Lo más importante? Mejorará sus posibilidades de tomar decisiones más acertadas y con más matices.

Identifique los principales problemas que le causa su memoria de trabajo verbal

Conseguir desarrollar las habilidades de la memoria de trabajo verbal es relativamente sofisticado. Para empezar a practicar, intente pensar en un objetivo modesto que no haya sido capaz de alcanzar debido a la limitada voz de su mente. Por ejemplo, quizá quiera realizar una inversión, si bien sería más sensato empezar con un plan de ahorro simple que le obligue a depositar una pequeña cantidad de dinero en su cuenta de ahorro cada semana. Incluso con una meta tan sencilla como esta, ser constante resulta bastante más difícil de lo que podría pensar antes de empezar.

> ¿Qué aprendió sobre la voz de su mente en el capítulo 9?

Estrategia: *Conviértase en su propio entrevistador.*

No se limite a mirar las imágenes que aparecen en su mente:

- Hable de ellas consigo mismo.
- Etiquételas.
- Describa lo que está viendo con la visión de la mente.
- Y finalmente extraiga alguna regla o principio de este examen que le diga qué quiere hacer la próxima vez que se encuentre en esa situación.

CUARTO PASO: CAMBIE DE VIDA

> **¿Tiene problemas para interpretar las emociones de los demás?**
> ¿Con ciertas personas y en ciertas situaciones, o todo el tiempo?
> _____
>
> **¿Le resulta muy difícil entender las reglas y cumplirlas?**
> ¿Dónde y cuándo le ocurre?
> _____
>
> **¿Le cuesta entender y retener lo que ha leído?**
> _____
>
> **¿Cuando decide empezar una dieta, un plan de ahorro o cualquier otro proyecto, acaba abandonándolo casi inmediatamente?**
> _____

Imagínese literalmente a sí mismo entrevistándose micrófono en mano en televisión y describa con palabras la situación en la que se encuentra. Sea tan duro consigo mismo como el más agresivo de los periodistas. Hágase preguntas relevantes como estas:

> Esa voz en su cabeza no está ahí solo para hacerle compañía. Es un recurso que le ayuda con su autocontrol.

- «¿Qué está pasando aquí?»
- «¿He estado antes en una situación parecida?»
- «¿Qué aspectos coinciden y cuáles son diferentes?»
- «¿Qué hice la última vez?»
- «¿Es esto una opción?»
- «¿Existe una elección mejor?»
- «¿Qué pasará si decido hacer X?»
- «¿He visto a X (una persona a la que admiro) hacer esto? Si no es así, ¿qué habría hecho X en mi lugar?»
- «Si mi decisión resulta no ser buena, ¿cómo me sentiré mañana?»

Estrategia: *Narre en voz alta lo que está pasando.*

Como habrá notado, los niños narran sus juegos en voz alta todo el tiempo. Se supone que de adultos aprendemos a interiorizar y privatizar esos comentarios, pero desafortunadamente, el TDAH tiene otros planes. Por tanto, volveremos a lo que nos funcionaba tan bien cuando éramos niños. Anímese y describa en voz alta qué está pasando a su alrededor mediante el rico y vívido lenguaje con el que contamos. No tiene por qué hacerlo en voz muy alta, siempre que vocalice las palabras, así serán más poderosas a la hora de controlar y guiar su comportamiento que si las pronuncia mentalmente. Es probable que se encuentre más cómodo si lo hace a solas, pues está claro que no querrá molestar a los demás. Es posible encontrar situaciones en las que pueda llevar a cabo esta práctica sin temer la reacción de los demás:

> Incluso si está rodeado de gente, puede simular que está hablando por teléfono con el manos libres. Será simplemente uno más.

- Cuando esté en casa trabajando en un proyecto e intentando decidir si sigue con él o cambia a otra cosa más divertida.
- Cuando vaya solo en el coche e intente respetar las normas de circulación.
- Cuando salga a correr o a pasear por el parque e intente planificar lo que hará durante el resto del día.

Aproveche la soledad como una oportunidad de acostumbrarse a verbalizar dónde está, qué está haciendo, qué puede hacer a continuación y qué podría pasar entonces. Cuando realice una tarea, ordénese no abandonarla, hacerla bien, completar cada paso y terminar todo el proyecto. Descubrirá que tiene muchas más posibilidades de ver el fin de la tarea de este modo que si tan solo pensara estas instrucciones.

La visión y la voz de su mente no son tan potentes como las de los demás. Usted puede estimularlas siguiendo las reglas 1 a 3, pero aún puede hacer mucho más: lea la regla 4.

19 Regla 4: Exteriorice la información más importante

¿Es olvidadizo o se distrae con facilidad? ¿La gente piensa que no se puede contar con usted? ¿Está empezando a estar de acuerdo con ellos en

> Qué puede hacer la regla 4 por usted:
> **Le proporcionará algo a lo que recurrir, aparte de su propia memoria.**

que carece de autodisciplina o perseverancia? Si tiene TDAH, es muy probable que haya respondido afirmativamente a todas las preguntas. **La Regla 4 es sin duda para usted.**

Incluso si el TDAH le priva de sus funciones ejecutivas, usted puede hacer que alcancen su máximo potencial. Por eso tiene mucho sentido seguir las reglas 1 a 3. Cuanto más practique las estrategias de los tres capítulos anteriores, más reforzará sus habilidades a pesar de su déficit innato. Esto no significa, sin embargo, que deba detenerse ahí. Usted merece toda la ayuda disponible para allanarse el camino.

Debo insistir en que es importantísimo aprovechar todas las maneras posibles de potenciar su memoria interna con ayuda externa. Los niños con TDAH reciben del profesor este tipo de ayuda en el colegio, que les recuerda periódicamente que deben concentrarse en lo que están haciendo. En casa, los padres establecen tablas para premiarlos con puntos o estrellas, por ejemplo, para motivarlos para que hagan los deberes o cumplan con sus obligaciones. También utilizan dibujos que explican paso a paso acciones rutinarias como vestirse para ir a la escuela, de modo que si los niños se pierden o se distraen a la mitad del proceso tengan algo que consultar para poder seguir con lo que estaban haciendo.

¿Puede pensar en alguna razón por la que no debería recibir el mismo tipo de asistencia?

Obviamente, la diferencia en su caso es que usted suele depender de sí mismo. Podría pedirle a su pareja o a su compañero de piso que le ayudaran hasta cierto punto, aunque en general está en su mano crear y utilizar recordatorios externos. La buena noticia es que puede ser divertido. Exprima su creatividad, algo que todo el mundo tiene, incluidas las personas con TDAH.

¿En qué sigue teniendo muchos problemas a pesar de todo lo que se esfuerza?

Algunas de las herramientas con las que usted puede contar se encuentran enumeradas en el Capítulo 10.

En realidad poco importa si su dificultad es detener la acción, visualizar el pasado o narrarlo. Las estrategias para externalizar información pueden aplicarse a todo lo que necesite recordar. Usted puede, y debe, utilizar ayuda externa en todo momento. Muchas de las herramientas que pueden servirle como recordatorio pueden transportarse y adaptarse fácilmente, es decir, que puede beneficiarse de ellas cómo y dónde quiera. Aun así, le ayudará conocer en qué ámbitos concretos se resiste su memoria, con el fin de asegurarse de abordarlos y ahorrarse la frustración de posibles fracasos.

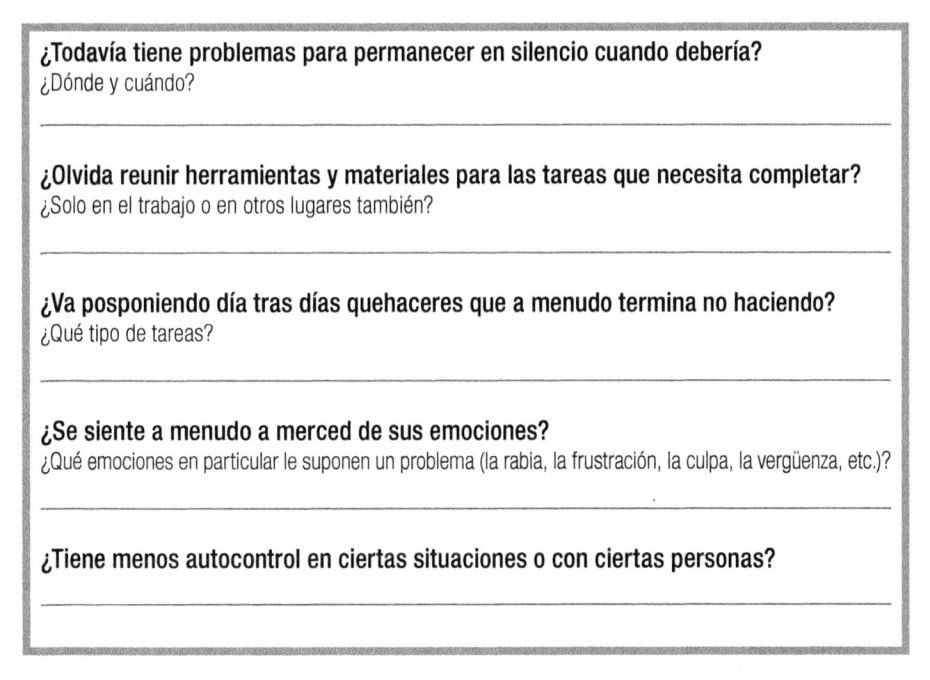

¿Todavía tiene problemas para permanecer en silencio cuando debería?
¿Dónde y cuándo?
_____

¿Olvida reunir herramientas y materiales para las tareas que necesita completar?
¿Solo en el trabajo o en otros lugares también?
_____

¿Va posponiendo día tras días quehaceres que a menudo termina no haciendo?
¿Qué tipo de tareas?
_____

¿Se siente a menudo a merced de sus emociones?
¿Qué emociones en particular le suponen un problema (la rabia, la frustración, la culpa, la vergüenza, etc.)?
_____

¿Tiene menos autocontrol en ciertas situaciones o con ciertas personas?
_____

Estos son solo unos cuantos problemas que se pueden solucionar con la ayuda de información externalizada. Piense en las equivocaciones o fallos de los que más se arrepiente. Ahí puede aplicar inmediatamente alguna de las siguientes estrategias.

Estrategia: *Póngase soportes físicos a la vista en las situaciones problemáticas.*

CUARTO PASO: CAMBIE DE VIDA

Puede tratarse de soportes muy variados. A continuación, se incluyen algunos ejemplos en función de la situación problemática concreta:

> Estos soportes deben estar a la vista, justo en el lugar donde necesita el recordatorio.

- Pegue un *post-it* en el ordenador que le recuerde que no debe navegar por Internet en lugar de hacer su trabajo. También puede probar con una foto de su jefe y una inscripción que diga algo como: «¡A trabajar!».
- Lleve siempre una nota dirigida a sí mismo en la que se pregunte si realmente necesita hacer esa compra y guárdela siempre en el bolsillo de la cartera, de manera que aparezca siempre que vaya a coger dinero.
- Sitúe una tarjeta junto a cada uno de los teléfonos de la casa en la que se pregunte si esa llamada no puede esperar hasta que haya terminado lo que estaba haciendo.
- Busque una foto del trofeo de tenis (o de cualquier otro premio) que le gustaría ganar, para animarse a seguir entrenando o practicando.
- Prepare un símbolo, como una señal de stop, que pueda colocar en cualquier sitio para recordarse que debe detenerse antes de tomar cualquier decisión.
- Elabore una lista de normas para escribir un complicado informe que debe realizar quincenalmente en el trabajo.

Las señales son un sustituto válido para una memoria de trabajo deficiente. Algo externo, situado delante de nosotros, resulta ser un recordatorio mucho

> Una señal externa no solo le ayuda a detener lo que impulsivamente estaba a punto de hacer, sino que le dice qué hacer en su lugar, e incluso por qué es mejor hacer lo segundo.

más potente que una imagen o palabra en nuestra cabeza. La próxima vez que se encuentre en la situación para la que ha creado una señal externa, esta le llamará la atención y le recordará qué debe hacer.

Por ejemplo, ¿come demasiado y quiere perder peso? Ponga en el frigorífico una foto de algún atleta, una estrella de cine o incluso suya de cuando era más joven y estaba más delgado. También puede poner una señal de stop o de peligro y un texto que diga: «No se acerque al frigorífico»; quizá acompañada de la foto de un policía que encontró en un periódico o una revista.

Estrategia: *Haga una lista de los pasos y procedimientos que quiere seguir la próxima vez que se encuentre ante una tarea difícil o problemática.*

Todo el mundo, con y sin TDAH, utiliza listas de tareas *porque funcionan muy bien*. Si termina el día con mal sabor de boca por no haber alcanzado muchas de las metas que se había propuesto, una lista de tareas o quehaceres puede serle de gran ayuda. Si la pone en un lugar visible, le recordará qué es lo que tiene que hacer en ese momento o a continuación si se ha distraído con algo más divertido o con algo que entró en su campo de visión y le fue difícil ignorar.

19. REGLA 4: EXTERIORICE LA INFORMACIÓN MÁS IMPORTANTE

No hay nada como tachar la última tarea al final del día. ¡Ahora sí que puede dedicarse a algo más divertido!

> *Intenté utilizar listas de tareas, pero supongo que me entusiasmé, como suelo hacer con las cosas en las que me enfrasco. No sabía cuándo parar, y acababa con listas de tres páginas con cosas para hacer en un solo día. Mientras las escribía, no conseguía ver que era imposible hacer todo lo que me proponía en ellas. ¿Cómo puedo refrenarme y escribir una lista razonable y realista?*

Una idea que se me ocurre es pedirle a alguien que revise la lista, una pareja que le apoye, un mentor en el trabajo, un hermano o un compañero de piso que quieran ayudarle. Recuerde, uno de sus mayores obstáculos es un limitado sentido del tiempo, que puede hacer que le resulte realmente difícil saber cuánto se tarda en hacer cada una de las cosas que hay en la lista (por no decir cuánto tarda en hacer la lista en sí). Muchos adultos sin TDAH tienen una idea bastante acertada de cuánto les lleva realizar ciertas tareas de la casa. En el trabajo, su mentor o su jefe conocerán el tiempo necesario para cada una de sus tareas. Lo que usted puede hacer es empezar a hacerse una idea de cuánto más puede llevarle en relación con otras personas, dependiendo de sus habilidades en el ámbito, lo interesado que esté en la tarea, las distracciones con las que suela encontrarse o durante cuánto tiempo pueda mantener normalmente la atención.

Lo que me lleva a una segunda idea para acotar una lista fuera de control: use un diario. Si lleva un control de cuánto tarda en hacer cada tarea, empezará a conocer sus hábitos y a sí mismo lo suficiente para distribuir su tiempo mejor. Lea la siguiente estrategia.

Estrategia: *Lleve consigo un diario todo el tiempo.*

Un diario puede ayudarle a dejar constancia de los detalles de ciertas tareas y de cuánto tiempo le lleva terminarlas. En términos más generales, también puede servirle como una lista de lo que tiene que hacer. Una de las mayores dificultades de su memoria de trabajo es recordar lo que otros le han dicho que es importante. ¿Con qué frecuencia decepciona a los demás o a sí mismo al olvidarse de...

- ... una cita?
- ... un compromiso?
- ... una promesa?
- ... una reunión?
- ... una fecha de entrega?

Ya sea en el trabajo, en sus relaciones sociales o en casa con la familia, la habilidad de recordar lo que dijo que iba hacer es crucial para su integridad e imagen de cara a los demás, especialmente en lo que respecta a las promesas. Como sabrá, para usted es más normal olvidar este tipo de información que recordarla, así como lo caros que le salen estos errores en cualquier ámbito. Los adultos con TDAH que conozco afirman que el que los demás los vean como

CUARTO PASO: CAMBIE DE VIDA

personas más olvidadizas y menos fiables, incapaces de cumplir sus promesas y compromisos como se espera de un adulto, les inquieta y avergüenza más que cualquier otra deficiencia causada por el trastorno.

No tiene por qué resignarse a aceptar este destino. Empiece a llevar consigo un diario, como ya mencioné en el capítulo 10. Puede tratarse de una pequeña libreta, una agenda o cualquier cosa en la que pueda escribir; lo importante es llevarlo siempre dondequiera que vaya.

> Si lleva bolso, meta el diario en un bolsillo externo, al que pueda acceder fácilmente, en lugar de en el compartimento grande, ya que tener que rebuscar entre todas las cosas puede hacerle desistir de anotar algo importante.

Del mismo modo que no sale sin la cartera o el teléfono móvil en el bolsillo o el bolso, debería llevar en todo momento un diario.

Hoy, antes de que se olvide, empiece a usar su diario: escriba en él lo que alguien le diga que tiene que hacer, una promesa que haga, un compromiso, una fecha, un plazo, una reunión o algo urgente; *cualquier cosa que sea importante que recuerde.*

> Su diario tendrá un valor incalculable: será su memoria de trabajo externa.

No se considere vestido del todo por la mañana hasta que no haya metido el diario, con su lápiz, en su bolso o bolsillo.

Utilice como diario lo que mejor le vaya, incluyendo lo que le propusimos en el Capítulo 10.

No se limite a escribir en el diario, consúltelo a menudo, a cada hora si fuera necesario, con el fin de respetar sus compromisos, terminar su trabajo, cumplir sus promesas o entregar las cosas a tiempo. Debería llevar el diario siempre encima, excepto cuando necesite estar totalmente desnudo. Incluso entonces, téngalo al alcance, por si tuviera que recordar algo en dicha situación.

> Una grabadora parece algo más moderno y la mejor elección. Sin embargo, he observado que a la gente le resulta fácil usar y recordar leer un pequeño diario de bolsillo, mientras que a menudo pierden su grabadora o se olvidan de escuchar lo que registraron previamente.

Como he comentado, los adultos con TDAH afirman que les resulta muy frustrante que los demás no se fíen de ellos. Normalmente, acaban estando de acuerdo con los demás y viéndose a sí mismos desprovistos de perseverancia, autodisciplina y fuerza de voluntad. Para tratar el déficit de sus funciones ejecutivas, siga las reglas que encontrará en los siguientes capítulos.

20 Regla 5: Sienta el futuro

Si el objetivo de las tareas que necesita completar le resulta abstracto y aburrido y le falta inspiración para no dejarlas a medias, la Regla 5 es para usted.

> **Qué puede hacer la regla 5 por usted:** Le ayudará a mantenerse motivado para alcanzar sus metas.

Una de las principales consecuencias de lo que llamo la *incapacidad para ver el tiempo* que ocasiona el TDAH es la dificultad de evocar el pasado para aplicarlo en el futuro. Por eso las Reglas 2 y 3 son tan importantes, porque le ayudan a aprender de sus propios recuerdos y le preparan para manejar situaciones parecidas en el futuro. Sin embargo, este trastorno también le deja con grandes lagunas entre el presente y el futuro: si nadie le pone un caramelito delante, necesitará mucha fuerza de voluntad para convencerse de no apartarse del camino.

En algunas ocasiones, el diálogo interno que aprendió en la regla 3 le ayudará a seguir adelante. Repetirse que necesita terminar ese trabajo, explicarse cómo hacerlo, recordarse los pasos que necesita realizar durante el proceso y obligarse a prestar atención al tiempo podría darle buen resultado en muchas situaciones. Otro método que puede mantenerle enfrascado en la tarea es advertirse de lo que pasará si no la termina. Algunos ejemplos de esta forma de «narrarse el pasado» podrían ser: recordarse todo lo que tuvo que pagar de más por los libros de texto de su hijo al comprarlos más tarde porque se había gastado el dinero en otra cosa; hacer una lista de todos los trabajos que haya perdido por no cumplir los plazos de entrega; o rememorar la semana que estuvo sin hablarle su marido por haber abandonado la fiesta de cumpleaños de su padre porque se aburría.

Desafortunadamente, para los adultos (y niños) con TDAH, la amenaza de consecuencias negativas no es uno de sus mayores incentivos. Y aun si lo fuera, no todo lo que se deja de hacer tiene una consecuencia directa, obvia y nefasta. Por ejemplo, los adultos tienen que hacer lo que tienen que hacer, porque tiene que hacerse y hacerlo es lo correcto. He aquí lo abstracto y aburrido. Incluso a muchos adultos sin TDAH les cuesta motivarse con estas razones; algunos de ellos hasta utilizan los incentivos descritos en este libro, al menos para algunas tareas que no quieren hacer. **Cuando el TDAH entra en escena, estos incentivos pasan a ser fundamentales.** Las razones son:

- El TDAH puede hacer que le resulte difícil entender el imperativo moral escondido detrás de realizar una tarea porque sí, por lo que le costará ponerse en marcha.
- El trastorno puede convertir lo que no es interesante en algo soberanamente aburrido y hacerle sentir que va a explotar si no se aleja de las tareas que no son divertidas.
- Esta afección puede imposibilitarle ver que lo que hace puede traer consigo no solo una mala consecuencia sino dos o tres, cada una de las cuales puede llevarle a seis resultados indeseados y cada uno de ellos provocar otras doce repercusiones, multiplicándose así las consecuencias de forma exponencial.
- Un sentido limitado del tiempo puede impedirle entender que todas estas consecuencias pueden desencadenarse mucho más rápido de lo que imagina, antes de que tenga la oportunidad de parar la avalancha.

Averigüe dónde se encuentra menos motivado para terminar las cosas

---

¿En qué ámbito le resulta más difícil mantenerse motivado?

¿En la escuela?
_____

¿En el trabajo?
_____

¿Con las cosas de la casa?
_____

¿En las actividades públicas?
_____

¿Cuando se relaciona con los demás? ¿Con quién?
_____

¿Qué cosas de su lista de tareas siempre quedan pendientes porque no se siente motivado para terminarlas?
_____

20. REGLA 5: SIENTA EL FUTURO

El TDAH dificulta que se mantenga motivado para completar las cosas por todas las razones antes mencionadas. Pero hay otro motivo muy importante: **terminar ciertas tareas no está vinculado con ninguna emoción.** Las emociones son un motivador extremadamente poderoso; de hecho, son la verdadera fuente de nuestra automotivación.

> Los científicos que se dedican a estudiar las emociones humanas han concluido que una de sus funciones principales es motivarnos para actuar. A pesar de su complejidad, ciertas emociones conducen generalmente a una determinada acción, por ejemplo:
>
> - El miedo nos induce instintivamente a «luchar o huir», es decir, a atacar la fuente del peligro o a escapar de ella.
> - La rabia nos lleva a acabar con los abusos.
> - El placer y la alegría imponen la necesidad de seguir con lo que estamos haciendo.
> - La vergüenza nos disuade de repetir el acto vergonzoso.

Incluso nuestro diálogo interno a menudo depende más de las emociones de lo que creemos. Piense otra vez en cómo nos avisamos de las consecuencias adversas de no terminar una tarea: no son solo los aspectos prácticos de estas consecuencias lo que no deseamos. Ya sé que gastarse más dinero en los libros de texto afecta a su cuenta bancaria, del mismo modo que perder un trabajo, y que el silencio por parte de su marido altera su rutina diaria. Pero lo que realmente puede hacernos obedecer a nuestros avisos es el recuerdo de cómo nos sentimos en ese momento. Dejar a su hijo sin un libro de texto que necesita hasta que vuelva a tener algo de dinero puede hacer que se sienta avergonzada, ser despedido una y otra vez es devastador para la autoestima y ser rechazado por la persona a la que ama duele y también puede enfurecerle.

Para algunas personas, el recuerdo de estos sentimientos incómodos es suficiente motivación para hacer lo que deben y así evitar que se repitan. Por este motivo es por lo que usted necesita utilizar *las imágenes visuales de los acontecimientos pasados y las emociones que sintió en ese momento, para que le ayuden a encontrar la motivación que necesita para hacer las cosas*. No obstante, como se apunta arriba, para la mayoría de la gente recordar o anticipar las consecuencias negativas de no hacer algo no es una motivación tan poderosa como centrarse en sus posibles consecuencias positivas. Fijarse en lo negativo puede incluso hacer que se venga abajo, en comparación con lo inspiradoras y rejuvenecedoras que pueden ser las emociones de imaginar lo bien que nos sentiríamos si alcanzáramos la meta propuesta.

Estrategia: *Pregúntese sin rodeos* «¿Cómo me sentiré cuando termine esto que estoy haciendo?».

> Visualícelo > Verbalícelo > Siéntalo

Hacer un esfuerzo consciente para sentir las emociones que experimentará cuando termine la tarea que tiene entre manos o alcance su objetivo es el siguiente paso después de ver y verbalizar el pasado para anticipar el futuro. Pregúntese a sí mismo: «¿Cómo me sentiré cuando termine esto que estoy haciendo?»; y después centre su atención en lo que siente. ¿Qué sería?

- ¿Orgullo?
- ¿Satisfacción?
- ¿Alegría por terminar el proyecto?
- ¿Realización?
- ¿El placer y la felicidad de aquellos con los que ha compartido ese objetivo o para los que está haciendo esa tarea?

Cualquiera que sea la emoción, esfuércese para sentirla mientras se plantea sus metas. Siga haciéndolo mientras realiza la tarea o trabaja por conseguir su meta o proyecto. Repítalo día tras día o cada vez que se encuentre en esa situación, trabajando hacia ese objetivo o destino; aúne esfuerzos para sentir vívidamente lo que sentirá cuando termine.

> Sienta ese futuro, y siga sintiéndolo durante todo el camino hasta que llegue al final.

Todos los comportamientos dirigidos al futuro necesitan un motivo (motivación) y todos ellos derivan de las emociones. Las emociones que imagina, suscitadas tras un gran esfuerzo consciente, pueden convertirse en el combustible que necesita para impulsar sus actividades y propulsarle hacia sus metas como si fuera un misil de crucero. Las personas sin TDAH también se dan ese impulso hacia delante imaginando cómo se sentirán cuando alcancen su destino. La diferencia radica en que normalmente pueden hacerlo sin pensar porque su sentido del tiempo y su memoria de trabajo visual son suficientemente eficaces para permitirles anticipar esas sensaciones con facilidad. Para usted, sin embargo, se trata de un esfuerzo consciente y deliberado.

Refuerce esta técnica recortando imágenes de las recompensas que espera conseguir con lo que está haciendo y distribúyalas alrededor de su área de trabajo. Aumentarán la eficacia de su propio imaginario y dotarán de mayor realismo a las emociones que está anticipando.

En resumen, trabaje en la visualización, la verbalización y la habilidad de sentir no solo la meta y los pasos que necesita completar para alcanzarla, sino también la emoción que experimentará cuando finalmente la alcance. Cada vez que se siente para seguir trabajando en un proyecto, tarea u objetivo, una de las cosas que debe hacer es sentir el resultado futuro.

20. REGLA 5: SIENTA EL FUTURO

En el capítulo 9, sugerí que traer a la mente imágenes de logros pasados puede aliviar el estrés y la ansiedad en momentos de tensión a la vez que calmarle y motivarle. Si tiene problemas para imaginar cómo se sentirá cuando termine un trabajo, comience por recordar una tarea que sí terminó. Este es un perfecto ejemplo de cómo cada método que utilice para contrarrestar un déficit en sus funciones ejecutivas causado por el TDAH estimula su habilidad para utilizar otra estrategia compensatoria. Encontramos aquí otra razón para aplicar la regla 2: cuantas más imágenes mentales de logros pasados haya sido capaz de recopilar, más fácil le será imaginar las emociones positivas que experimentará cuando termine la tarea que tiene ahora entre manos.

Una buena razón para poner en práctica la regla 5 es que incrementará su propio bagaje emocional. La misma incapacidad para ver el tiempo que le impide almacenar tantos recuerdos visuales o verbales como a las personas sin TDAH también hace que conserve menos recuerdos emocionales palpables, vibrantes, fuertes o motivadores. El problema no es que no sea capaz de sentir como los demás, sino que no es capaz de almacenar tan bien las emociones o, quizá, que no es capaz de recurrir a ellas tan fácilmente.

Esta estrategia, al igual que el resto de reglas contenidas en el Cuarto paso, le facilita conseguir lo que quiere en el momento deseado. Cuanto más la practique, más recuerdos y habilidades tendrá, con lo que le será cada vez más fácil en el futuro. Por tanto, «empiece con un fin en mente», como recomienda Stephen Covey en su exitoso libro *Los siete hábitos de la gente altamente efectiva*. Visualizar la meta y los sentimientos de realización, alivio, orgullo y triunfo que sentirá cuando la alcance, por no mencionar las recompensas que puede reportarle, puede ayudar a llenar ese depósito de combustible motivador que necesita para terminar el trabajo que tiene que hacer.

Sin embargo, mientras tanto tiene otras estrategias a su disposición. Pase a la regla 6.

21 Regla 6: Divida su tarea… y haga que cada paso cuente

Si las imágenes, palabras y emociones resultan demasiado fugaces y no puede aprovecharlas, la Regla 6 es para usted.

> Qué puede hacer la regla 6 por usted:
> **Le acercará mucho más al futuro.**

De hecho, se ha demostrado que la regla 6 puede serle útil a casi todos los pacientes con TDAH. Sus dificultades para mantener la atención y ver más allá del presente le hacen realmente difícil reunir toda la motivación interna que necesita. Precisa de un poco de ayuda del exterior. Por suerte, obtenerla es muy fácil: todo se reduce a acercar ese horizonte que parece tan lejano. Pero primero, veamos si puede hacerse una idea de por qué el futuro siempre parece estar tan lejos.

¿Qué hace que sus metas siempre le parezcan tan lejanas?

El TDAH puede hacer que el futuro parezca totalmente lejano. Un fin que requiera una inversión considerable de tiempo implicará periodos de espera o tendrá que hacerse en varios pasos, y esto puede parecerle tan inaccesible que le resultará abrumador. En estos casos, muchos adultos con TDAH caen en la tentación de buscar una vía de escape. Quizá huyan literalmente y falten al trabajo sin justificación o finjan estar enfermos. Puede que dejen de preocuparse por cómo terminarán el trabajo y pasen a pensar en cómo endilgarle la responsabilidad a algún compañero. Quizá hayan aprendido a hacerse los tontos o es posible que creen otras cortinas de humo para ocultar que no han hecho ningún progreso y que no tienen ni idea de cómo seguir adelante. Cuando se sienten impotentes, algunos adultos con TDAH vuelven a echar mano de esa persona abnegada que siempre les saca las castañas del fuego. Por supuesto, ninguna de estas tácticas les ayuda a hacer lo que tienen que hacer ni les protegerá siempre de que los demás se enteren de que no cumplen con sus obligaciones. Es mejor identificar cuáles son sus principales obstáculos y utilizar las motivaciones externas apropiadas en cada caso.

> **¿Suele entrarle el pánico o quedarse en blanco cuando alguien le da una fecha de entrega tan lejana que ni siquiera puede imaginar cuánto queda?**
> ¿En qué ámbitos de su vida suele ocurrirle?
> ___
>
> **¿Le abruman los proyectos complejos?**
> ¿A qué tipo de proyectos tiene que hacer frente normalmente?
> ___
>
> **¿Tiene problemas para trabajar sin supervisión o ayuda?**
> ¿Dónde y cuándo?
> ___

Estas son solo algunas preguntas sencillas para reflexionar sobre los momentos en que tiende a bloquearse y es incapaz de seguir adelante con un proyecto u objetivo. Puede que leer sobre diversas estrategias para motivarse externamente le haga pensar en más ejemplos.

Estrategia: *Divida las tareas o los objetivos a largo plazo en unidades o pasos mucho más pequeños.*

Es muy fácil perder de vista el final de un proyecto. Si hasta el final del día le parece algo lejano, querrá usar esta estrategia para conseguir la mayoría de sus objetivos, tanto en el trabajo como en el hogar. Será mucho más importante aún cuando tenga un proyecto grande por delante, como limpiar todos los armarios de la casa o preparar el presupuesto de su departamento para el próximo año. En este caso, deberá fragmentarlo aún más. De hecho, cuanto más largo sea el proyecto, más pasos necesitará. Y cuanto más lejos esté la fecha de entrega, más importante será dividirlo y más pequeñas las unidades de trabajo o acciones.

- Si un proyecto tiene que estar terminado antes de finalizar el día, divídalo por fragmentos de trabajo de una hora o, incluso mejor, de media. Escriba lo que necesita hacer en cada periodo y marque con fluorescente el paso en el que esté trabajando en cada momento para mantener su atención y no distraerse con lo que le queda.
- Si tiene que entregar un proyecto al final de la semana, empiece por averiguar qué tendría que realizar cada día. Con un objetivo como limpiar todos los armarios de la casa, puede ser tan fácil como asignar un día a cada armario. Si es un proyecto más complejo, en el que cada tarea depende de la anterior, quizá se requiera una secuencia de pasos más sofisticada. Si se trata de trabajo, pídale ayuda a su jefe o mentor, o utilice los informes de otras personas que hayan realizado un trabajo parecido en el pasado; los archivos de la oficina, ya sean en formato digital o en papel, pueden serle

muy útiles. Asimismo, puede hablar con un compañero amable que haya realizado algún proyecto parecido sobre su manera de estructurar la tarea, por si pudiera funcionarle a usted.

Una vez hecho esto, divida sus objetivos diarios en segmentos de una o media hora. Es muy probable que tenga que alternar el proyecto con otros; si así fuera, escoja un momento del día para dedicarse exclusivamente al mismo, escríbalo en su agenda y divídalo en segmentos incluso más pequeños durante los que tendrá que completar los pasos de una determinada tarea.

Un ejemplo típico de esta estrategia pudo verse durante los Juegos Olímpicos de 2008, cuando se emitió un reportaje sobre Michael Phelps, un joven deportista con TDAH. Los comentaristas dieron mucha información personal sobre él y enseñaron su rutina diaria, que estaba dividida en unidades de 15 minutos desde que se levantaba por la mañana temprano hasta que se acostaba. Contenía no solo una estricta tabla de ejercicios, sino también cuánto tiempo dedicaba a comer o a sus actividades de ocio favoritas.

Usted no tiene por qué planificar su día hasta tal extremo, aunque le sería de gran ayuda al menos en el trabajo para mantenerse centrado en sus objetivos y tareas. Así pues, planifique su día laboral de antemano, incluyendo en qué ocupará cada hora; después divídala en unidades de un cuarto de hora y asígneles una microtarea que espera completar como parte del proyecto mayor en que se centrará toda la hora. Hacer esto desbarata ese proyecto que parecía interminable y lo convierte en una serie de mordiscos de tiempo y de logros rápidos.

- Tenga en cuenta que las pausas entre unidades son tan importantes como los periodos productivos. No se avergüence de pensar en usted igual que haría si se tratara de un niño con TDAH: no esperaría de este, por ejemplo, que volviera a casa de la escuela y resolviera 30 problemas de matemáticas de una sentada (tampoco lo esperaría el profesor en la clase). Usted le pediría al niño que realizara cinco y, cuando terminara, le dejaría que se tomara un descanso de un minuto o dos. Después le daría cinco más. Cinco problemas seguidos no son abrumadores, ni siquiera para alguien con TDAH, pero 30 podrían serlo. Con seis periodos de cinco problemas cada uno, con sus pausas intermedias, tendrá todos sus problemas resueltos. Todos damos «pasos de bebé» cuando caminamos hacia un objetivo difícil. ¿Por qué debería ser diferente para usted?

> Tenga una nota visible en su escritorio o área de trabajo que diga: ¡PASO A PASO!

Estrategia: *Rinda cuentas a alguien*

Esta estrategia duplica sus motivaciones externas. No solo está dividiendo un proyec-

> Rendir cuentas a alguien también aporta la motivación interna de las emociones. Decepcionar a alguien no hará que se sienta bien; en cambio, recibir su admiración le hará sentirse estupendamente.

to largo o complejo en tareas más simples, sino que también está agregando una persona a la ecuación, alguien que sabrá si está cumpliendo lo que se ha propuesto. Tenemos muchas más posibilidades de encaminarnos hacia los objetivos que nos hemos fijado nosotros mismos si le decimos a alguien lo que estamos haciendo y cómo planeamos hacerlo (normalmente dividiéndolo en partes más pequeñas), y si vamos notificándole cada objetivo menor que alcanzamos. La mayoría tenemos muy en cuenta lo que los demás piensan de nosotros y este juicio social añade a nuestro motor interno más combustible motivador para terminar las cosas.

> Hágale saber a esa persona cada vez que alcanza un pequeño subobjetivo, y también cuando llegue al final del proyecto.

- En el trabajo, rinda cuentas a un compañero que le apoye, a su supervisor o a su mentor.
- En casa, apóyese en su pareja, su compañero de piso o un vecino.

Recompense a quien le ayuda. En la estrategia final de la regla 6, aprenderá lo importante que es recompensarse a sí mismo como incentivo para seguir trabajando hacia sus objetivos. Esto también sirve para conservar a la persona que le ayuda. Dele las gracias y recompénsela para que el proceso no le suponga una carga. Si se siente apreciada estará más motivada para ayudarle a conseguir sus objetivos y es más probable que quiera seguir haciéndolo.

Estrategia: *Prémiese con pequeñas recompensas cada vez que alcance un miniobjetivo.*

Cuando diseñamos los programas para niños con TDAH, siempre utilizamos puntos, fichas, vales o cualquier otra cosa como recompensa cuando alcanza los miniobjetivos de los que hemos hablado. Estas recompensas, junto con palabras de ánimo y aprobación, les ayudan a seguir motivados para terminar sus deberes más largos. Este mismo sistema funciona con los adultos, excepto por el hecho de que no hay un profesor que le vaya dando los puntos o recompensas, sino que tendrá que hacerlo usted mismo.

> Maneras de agradecer a alguien su ayuda:
> Invítelo a comer cada dos semanas
> Ofrézcale un regalo simbólico periódicamente
> Obséquiele con un vale regalo de una tienda que le guste
> Llévele un café o un té por la mañana o un refresco por la tarde

Todos lo hacemos. Mientras escribía este capítulo, me dije a mí mismo que si conseguía trabajar durante unos 30 o 60 minutos y hacía cinco páginas, me prepararía un capuchino. Si después escribía otras cinco, podría coger mi bajo, que siempre está en el despacho, y ensayar (una vez más) esa canción de los 60 que estoy intentando aprenderme, pero solo unos minutos, el tiempo de tocarla una vez. Cinco páginas más y podría salir a comer algo, tomarme una Coca Cola *light* o relajarme contemplando la vista desde la ventana de mi despacho, más allá del lago que hay detrás de mi casa.

Utilice cualquier cosa que le motive; la lección es siempre la misma: obséquiese con pequeñas recompensas por terminar sus tareas y poco a poco se irá maravillando de todo el trabajo que puede terminar a largo plazo. Es así como escribí este libro: paso a paso, o como decía Anne Lamott en su libro sobre cómo escribir, «pájaro a pájaro». ¿De dónde viene? Su hermano tenía que escribir un trabajo para el colegio sobre pájaros y no sabía por dónde empezar, así que su padre le dijo que escribiera solo unas pocas frases sobre un pájaro y fuera a enseñárselo, y así sucesivamente hasta que terminara el trabajo. Así pues, amigo mío, tómese las cosas pájaro a pájaro. Pare para ver lo que ha hecho y dese un capricho al final de cada *pájaro*.

¿Con qué pequeñas recompensas podría premiarse?
En el trabajo:
_____

En casa:
_____

En cualquier otro lugar:
_____

Uniéndolo todo: Bien, ya ha dividido el trabajo en pequeñas unidades. Tan importante como dividir las tareas en otras más pequeñas para conseguir terminarlas es lo que hace cuando ha completado cada subtarea. Haga por lo menos estas cuatro cosas:

1. Felicítese.
2. Tómese un descanso (unos minutos).
3. Si puede hablar con alguien, explíquele lo que ha conseguido terminar.
4. Dese una pequeña recompensa o un capricho o haga algo que le gusta hacer, pero que sea breve.

Estas tres estrategias le ayudarán a motivarse para terminar las cosas que antes no podía, o para alcanzar esos objetivos tan a largo plazo que tanto desea, aunque no sabe por dónde comenzar. Todas ellas le proponen maneras de motivarse artificialmente. Cuando visualizar, describir o sentir emociones asociadas con la compleción de una tarea no es suficiente para mantener su atención:

- Divida la tarea.
- Explique a alguien su objetivo y los pasos que seguirá.
- Tome breves descansos.
- Obséquiese con una recompensa después de completar cada paso.

La regla 7 le dará más ideas para hacer que el mundo exterior potencie su motivación interna.

22 Regla 7: Exteriorice, materialice y manipule los problemas

Si tiende a perderse entre todas las posibilidades al intentar resolver un problema mentalmente, la regla 7 es para usted.
Dado que la capacidad de su memoria de

> Qué puede hacer la regla 7 por usted: **Hará que le sea más fácil resolver los problemas.**

trabajo verbal y no verbal se ve afectada por el TDAH, es probable que le cueste pensar en todos los hechos relevantes que entran en juego para resolver un problema. Sopesar los pros y los contras, enumerar las herramientas o materiales que necesita, analizar las ventajas de distintos enfoques, estimar los riesgos y beneficios...; es muy difícil tener todo esto en cuenta solo mentalmente. No es que sea incapaz de realizar un análisis lógico o que carezca de inteligencia, nada más lejos de la realidad; lo que pasa es que necesita hacer que el proceso sea tangible y externo para poder abordarlo. Fundamentalmente, lo que usted necesita es poder utilizar sus sentidos para engrasar su maquinaria mental.

- Necesita un soporte visual para poder analizar lo hechos y cuestiones que se le plantean.
- Necesita poder manipular físicamente la información para que sea real y manejable.
- Necesita exteriorizar el problema para que cuando intente resolverlo no dependa tan solo de su memoria de trabajo, y no se frustre tan rápidamente al no poder hacerlo en su cabeza.

Sepa en qué aspecto de su vida tiene los problemas más complicados o urgentes

Se trata de una tarea complicada. ¿Qué problemas le resultan más duros: los abstractos que surgen en el trabajo o los que se le plantean en casa, más cargados emocionalmente? ¿Resolver sus propios problemas o resolver los de los demás? ¿Tiene que encontrar soluciones rápidamente o se trata de sopesar distintas opciones complicadas? Saber en qué ámbitos se encuentra más maniatado le ayudará a desarrollar las ayudas externas que harán su vida más fácil.

¿Resuelve satisfactoriamente los problemas en el trabajo?
¿Cuáles son los más difíciles? Gestionar los presupuestos, relacionarse con los compañeros, trabajar en equipo, tratar con el jefe, etc.
_____

¿Resuelve satisfactoriamente los problemas en casa?
¿Con su pareja?
¿Con sus hijos?
¿Con sus hermanos?
¿Con sus padres?
_____

¿Resuelve satisfactoriamente los problemas de su vida social?
¿En sus citas románticas?
¿Con los amigos?
¿Con la comunidad de vecinos u otros grupos sociales?
_____

¿Resuelve satisfactoriamente los problemas prácticos?
¿Las reparaciones (en casa, en el coche, etc.)?
¿Las compras (tratar con dependientes, etc.)?
¿Con los comerciales (de empresas de servicios, de los bancos, etc.)?
_____

Sea consciente del tipo de ayuda externa que mejor le funciona

La mayoría de las personas tienen una idea de cuáles son sus puntos fuertes. Para las personas con TDAH, que dependen más de sus sentidos para reforzar sus procesos cognitivos, es importante saber:

¿Qué método de aprendizaje le va mejor?
Visual (necesita ver las cosas para entenderlas) _____
Auditivo (necesita oírlas para que tengan más sentido) _____
Táctil (necesita tocarlas para ser consciente de ellas) _____
Kinestésico (aprende mejor si está moviéndose o realizando una actividad física) _____

22. REGLA 7: EXTERIORICE, MATERIALICE Y MANIPULE LOS PROBLEMAS

¿Recuerda lo que suponía para usted resolver problemas mentalmente cuando era niño? Incluso los problemas aritméticos más sencillos debían de resultarle imposibles. Si así era, seguro que recuerda también lo desmoralizante que era que no le dejaran usar los dedos u otros objetos ya que, según la educación convencional, a su edad ya debería ser capaz de hacerlos sin ayuda externa.

Muchas personas con TDAH conservan malos recuerdos como este. Afortunadamente, ahora ya es adulto y nadie puede decirle qué herramientas puede o no usar para resolver los problemas que se encuentra por el camino. Además tiene docenas de ellas a su disposición. Si le ayudan a saber cómo administrarse el sueldo, cómo pedir un aumento a su jefe cuando los fondos de la empresa son ajustados, cómo entregar un informe a tiempo, cómo evitar que los niños se peleen o qué reformas en la casa son prioritarias, es su obligación usarlas.

> Nuestros estudios han demostrado que las dificultades para resolver problemas mentalmente siguen afectando a las personas que padecen TDAH cuando crecen, aunque de manera distinta. Los niños más pequeños tienden a tener problemas con el cálculo mental y repitiendo series de números. A medida que van creciendo, suelen tenerlos a la hora de retener todos los elementos de una historia (personajes, lugares, fechas, acciones, etc.), al igual que otros adultos cuando se les pide que cuenten una historia en detalle o que la analicen por escrito. Nuestras investigaciones han demostrado que este problema también afecta a los adultos que padecen el trastorno.

Se supone que todos debemos desarrollar las memorias de trabajo verbal y no verbal durante la niñez para poder retener y recurrir a imágenes mentales y poner palabras a lo que hemos experimentado. Más adelante, deberíamos ser capaces de aislar esas representaciones mentales, manipularlas, moverlas y recombinarlas de varias maneras. Hacerlo es esencial para:

- Plantearse varias opciones.
- Resolver problemas.
- Inventar distintas maneras de hacer o explicar las cosas.
- Desarrollar planes para el futuro.

Desafortunadamente, los problemas que causa el TDAH en el cerebro impiden el desarrollo normal de estas funciones ejecutivas. ¿Cómo puede usted compensarlo? Pruebe lo siguiente:

Estrategia: *Utilice soportes tangibles externos para resolver los problemas siempre que pueda.*

Recordar una gran cantidad de información y manipularla de distintos modos sin perder el hilo es una habilidad muy sofisticada que requiere también mucho esfuerzo, energía y concentración. Pregúntele a cualquier adulto que esté intentando averiguar cómo estirar su sueldo para comprar un coche nuevo o poder pagar un aparato para los dientes al mismo tiempo que intenta disolver una pelea entre sus hijos y preparar la cena, todo esto después de una jornada de 10 horas de trabajo. El agotamiento hace que resolver problemas sea casi imposible. Conozco a muchos adultos que usan su ordenador para hacer listas, utilizan notas adhesivas o imanes que pueden distribuir en una pizarra, cintas de audio, recursos gráficos u otras herramientas en las que versan los datos de sus mentes colapsadas para poder verlos, sentirlos, oírlos o manipularlos. Utilizan cualquier cosa que les permita mirar el problema desde otro ángulo.

Usted puede hacer lo mismo. Después de todo, es probable que tenga la misma necesidad que esos adultos de reforzar su habilidad para resolver problemas, además de tener que lidiar con la interferencia del TDAH. Sírvase de toda la ayuda que pueda obtener.

Una vez que haya materializado toda la información pertinente para su problema (en papel, usando objetos o representada gráficamente de cualquier otra manera), puede jugar con todo ese material tangible con las manos, los ojos, los oídos e incluso con el cuerpo entero para ver si brota alguna solución. Si se tratara de un problema verbal, utilice papel, tarjetas o incluso un documento Word en el ordenador.

Considere este procedimiento la versión avanzada de la regla 2, que le aconsejaba externalizar cualquier cosa que tuviera que recordar escribiéndola, pegando una señal o creando cualquier otro símbolo. En la regla 7 usted llevará esta idea un poco más lejos y exteriorizará todo lo que necesite tener en cuenta para resolver un problema. Hacerlo puede ser tan simple como garabatear algo en un papel o hacer un croquis de las distintas partes del problema a medida que va pensando en ellas. Existen muchas maneras de materializar los problemas que estamos intentando resolver. Los decoradores utilizan recortes de muebles y los van distribuyendo en un tablero de plástico que tiene la forma de la habitación, casa u oficina en la que están trabajando; ahora hay además varios programas informáticos que hacen esta función. Los ingenieros y los arquitectos utilizan continuamente simuladores para diseñar carreteras, puentes, coches o nuevos compuestos químicos, y para resolver todo tipo de problemas físicos. Los paisajistas hacen lo mismo con árboles y arbustos en miniatura o programas de ordenador. Los carpinteros, los fontaneros, los albañiles y demás profesionales manipulan con sus manos las piezas del problema que tienen que resolver para hacer su trabajo. Después de todo, ¿no son los planos los que nos ayudan a desarrollar el proyecto? Podremos jugar mucho más con el diseño sobre un plano que si lo hacemos en nuestra cabeza.

Si usted padece TDAH, hay bastantes posibilidades de que pueda resolver mejor los problemas o sea capaz de completar varios procesos mentales si los exterioriza, los divide y los materializa de forma que pueda trabajar con ellos manualmente, además de mentalmente. Solo inténtelo. Y si los demás le miran extrañados al verle «jugar» con sus «juguetitos», acójase a la regla 8.

23 Regla 8: ¡Tenga sentido del humor!

Si aún le cuesta reconocer su TDAH, la regla 8 es para usted. No hay nada como reírnos de nosotros mismos para aceptar nuestras imperfecciones, olvidarlas y seguir con el negocio y el placer de vivir.

> Qué puede hacer la regla 8 por usted: **Le ayudará a aceptar sus imperfecciones y a seguir adelante con su vida.**

Todos los capítulos anteriores de este libro son un testimonio de lo serio que puede ser el problema del TDAH. Ahora sabe que va a cometer errores, probablemente muchos más que el resto de la gente. Tener TDAH no es en absoluto culpa suya, pero ¿qué puede hacer al respecto? Aparte de todo lo que ha aprendido hasta ahora, pruebe con esto:

> Puede que el TDAH sea serio, pero usted no tiene por qué serlo siempre.

Estrategia: *Aprenda a decir con una sonrisa en los labios: «Vaya, aquí está otra vez mi TDAH haciendo de las suyas. Perdón, culpa mía. Tendré que pensar en algo para la próxima vez que me pase».*

Al decir esto, habrá hecho a la vez cuatro cosas importantes en una situación social:

- Habrá admitido el error.
- Habrá explicado cuál es la causa.
- Se habrá excusado y no habrá culpado a nadie más.
- Habrá prometido hacerlo mejor la próxima vez.

Es asombroso lo que puede hacer con solo unas cuantas frases. Si lo hace, su autoestima y la imagen que tienen de usted sus amigos y seres queridos quedarán a salvo. Si no reconoce que su conducta es consecuencia del trastorno, culpa a los demás, se dedica a buscar excusas y no se esfuerza en mejorar, todos le darán de lado.

23. REGLA 8: ¡TENGA SENTIDO DEL HUMOR!

Como dijimos en el Segundo paso, conozca su TDAH, reconózcalo y después haga algo con él. Tiene que hacerlo así si quiere tener alguna posibilidad de dominar su situación. Del mismo modo que yo soy consciente de que me estoy quedando calvo, que tengo el pelo cano, que soy daltónico, viejo y torpe, que he perdido movilidad y que estoy pasado de moda, usted puede saber que tiene ciertos déficits en sus funciones ejecutivas por culpa del TDAH. Yo no niego mis imperfecciones, las conozco, las reconozco, las confieso con facilidad y trabajo con ellas cada día. Aunque me llevó un tiempo, ahora no suponen ningún problema para mí.

Todavía recuerdo un incidente de hace 32 años, cuando trabajaba como interno, y mis amigos también me lo recuerdan, en que me presenté en el hospital con un traje de pata de gallo blanco y negro. Todavía nos reímos hasta llorar cuando mencionamos que acentué el atuendo con unos zapatos y un cinturón blancos.

Mi mujer le contará no muy orgullosa cómo una vez que estábamos en un balneario repleto de señoritas, intenté hacer una voltereta para entrar a la piscina en lugar de entrar por las escaleras; demasiado para mi coordinación... Y no le pregunte por todas las señales de *Stop* que me he saltado por culpa de mi daltonismo cuando estaban al lado de árboles o arbustos verdes. Por no hablar de todas las conferencias, los vídeos profesionales, los programas de televisión, las fotos en los periódicos y demás en los que aparezco luciendo calva, canas y arrugas, sin mencionar cómo relucen mis empastes dorados cada vez que sonrío y me hacen una foto con *flash*. Reconozco hasta el más pequeño de mis defectos. Me gusta cómo soy, con todas mis imperfecciones; quiero formar parte de la vida, todavía tengo metas por alcanzar, y tengo la intención de vivirla tan plenamente como pueda. Usted debería hacer lo mismo.

Tiene que tomar una actitud positiva ante el TDAH: lo tiene, así que debería también admitirlo. Y cuando sea apropiado, ríase de él. Por ejemplo, para disculparse ante los demás o en privado, en esos momentos casi siempre es apropiado. Si lo convierte en una minusvalía seria y aciaga, lo será sin duda y los demás le tratarán en consecuencia, y es probable que no quieran pasar demasiado tiempo con usted. Si lo afronta con sentido del humor, también lo harán los demás, y podrán reírse juntos (¡incluso de los defectos de los otros!). Seguro que de este modo querrán pasar más tiempo con usted.

Sin embargo, lo más importante es que podrá vivir consigo mismo, y con todas sus imperfecciones y todas las dificultades que le causa un trastorno con el que no es fácil vivir. El tratamiento no lo curará, ni siquiera lo compensará completamente, por lo que el TDAH va a estar con usted el resto de su vida. Así que vaya acostumbrándose y ríase de él de vez en cuando.

Para recordar estas ocho reglas, fotocopie esta página y péguela en el espejo del cuarto de baño. Yo hice algo parecido con los *7 hábitos de la gente altamente efectiva* y conozco a muchos otros que hicieron lo mismo hasta que fueron capaces de recitar sin dificultad estos fantásticos principios para llevar una vida productiva, efectiva, íntegra y con sentido. Así pues, ponga estas ocho reglas donde pueda verlas cada día, incluso coloque una segunda copia en su escritorio del trabajo, otra en su agenda, otra en el monitor del ordenador y otras en lugares a los que mire una y otra vez todos los días.

Regla 1: ¡Deténgase!
Proporciónese tiempo antes de responder.

Regla 2: Vea el pasado… y después, el futuro
Vea qué es lo que pasará a continuación.

Regla 3: Hable del pasado… y después del futuro
Analice la situación antes de decidir qué hacer.

Regla 4: Exteriorice la información más importante
Proporciónese algo a lo que recurrir, aparte de su propia memoria.

Regla 5: Sienta el futuro
Manténgase motivado para alcanzar sus metas.

Regla 6: Divida su tarea… y haga que cada paso cuente
Acérquese mucho más al futuro.

Regla 7. Exteriorice, materialice y manipule los problemas
Haga que le sea más fácil resolver los problemas.

Regla 8: ¡Tenga sentido del humor!
Acepte sus imperfecciones y siga adelante con su vida

❯ QUINTO PASO: CAMBIE DE SITUACIÓN

Domine el TDAH en los ámbitos específicos de su vida

Eche un vistazo al gráfico de la página siguiente que muestra cómo los adultos con TDAH se ven mucho más limitados en todos los ámbitos de su vida que los adultos que no padecen el trastorno. Es probable que estos resultados no le sorprendan. El autocontrol y el sentido del tiempo son esenciales en cualquier cosa que haga y dondequiera que vaya. Cuando el trastorno obstaculiza su funcionamiento, usted lo nota en cada aspecto de su vida diaria.

Puede que algunas actividades y situaciones sean más difíciles que otras. Si es así, quizá quiera comenzar el Quinto paso leyendo los capítulos que hablan de los ámbitos en los que tiene más dificultades por culpa del TDAH. O eche una ojeada a todos ellos para ver qué pueden aportarle. Encontrará una valiosa serie de ideas prácticas para suplir las demandas específicas que tiene en determinadas situaciones, todas ellas vinculadas con las reglas del Cuarto paso y centradas en déficits concretos relacionados con el TDAH.

QUINTO PASO: CAMBIE DE SITUACIÓN

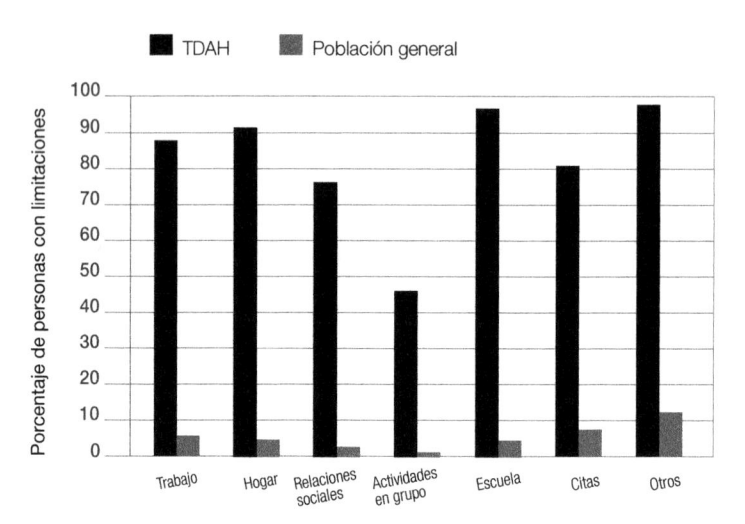

Gráfico 1. Ámbitos en los que se dan las limitaciones (extraído de *ADHD in Adults: What the Science Says* por Russell A. Barkley, Kevin R. Murphy y Mariellen Fischer (Guilford Press, 2008) [*El TDAH en adultos: lo que nos dice la ciencia*, J&C Ediciones Médicas, Barcelona, 2008]. © Guilford Press.

24 La educación

En la escuela, mis profesores me repetían una y otra vez que leyera atentamente los enunciados de los deberes para saber qué era lo que tenía que hacer con exactitud. Pero conmigo eso no funcionaba. Me ponía de cabeza manos a la obra, creyendo saber exactamente qué tenía que hacer. De este modo, siempre lo hacía mal. El hecho es que no podía detenerme y tomarme el tiempo necesario para leer todo el enunciado, solo quería terminar lo antes posible.

Me echaron de la universidad por no presentar los trabajos, así que me puse a trabajar durante tres años. Después volví a estudiar y me saqué una diplomatura. Decidí volver a la universidad y me aceptaron de nuevo en la Facultad de Ingeniería. Espero graduarme este año, aunque ni siquiera es algo seguro todavía, porque tengo muchos trabajos pendientes de asignaturas de otros años.

Probablemente no hay nada más duro para una persona con TDAH que la educación, tanto para los niños como para los adultos. El trastorno limita el rendimiento académico, lleva a problemas de comportamiento en la escuela y reduce el número de aprobados.

Quizá esto ya lo sepa usted de primera mano. Si es así, también sabrá que sin una buena educación las barreras en la vida son mucho más abundantes y difíciles de superar. Limitará sus posibilidades de ingresos, tanto a corto como a largo plazo, y la elección de su ocupación. Puede influir en el tipo de amigos que hará y en los círculos sociales en los que se moverá, y puede dejarle con una baja autoestima, lo cual añadirá más obstáculos a su vida social.

Ahora que está encaminado a cambiar su destino, quizá quiera volver a estudiar. Si no se sacó el bachillerato o una carrera, quizá quiera hacerlo ahora. Con la ayuda de la medicación, usted se sentirá más seguro para completar un programa de formación, un curso para adultos, un seminario, un taller o cualquier curso de formación continua que quiera llevar a cabo para mejorar su carrera profesional. O quizá sea usted un joven que todavía está estudiando. En las páginas siguientes, voy a darle una serie de consejos prácticos para que obtenga todo el éxito que pueda, sean cuales sean sus objetivos educativos.

Pero antes de nada, quizá quiera ver a qué se enfrenta para estar preparado para buscar ayuda si la necesita. ¿Por qué dedicar tiempo y energía a su educación sin ofrecerse la oportunidad de hacerlo con éxito?

Sepa a qué se enfrenta

Usted puede incrementar sus logros educativos a través de distintas vías: desde la medicación hasta las facilidades que pueda proporcionarle la escuela, pasando por las estrategias de autoayuda. Su mejor baza para conseguir las ayudas que mejor se adapten a sus necesidades específicas es saber todo cuanto pueda sobre sus propias habilidades.

¿Ha tenido el TDAH desde pequeño?

Si es así, usted habrá tenido dificultades en la escuela desde el principio. Mis colegas y yo hemos descubierto que los adultos con TDAH a los que se diagnosticó de niños tienden a haber obtenido peores resultados en la escuela que aquellos a los que se les diagnosticó ya de adultos. ¿Por qué? Es muy difícil saberlo a ciencia cierta, pero he aquí algunas posibles explicaciones:

- Las personas que han conseguido superar la niñez sin un diagnóstico podrían tener un TDAH más leve que los que fueron diagnosticados a edades tempranas.
- Los que pudieron finalizar su educación sin tratamiento podrían haber contado con un apoyo espectacular por parte de sus padres y profesores.
- En algunos casos, un alto coeficiente intelectual puede compensar los síntomas del TDAH en la escuela lo suficiente para que los adultos que están alrededor del niño no consideren necesario el diagnóstico.

Estas podrían ser las razones por las que un niño quedara sin diagnosticar y aun así le fuera mejor en el colegio que a los que sí fueron diagnosticados. Cuando crecen, estos niños terminan a menudo buscando ayuda para su TDAH, ya que al llegar a adultos no cuentan con un apoyo tan extenso por parte de los padres. Asimismo, como leyó en el Primer paso, los síntomas afectan a ámbitos de la vida diaria en los que la inteligencia por sí sola no puede compensar las limitaciones; así que el adulto acaba cansándose de intentar manejar su vida sin un tratamiento para su problema.

Por tanto, si a usted se le diagnosticó de niño, es probable que tenga que enfrentarse a más obstáculos que si se le hubiese diagnosticado recientemente. Si su TDAH era relativamente grave, para empezar habrá tenido que soportar déficits más serios. Además, los problemas en la escuela suelen acumularse con el tiempo y puede que tanto su rendimiento como su confianza hayan disminuido durante todos estos años. Es importante que sepa que puede encontrar cuanta ayuda necesite para alcanzar sus objetivos educativos.

En una investigación reciente, mis colegas y yo comparamos los resultados escolares de personas a las que se les había diagnosticado el TDAH de niños y ya adultos. La información de aquellos diagnosticados de adultos provenía de informes de gente que los conocía desde niños, en su mayoría los propios padres. La información de los que habían sido diagnosticados de niños provenía del estudio que llevé a cabo con la doctora Mariellen Fischer en Wisconsin, que consistió en el seguimiento de un grupo de niños con TDAH hasta la edad adulta (una media de 27 años), momento en el cual todavía padecían el trastorno.

Resultados escolares	Adultos con TDAH (%)	Adultos diagnosticados de pequeños (%)
Finalizaron el instituto	88	62
Obtuvieron un título universitario	30	9
No pasaron de la escuela primaria	25	47
Recibieron una educación especial	35	65
Recibieron otro tipo de ayuda	48	42

¿Padece problemas de aprendizaje?

Una minoría importante de adultos con TDAH padece además problemas de aprendizaje, es decir, un retraso en una determinada área de conocimientos de base como la habilidad y la comprensión lectoras, la ortografía o las matemáticas. Ya en el Segundo paso habíamos comentado que los déficits en las funciones ejecutivas que provoca el TDAH podían causar problemas de comprensión lectora. No obstante, estos problemas son más visibles en unas personas que en otras. Si su puntuación en tests estandarizados es inferior al percentil 14, le comunicarán que padece un problema específico de aprendizaje.

Gracias a los estudios realizados, hemos descubierto que estos problemas de aprendizaje son más comunes en adultos con TDAH que en la población general. Además, hallamos otros problemas específicos como dificultades de comprensión oral. Tanto si le diagnosticaron un problema específico de aprendizaje como si se encontraba por debajo de los valores señalados, no es difícil imaginar lo difícil que debió de ser para usted estudiar si no podía entender o retener lo que leía o no oía tan bien como sus compañeros. Un problema de aprendizaje podría también influir negativamente en su vida social si los demás no se dan cuenta de que no ha entendido lo que han dicho y lo confunden con desinterés. Por suerte, incluso si no recibió tratamiento de niño para sus problemas de aprendizaje, puede hacerlo ahora.

> Los mismos estudios citados antes demostraron que los adultos a los que se les había diagnosticado el TDAH de niños tenían más problemas de aprendizaje que los que habían sido diagnosticados de adultos.

Resultados escolares	Adultos con TDAH (%)	Adultos diagnosticados de pequeños (%)
Trastorno de aprendizaje diagnosticado	28	45

Prepare el terreno

La gran mayoría de los adultos con TDAH han tenido problemas en algún momento de su trayectoria educativa. Además de los datos mencionados, nuestros estudios demostraron que eran más propensos a ser castigados en la escuela (un 42% de los que habían sido diagnosticados de adultos frente a un 62% de los que lo habían sido de niños). Asimismo, habían tenido más problemas con los demás niños (un 44% y un 53% respectivamente). Y nada menos que un 71% de los que fueron diagnosticados de pequeños habían sido expulsados o expedientados por lo menos una vez. Es evidente que usted no está buscando repetir este tipo de experiencia. Aun así, es posible que esté teniendo problemas de nuevo si asiste a clases para adultos o a programas de formación en el trabajo. Puede hacerse un gran favor averiguando qué puede hacer para superar estos problemas.

Tiene derecho a ciertas facilidades dentro de lo razonable

Si todavía está estudiando, es probable que necesite ciertas facilidades para conseguir terminar sus estudios. Y debería tenerlas. Tiene derecho a que sus actividades educativas se ajusten razonablemente a su situación, según las recomendaciones de atención a la diversidad.

> Consulte en la sección de Recursos los libros que explican sus derechos según la ley de las personas con discapacidad, la documentación que tiene que presentar y las facilidades para su situación.

Le interesará familiarizarse con la documentación que le solicitará su centro educativo para probar que padece TDAH si quiere poder disfrutar de dichas facilidades. No obstante, tenga en cuenta que estas recomendaciones se crearon para ayudarle a que usted se ayude. Nadie podrá hacer el duro trabajo de aprender por usted. Exija su derecho a acceder a estas facilidades, pero no se quede ahí. Esté siempre preparado para hacer todo lo que pueda por sí mismo; de esta manera le irá mucho mejor en sus estudios, y podrá transferir las técnicas que aprenda al ayudarse a cualquier otro ámbito de su vida, desde el laboral hasta el personal.

Aprenda las ocho reglas para tener éxito en la vida diaria

Aplicar las reglas expuestas en el Cuarto paso es una muy buena manera de ayudarse a sí mismo. Si sigue estudiando, estas reglas deberían ser su biblia.

Medicación

Con toda sinceridad, nuestra experiencia y el resultado de nuestras investigaciones nos dicen que las técnicas de autoayuda, como estas reglas, a menudo no son suficientes para controlar los efectos adversos del TDAH en la escuela. Si ha ido cuesta abajo sin medicación y quiere volver a estudiar o va a empezar en un trabajo más difícil, es el momento de reconsiderar este tipo de tratamiento. La medicación es la manera más eficaz de empezar a enfrentarse a los problemas que el TDAH impone a la mayoría de los adultos en su lugar de estudio o trabajo.

> Más sobre alguien a quien rendir cuentas en el Capítulo 21.

Quizá encuentre más útiles los medicamentos de liberación prolongada, ya que con solo una o dos dosis al día puede controlar sus síntomas entre 8 y 14 horas. Es posible que solo tenga que tomar una dosis si la complementa con un comprimido de liberación inmediata al final del día o a media tarde.

> Consulte el Tercer paso para más detalles sobre medicación.

Busque un entrenador o un mentor

Tiene que ser alguien a quien pueda rendir cuentas diariamente del trabajo que usted cree que necesita realizar ese día. Puede tratarse de un profesor, un compañero de piso o de clase, un estudiante de un curso superior o alguien del personal de apoyo a programas especiales. Si es posible, reúnase con su entrenador o mentor durante cinco minutos un par de veces al día. Aproveche la primera reunión, normalmente por la mañana, para revisar su lista de quehaceres u objetivos del día. Después, vuelvan a reunirse al final del día para enseñarle cuántos ha podido tachar.

Identifique al responsable del TDAH de la universidad

Esta persona (no siempre existe en todos los países), que suele trabajar en el departamento de apoyo a programas especiales, puede hacer por usted lo siguiente:

- Revisar la documentación que presente para probar que padece TDAH.
- Explicarle las adaptaciones curriculares y otras facilidades a disposición de los estudiantes con TDAH para que usted identifique las que puede necesitar.
- Colaborar con sus profesores para comprobar que disfruta de dichas facilidades.
- Ponerle en contacto con los psicólogos, orientadores y médicos (por lo general, psiquiatras) que trabajan en el centro.

Antes de empezar, súrtase de todo aquello que pueda ayudarle a seguir el ritmo

- Utilice una agenda con una página para cada día en la que pueda establecer sus objetivos diarios y apuntar todas sus citas. Utilícela para repasar las tareas del día con su entrenador y sitúela en un lugar visible para que le recuerde en todo momento que debe concentrarse en sus citas y objetivos.
- Anote en su diario todo lo que tenga que hacer: trabajos de clase, peticiones especiales que le hagan sus profesores, reuniones que haya concertado, promesas que haya hecho a los demás o que los demás le hayan hecho..., es decir, cualquier cosa que sea mínimamente importante. Revíselo varias veces al día para asegurarse de que lo está haciendo todo.

> En el Capítulo 19, encontrará algunos consejos para aprovechar al máximo su diario.

- Hágase también con una agenda electrónica, un organizador de tareas o una PDA (como Blackberry) si cree que le ayudarán a mantenerse organizado. No obstante, tenga en cuenta que estos aparatos pueden ser una fuente de distracciones y pueden reducir de forma considerable su productividad, ya que con ellas se pueden enviar y recibir mensajes o conectarse a Internet. Piénselo bien antes de utilizarlas, no siempre ayudan a las personas que tienden a distraerse con facilidad.
- Cómprese carpetas de distintos colores para cada asignatura y guarde allí los trabajos que haya finalizado. No es raro que los adultos con TDAH terminen sus trabajos y los coloquen en cualquier lugar, de forma que después no son capaces de encontrarlos.

- Adquiera un dispositivo táctil que le recuerde frecuentemente que debe centrarse en la tarea que tiene entre manos. Una opción es el MotivAider, una pequeña caja de plástico del tamaño de un teléfono móvil que contiene un vibrador y un reloj digital y que puede programarse para que vibre a intervalos determinados, o bien de forma aleatoria para que resulte impredecible.

Consejos para que le vaya bien en los estudios

Programe un horario inteligente

- Intente programar sus clases o reuniones más difíciles en el momento del día en el que sus capacidades estén al máximo. Para la mayoría de la gente, suele ser a media mañana o a primera hora de la tarde, aunque varía mucho en función de la persona. Algunas investigaciones muestran que los adultos con TDAH tienden a concentrarse mejor por la tarde o incluso la noche, unas horas más tarde que el resto de la población. En cualquier caso, conozca su momento diario de mayor atención e inviértalo en las tareas que requieran más concentración y esfuerzo.
- Alterne las clases obligatorias o más difíciles con otras de libre elección o más divertidas a lo largo del día o de la semana. No es recomendable tener todas las clases difíciles el mismo día o durante los primeros días de la semana, ya que esto podría agotarle, hacerle rendir mucho menos, desanimarle y arruinar su predisposición hacia los estudios. Combinar las clases y actividades más difíciles y aburridas con otras que le resulten más interesantes y entretenidas le ayudará a repartir el esfuerzo en el tiempo. También puede aplicar este sistema en el trabajo, alternando las tareas más difíciles o exigentes con otras más fáciles o interesantes.

> Puede encontrar el MotivAider en www.addwarehouse.com.

> Para más información sobre el Smartpen, que graba mientras toma notas, visite www.livescribe.com.

Aproveche las clases al máximo

- Grabe las clases más importantes con una grabadora digital o un Smartpen.
- Consulte los materiales extra que los profesores pongan a disposición de los alumnos, ya sean vídeos que complementen lo que se ha visto en clase o artículos adicionales que amplíen el tema tratado.
- En entornos universitarios, algunos adultos con TDAH que tenían serios problemas de escritura han podido obtener ayuda para tomar apuntes.
- Una manera de mantenerse despierto, alerta y centrado es hacer algo más activo mientras presta atención. Si tiene que tomar apuntes de lo que se está diciendo en clase, le será más fácil estar atento que si se limita a sentarse y

escuchar. Así que tome notas sin parar, no deje de mover la mano, incluso si en realidad no necesita anotar esa información.
- Practique ejercicio antes de un examen o una clase aburrida. Realizar ejercicio aeróbico habitualmente incrementa su capacidad de concentración entre 45 y 60 minutos. Aprenda a incluir a lo largo del día algo de tiempo para ejercitarse, sobre todo antes de las actividades que requieran más concentración de lo normal. Entre 3 y 5 minutos de ejercicio son suficientes para ayudarle a concentrarse. Si la clase dura lo suficiente como para tener un descanso entremedio, aprovéchelo para hacer algo de ejercicio físico, por ejemplo andar rápido alrededor del edificio o por los pasillos.

Organícese con los deberes

- Utilice su ordenador en lugar de escribir a mano. Las personas con TDAH tienen a menudo problemas con la coordinación motriz u otras dificultades de escritura que hacen que su caligrafía sea más lenta e ininteligible. En la universidad, quizá pueda grabar sus trabajos y entregarlos en CD o casete si tiene esta clase de problemas. El orientador del departamento de apoyo a programas especiales del centro puede hablar con sus profesores para que le apliquen este tipo de adaptación curricular si usted lo considera necesario.
- Si tiene que leer mucho para la escuela o el trabajo, aprenda a utilizar una técnica de comprensión lectora. He aquí una explicación de cómo funciona:
  - Inspeccione el material que necesita leer, eche un vistazo rápido para hacerse una idea de cuántas páginas son, si están divididas en capítulos, etc.
  - Escriba algunas preguntas sobre lo que está a punto de leer que tendrá que responder más adelante. A menudo estas preguntas se encontrarán al final del capítulo que vaya a leer o se las habrá facilitado su profesor.
  - Ahora lea solo un párrafo, resuma en voz alta o en un susurro la información más importante, escríbala en su bloc de notas y, por último, revise lo que acaba de escribir.
  - Haga lo mismo con cada párrafo. Este sistema no solo le ayuda a revisar cuatro veces cada párrafo que lee (leer, resumir, escribir, revisar), sino que además hace que su mente descanse al pasar continuamente de una actividad a otra. A medida que vaya mejorando, póngalo en práctica con pasajes más largos, como dos párrafos o una página entera. Es una gran estrategia para personas que tengan problemas con su memoria de trabajo.

Apruebe los exámenes

- ¿Debería pedir más tiempo del estipulado para hacer un examen? Muchos jóvenes con TDAH que están estudiando creen o han oído que es algo muy útil, si bien no está claro que esta creencia esté basada en estudios científicos. A todo el mundo, discapacitado o no, le puede venir muy bien tener un poco más de tiempo para realizar un examen, pero esto no significa que ayude necesariamente a compensar su TDAH o a solucionar sus problemas para aprobar el examen. Últimamente ha surgido la opinión de que a usted podría irle mejor si utilizara un método llamado «Detén el tiempo», que consiste en utilizar un cronómetro durante los exámenes. De este modo, no disfrutará de más tiempo que el resto de los alumnos, pongamos una o dos horas, pero lo que sí podrá hacer es parar el cronómetro siempre que quiera para tomarse un pequeño descanso de un minuto o dos. Utilícelos para estirar las piernas, pasearse por la sala, salir al pasillo, beber agua, ir al baño, etc. Después, vuelva a su sitio, ponga el cronómetro en marcha y continúe con el examen. Cuando haya utilizado todo el tiempo del cronómetro, habrá terminado el examen. Sí, esto hará que termine el examen más tarde que los demás, pero en realidad no tendrá más tiempo para hacerlo. La clave aquí es la estrategia utilizada: dividir el examen en unidades de trabajo más pequeñas y tomarse descansos frecuentes para refrescar la mente y poder concentrarse.
- Haga los exámenes en entornos donde no haya distracciones o no sea posible distraerse fácilmente.

El estudiante sano

Las dos sugerencias que se incluyen a continuación no solo le ayudarán a disfrutar de una buena salud en general, sino que además mejorarán su rendimiento académico.

1. Controle su consumo de cafeína y nicotina. Usted es más propenso que otros estudiantes a consumir este tipo de sustancias y a depender de ellas. Los adultos con TDAH a veces intentan «automedicarse» con bebidas con un alto contenido de cafeína o el tabaco. Si bien es cierto que ambos son estimulantes y que pueden ayudar a estar más despiertos —en particular la cafeína estimula los neurotransmisores equivocados en el cerebro de las personas con TDAH— en dosis moderadas o altas puede ser contraproducente y hacer que pierdan la concentración, se sientan más nerviosos e irritables y tengan la necesidad de orinar frecuentemente. Es preferible tomar un medicamento prescrito por su médico que bebidas estimulantes o pastillas con cafeína que se venden sin receta. Por otro lado, aun cuando la nicotina podría mejorar en cierto modo algunos de sus síntomas, usted estaría usando una sustancia muy adictiva, por no mencionar que incrementa el riesgo de padecer cáncer o enfermedades pulmonares o coronarias. Por tanto, insisto en que usar un medicamento prescrito para el TDAH en su lugar no conlleva tantos riesgos y funciona tan bien o incluso mejor.

2. Acostúmbrese a practicar ejercicio físico de forma rutinaria (tres o más veces por semana) para aumentar su capacidad de atención, gozar de buena salud, controlar el estrés, etc. Realizar ejercicio físico regularmente, tres o cuatro veces a la semana, incluso si no es más de media hora, es bueno para la salud de cualquiera; pero si padece TDAH, supondrá un beneficio extra a la hora de controlar su síntomas o compensarlos Ya sea correr, ir en bicicleta, levantar pesas, asistir a clases de baile, hacer máquinas en el gimnasio (cinta, bicicleta estática, máquina de steps, etc.) o combinar distintos tipos de ejercicio, será mucho más beneficioso para usted que para la mayoría.

Un empujoncito extra

- Intente encontrar un compañero de estudio y túrnense para explicarse las lecciones, una sesión será él el profesor y en la siguiente le tocará a usted.
- Trabaje en equipo con personas más organizadas. Colaborar con gente que no padezca TDAH puede ayudarle a mantenerse concentrado en la tarea y a ser más responsable, ya que su equipo dependerá de su aportación.
- Encuentre un compañero que esté estudiando lo mismo y al que pueda recurrir en caso de olvidar cuál es el trabajo que debe realizar u otra información relevante. Pídale su teléfono y su dirección de correo para poder obtener rápidamente la información que necesita cuando se encuentre atascado.
- Asista a cualquier clase de refuerzo que se organice. Muchos profesores están dispuestos a dedicar un tiempo extra a ayudar a personas que lo necesiten realmente. Acepte esta oferta incluso si no tiene dificultades con esa asignatura, ya que repasar le ayudará con sus problemas de memoria. Asimismo, demostrará que está motivado, con lo que ofrecerá una mejor impresión a sus profesores.
- Reúnase a menudo con sus profesores o asesores, por ejemplo cada 3-6 semanas. Recuerde que cuanto más a menudo rinda cuentas de su trabajo, mejor se le dará.

25 El trabajo

De niña era tan movida que los profesores solían decirle a mi madre que «me mantuviera ocupada», porque siempre me metía en líos cuando me quedaba sola o no tenía nada que hacer. Todavía hoy me es muy difícil estar sentada durante mucho rato, sobre todo en las reuniones aburridas o cuando tengo que hacer algo que no me interesa. Simplemente tengo que estar en movimiento. Cualquier cosa más interesante o divertida que el trabajo que me han asignado me distrae y acabo no terminándolo a tiempo.

Tengo que dedicar entre cinco y diez veces más esfuerzo en el trabajo para lo que otros parecen hacer con facilidad. Al final del día, acabo agotado y eso que no he conseguido terminar ni la mitad que ellos. Aun así, parezco mucho más cansado. ¿Cuál es mi problema?

Tengo treinta y tantos y hace mucho tiempo que creo que padezco un trastorno de déficit de atención del tipo con predominio de falta de atención. Hace mucho que tengo la sensación de ser diferente, de que hay algo que no va bien en mí. Pensé por un tiempo que podría tener TDAH, pero no soy nervioso ni intranquilo, aunque me cuesta mucho concentrarme en cualquier tarea que se me asigne. En la escuela se tradujo por unas notas más bajas de lo que creo que podría haber sacado y la sensación de que todo se reducía a que «no era muy listo». Sin embargo, me ha afectado de una manera bastante más seria en mi vida laboral. Soy muy desorganizado, cometo muchos descuidos y errores tontos en el trabajo (puesto que soy ingeniero mecánico, estos errores pueden resultar muy caros e incluso comprometer mi seguridad), me cuesta seguir instrucciones, me olvido de donde he puesto las cosas y, en general, tengo problemas para prestar atención. Esto me ha hecho sentir un fracasado y tras varios intentos de dejar mi área de trabajo, me he embarcado en otras actividades que han terminado con la misma sensación de incompetencia y fracaso.

Allá por los años 90, se llevaron a cabo estudios acerca de cómo el TDAH afectaba a los adolescentes en el trabajo y estos concluyeron que se les daba tan bien como al resto. Parecía que los síntomas del trastorno afectaban mucho más en el ámbito educativo y que el ámbito laboral no era motivo de preocupación.

Ahora sabemos que esto no es así. Tal como demuestran los testimonios presentados, el TDAH puede afectar incluso más en el trabajo que en la escuela. El problema de estos estudios de hace 15 años es que no tuvieron en cuenta el tipo de trabajo que desempeñaban los adolescentes: no cualificados, a tiempo parcial y temporales. Trabajar en un establecimiento de comida rápida, en un túnel de lavado o en un centro de juegos recreativos no requiere demasiada concentración ni constancia. Es muy posible que realmente el TDAH no interfiriese demasiado.

No obstante, cuando los científicos estudiaron la transición a trabajos de adulto, empezó a aparecer un panorama diferente. Descubrieron que los adultos que padecían TDAH cambiaban de trabajo muy a menudo y tenían dificultades para cumplir con las exigencias del trabajo, ser autónomos, terminar las tareas o llevarse bien con los superiores. Se les despedía o se les bajaba de categoría en mayor medida que a los adultos que no padecían el trastorno.

Los adultos a los que el TDAH causaba más problemas en su puesto de trabajo eran los del tipo hiperactivo, lo cual tiene sentido. Un profesor puede perdonarle que sea más inquieto que los demás porque es comprensible en un niño o en un adolescente en pleno cambio hormonal. Pero una vez que llega al trabajo, los que le pagan esperan que se siente en su mesa o permanezca en su puesto hasta que termine la tarea. Los empleados que no pueden hacerlo suelen ser considerados vagos, y tarde o temprano acaban siendo despedidos.

El grado en que el TDAH le perjudicará en el trabajo dependerá de la gravedad de sus síntomas, de si, como hemos mencionado, padece hiperactividad o de si está recibiendo tratamiento o no, como era el caso del ingeniero. También puede depender de otros factores como los siguientes:

- El tipo de trabajo que desempeña.
- Si está recibiendo facilidades y ayudas en su trabajo.
- En qué medida el TDAH le impidió de niño adquirir las habilidades y conocimientos que todos necesitamos para desenvolvernos en el mundo adulto.

Encuentre el trabajo adecuado para usted

Es importante tener un trabajo en el que disponga de lo que necesita para hacerlo lo mejor posible:

- ¿Debería optar por unos trabajos en lugar de otros en función de sus síntomas?
- ¿Hay puestos de trabajo mejores que otros para usted?
- ¿Es tan importante su trabajo como el entorno en el que lo desempeñe?

Debería tratar de responder estas preguntas tanto si va a unirse al mundo laboral como si ya forma parte de él. Naturalmente, las respuestas no son fáciles (lo siento), pero empezará por el buen camino si sabe a qué va a enfrentarse y qué puede aportar. Si su TDAH incluye hiperactividad, un trabajo que requiera estar sentado delante de un ordenador todo el día no es para usted. Quizá debería descartar, por ejemplo, ser contable. Si su problema es no ser capaz de terminar siquiera tareas cortas sin supervisión, debería pensárselo dos veces antes de empezar a trabajar como comercial o desde casa.

No obstante, se trata de directrices a tener en cuenta en vez de reglas firmes. Sé por experiencia que muchos adultos con TDAH han escogido un trabajo o un área que a primera vista no parecía compatible con los puntos fuertes y débiles normalmente asociados con el trastorno o con sus características particulares, y que, sin embargo, desempeñan tan bien como cualquier otro. ¿Cómo lo hacen? Con el apoyo de sus superiores, por ejemplo. Les han autorizado y les han facilitado los recursos necesarios para adaptar a sus necesidades su puesto de trabajo y los procedimientos necesarios para llevarlo a cabo. Estos adultos demuestran su compromiso desarrollando las habilidades que necesitan, siguiendo diversos principios como las reglas expuestas en el Cuarto paso y las estrategias que encontrará en este capítulo. La mayoría toma medicación, lo cual reduce en gran medida el impacto de sus síntomas, particularmente crítico si su problema es la hiperactividad o la impulsividad.

Es posible que el ingeniero cuya historia leyó al principio del capítulo escogiera el trabajo más adecuado para él. Quizá le atrajo la ingeniería porque era bueno con las matemáticas y los gráficos o se le daba mejor ver y manipular objetos que leer palabras. Puede que supiera que este era el tipo de trabajo en el que más se concentraría. Si su TDAH le empuja a hacer cosas que le gustan, escogerlas como modo de vida no es una mala idea.

Desafortunadamente, a este ingeniero no le iba muy bien en el trabajo. Quizá fuera porque a veces no solo depende de la tarea en sí, sino que también entran en juego factores como llevarse bien con los jefes y los compañeros o encontrarse en un entorno físico que le ayude a concentrarse en el trabajo. Asimismo, depende de que usted sea consciente del tipo de tareas y situaciones que le cuestan más y de que las adapte para poder manejarlas; lo que significa a su vez encontrar una empresa que comprenda y apoye sus necesidades y, lo que es más importante, que usted se responsabilice de utilizar todos los recursos a su alcance, más allá de lo que la empresa le ofrezca, y se comprometa a reconocer y trabajar con su TDAH.

Nuestro ingeniero afirmaba no poder concentrarse en lo que le decían ni establecer una relación sana y duradera. Sin duda, esto se lo ponía difícil para que sus compañeros colaboraran con él y para que sus supervisores le ayudaran a identificar y prevenir aquellos «errores tontos» que siempre estaba cometiendo. Quizá también trabajara en una oficina ruidosa y concurrida que dificultaba la concentración o puede que no tuviera un lugar donde guardar sus cosas para no perderlas.

Dado que no se le ha diagnosticado el TDAH, este ingeniero no puede pedir oficialmente que se le adapte su trabajo ni tampoco se está beneficiando de la medicación. Pero quizá haya encontrado otro trabajo de ingeniero en una pequeña compañía o con un ambiente de trabajo más tranquilo, con una oficina con espacios de trabajo aislados y sin demasiados ruidos. Trabajar en equipo con un compañero o disponer de un ayudante que estuviera al frente de las tareas comunicativas o se encargara de dar la cara, por ejemplo, le ahorraría la vergüenza de sus meteduras de pata.

Siendo realistas, no todos podemos elegir entre un amplio abanico de ofertas de trabajo, sobre todo cuando el mercado de trabajo no está en su mejor momento. Por eso es importante elaborar una lista con todas las opciones laborales en las que crea que puede tener éxito. Piense en qué tipo de trabajo podría mantener la motivación durante toda la jornada, en qué entorno podría prosperar, en qué procedimientos harán que siga centrado en la tarea y cuáles le será imposible seguir, y en qué clase de gente le inspirará más, y posiblemente le ayudará, para que todo le vaya bien. Para la mayoría de los adultos con TDAH, encontrar el trabajo adecuado puede ser cuestión de identificar la combinación adecuada entre el trabajo que desempeñan (incluyendo los procedimientos) y el entorno (incluyendo a la gente) que los rodea. Los retos del primero pueden compensarse con las ventajas del segundo.

Por desgracia, la manera en que la mayoría de la gente encuentra ese trabajo ideal es equivocándose muchas veces. Este proceso puede resultar doloroso, sobre todo si se alarga demasiado. *Por eso, otra ruta que tener en cuenta sería buscar a un orientador profesional que trabaje con personas con TDAH.* Esta persona puede ayudarle al menos a definir sus necesidades con más precisión y también a identificar los trabajos más adecuados para usted. Asimismo, puede prepararle para asistir a las entrevistas de trabajo, pues las investigaciones demuestran que los adultos con TDAH tienen más problemas en esta fase que el resto.

> Consulte la sección de recursos para más información sobre cómo encontrar a un entrenador u orientador.

El tipo de trabajo

Algunos trabajos son por naturaleza más adecuados para personas con TDAH que otros, como por ejemplo, las siguientes ocupaciones:

- **El ejército:** El ejército ofrece una gran organización y disciplina, y una comunicación más inmediata con los superiores.
- **Vendedor puerta a puerta:** Este tipo de trabajo a menudo encaja muy bien con los adultos con TDAH porque les permite moverse libremente, cambiar de escenario, tener un horario flexible, conocer a mucha gente, interactuar socialmente, apasionarse por el producto y, por encima de todo, hablar mucho. A menudo, necesitan algo de ayuda con el papeleo, pero el trabajo de campo suelen hacerlo bastante bien.

- **Representante de laboratorios farmacéuticos:** Los licenciados en biología, enfermería, farmacia, medicina o cualquier otra carrera relacionada con las ciencias de la salud encontrarán este puesto atrayente por las mismas razones que hemos expuesto en el caso del vendedor puerta a puerta.
- **Carpintero, fontanero, electricista, paisajista, techador, albañil o contratista:** Estas y otras profesiones por el estilo encajan mejor con el TDAH porque el individuo hace un trabajo más manual que mental, sale más a la calle, cambia a menudo de lugar de trabajo, trata con muchas personas distintas y además suele estar pagado por horas, lo que le permite disponer de dinero con más frecuencia que con un sueldo a fin de mes.
- **Técnico de emergencias sanitarias, médico de urgencias, policía o bombero:** Estas profesiones, al igual que las anteriores, no requieren estar confinado en una oficina ni largos periodos de esfuerzo mental y concentración. También pueden verse envueltas en situaciones más excitantes e incluso peligrosas, que pueden conllevar la liberación de adrenalina que los adultos con TDAH necesitan para concentrarse en medio de una crisis. Como en los casos anteriores, estas profesiones proporcionan más libertad de movimientos, cambios frecuentes del lugar de trabajo y una mayor interacción con los demás, lo cual, combinado con su naturaleza excitante, las hacen más llevaderas para los adultos que padecen el trastorno. No significa que estos sean mejores en situaciones de crisis, sino que cuando ocurren no se encuentran en desventaja porque casi no se necesita preparación para manejarlas (después de todo, está en su definición: una crisis es un acontecimiento serio pero inesperado).
- **Trabajos relacionados con el deporte:** Ser un atleta profesional no es una opción para la mayoría de nosotros, incluidos los adultos con TDAH; sin embargo, algunos atletas muy buenos han descubierto que el trastorno no les impedía lograr su sueño. Piense en Michael Phelps o Payne Stewart (golfista), entre otros exitosos deportistas. Aunque no tenga el potencial para convertirse en deportista profesional, puede encontrar muchos trabajos relacionados con el deporte: profesor de educación física, entrenador de un equipo escolar, técnico o incluso responsable de un campamento deportivo al aire libre, monitor del deporte que practica (surf, esquí, windsurf, excursionismo, escalada, etc.), o incluso trabajar donde se entrenan los profesionales (personal en una pista de esquí, socorrista en una playa, monitor de esquí acuático, monitor en un gimnasio, etc.). No se olvide de los parques naturales, aunque no se considere un deporte, trabajar como guarda forestal en un parque nacional cumple las características antes mencionadas y además es un trabajo gratificante.
- **Técnico o consultor informático:** Este es el tipo de trabajo en el que las personas con habilidades informáticas pueden compaginar su pasión con el TDAH, experimentando muchas menos dificultades que en otros ámbitos. Estos profesionales suelen ir por las empresas, hospitales u otros centros arreglando los ordenadores del personal. También pueden formar parte de

un departamento técnico informático o tecnológico y realizar tareas varias como instalar ordenadores de mesa, solucionar pequeñas crisis informáticas o arreglar ordenadores personales, así como otros servicios que les soliciten.
- **La hostelería:** Conozco a muchos adultos con TDAH que se han decantado por las artes culinarias y trabajan como chefs de cocina en restaurantes, hoteles o cafeterías y encuentran que el trabajo es creativo y que el TDAH no les afecta demasiado. Cocinar requiere concentración momentánea, seguir unos pasos inmediatos para crear el producto final y cierta creatividad instintiva con los ingredientes, mientras que no solicita planificar a largo plazo ni aplicar demasiada memoria de trabajo o constancia en actividades improductivas durante largos periodos de tiempo. Los horarios suelen ser más flexibles o, por lo menos, más inusuales, con altibajos en el flujo de trabajo (de un ritmo lento al frenético de las horas de las comidas y de nuevo lento). Además, las horas de más trabajo pueden añadir ese pequeño toque de crisis y excitación que le mantendrá alerta y concentrado en lo que hace.
- **Trabajo por cuenta propia:** Montar un pequeño negocio o ser el único propietario de un establecimiento puede ser una ocupación compatible con el TDAH. Puede abrir una panadería, un estudio de arquitectura paisajista, una consultoría informática o un gimnasio, o dedicarse a cualquiera de los oficios anteriores. El horario puede ser más flexible que cuando trabaja para otros, usted será su propio jefe, las consecuencias de trabajar o no trabajar serán inmediatas (si no trabaja, no podrá comprar comida o pagar el alquiler), y los lugares de trabajo en algunos de estos empleos pueden variar considerablemente de un día para otro, para tener en cuenta la intranquilidad que sientan estos adultos.
- **Fotógrafo o cámara:** Muchos de los adultos que me ayudaron a crear mis vídeos sobre el TDAH o con los que he trabajado en varios proyectos para los medios de comunicación padecían el trastorno. Eran capaces de adaptarse bastante bien a los cambios de emplazamiento de un día para otro para filmar, a la diversidad de temas que se trataban, a los picos de trabajo y, por supuesto, a la frecuente oportunidad de interactuar con otras personas. Todo esto encajaba con sus breves periodos de atención, su predisposición al aburrimiento cuando se encontraban en entornos tediosos y sus dificultades para dedicarse a proyectos o tareas durante largo tiempo.
- **Actor, cómico, cantante o músico:** Las profesiones en las artes escénicas no solo pueden ayudarle a expresar sus emociones impulsivas, sino que también conllevan cambios frecuentes de lugar o tipo de trabajo, proporcionan libertad de movimiento, no requieren una planificación ni una organización demasiado largas, ni mucha automotivación, dada su naturaleza excitante. Emilio Estefan, por ejemplo, padece TDAH y es hoy en día un músico muy famoso y un importante hombre de negocios.

Estos son solo algunos ejemplos de ocupaciones que pueden encajar bien con las personas con TDAH. Seguro que a usted se le ocurren muchos más trabajos que se ajustan a las descripciones anteriores. Aunque no debe olvidarse de tener en cuenta el entorno en el que se llevarán a cabo.

El entorno de trabajo

- ¿Le impiden concentrarse los ruidos y distracciones sin importar el tipo de trabajo que esté realizando? Si es así, una sala diáfana con muchos escritorios podría ser un desastre para usted; incluso los espacios más pequeños y con menos mesas, ya que le será difícil desconectar de lo que pasa a su alrededor. Los cubículos con biombos opacos que impiden ver el trajín de sus compañeros son una opción mejor. Lo ideal en su caso sería un despacho privado o, en su defecto, un lugar alejado del paso de la gente, pero cerca de su supervisor o de alguien a quien deba rendir cuentas. Si tiene un despacho, mantenga la puerta cerrada. Cuando alguien acuda, atiéndalo en la puerta y apóyese en el marco para evitar que entre y se siente para pasar el rato. No le ofrezca café o algo de comer, pero sea amable y pregúntele inmediatamente en qué puede ayudarle. Los compañeros de trabajo suelen ser una fuente de distracción y pueden hacerle perder tiempo, así que intente limitar esta interferencia siempre que pueda.
- ¿Va a trabajar con un ordenador y acceso a su cuenta de e-mail? Si es así, mire sus correos al principio el día por si tiene algún mensaje urgente del supervisor o un compañero, pero después ciérrelo y no vuelva a abrirlo hasta la hora de comer o, mejor aún, el final de la jornada. Tendrá más tiempo para centrarse en los proyectos que tiene que abordar y eliminará una de las mayores fuentes de distracción y baja productividad en el trabajo.
- ¿Tiene acceso a Internet? Mantenga cerrado el navegador para evitar los *banners*, sonidos u otros estímulos que puedan alejar su concentración de los proyectos que tiene entre manos. Sobre todo evite los mensajes de texto y las redes sociales mientras esté trabajando. Aplique lo mismo que con los e-mails, desconecte su teléfono móvil y compruebe si tiene mensajes dos o tres veces al día (a primera hora, a mitad del día y al final de la jornada) y concéntrese en lo que es urgente o importante. La mayoría de e-mails y mensajes que recibe no son relevantes para el trabajo que está realizando y suelen ser intentos de socialización por parte de otras personas que, como usted, no pueden concentrarse en su trabajo.
- ¿El espacio que le han designado le ayuda a ser organizado? Si dispone de poco sitio para colocar sus archivos y otros materiales, podría perder mucho tiempo buscándolos.
- ¿Podrá saber qué hora es en todo momento? Si no tiene ventanas, ni reloj ni otra manera de saber qué hora es, tendrá que confiar exclusivamente en sus propios medios para respetar el horario que se ha fijado. Esto puede resultar difícil para los adultos con TDAH, que no parecen poder ajustar sus relojes internos al paso del tiempo.

Los procedimientos

- ¿Se le dará flexibilidad? A veces, la entrevista de trabajo revela al instante si la empresa requiere que el trabajo se haga de una manera muy específica y si carece de recursos para introducir cambios en el modo en que se han estado haciendo las cosas hasta ese momento. En la entrevista, pregunte siempre cómo deberán alcanzarse los objetivos:
  - ¿En cuánto tiempo se espera que haga el trabajo X?
  - ¿Con cuánta antelación se me anunciará un nuevo proyecto?
  - ¿Con qué frecuencia me reuniré con el supervisor para evaluar mi progreso?
  - ¿En qué formato tendré que entregar los informes?
  - ¿Trabajaré solo o en equipo?

  Recele del entrevistador que le diga que cuenta con «mucha flexibilidad» y que cada empleado realiza el trabajo según le convenga, con poca o ninguna supervisión. Haga preguntas como las expuestas aquí arriba y averiguará rápidamente si los requisitos son más estrictos de lo que en principio le han dado a entender. Si no, podría encontrarse con que «flexible» era tan solo una forma de hablar y que tiene que ser totalmente autosuficiente. En esta situación, podría ser difícil introducir la idea de rendir cuentas ante alguien de cada paso que completa de sus tareas.

- ¿Existen reglas o directrices preestablecidas para ciertos procedimientos? A la mayoría de los adultos con TDAH les suele beneficiar contar con una serie de reglas para no tener que averiguar lo que es aceptable y lo que no. Si la empresa no ha establecido dichas reglas, ¿podrá acudir a algún supervisor o compañero para que le aclare las prioridades?
- ¿Se espera de usted que tenga iniciativa propia? Quizá encuentre este requisito abrumador y le gustaría mantenerse alejado de trabajos como este. O puede que le sea fácil mostrar iniciativa, pero no encontrar la motivación una vez que la tarea está en marcha; lo que nos lleva a la siguiente pregunta:
- ¿Ofrece el trabajo incentivos frecuentes? Cuantos más, mejor. Un trabajo bien hecho puede ser un incentivo en sí mismo para otras personas, pero el TDAH dice: «enséñame la pasta»... y de manera regular. Si no cuenta con otra motivación que la que usted mismo se procure, busque otro trabajo u opte por premiarse con sus propias recompensas externas.
- ¿Tiene que ser muy puntual? Mis investigaciones han demostrado que los adultos con TDAH tienden a ser menos puntuales en el trabajo y gestionar su tiempo de forma menos eficaz. Si la puntualidad y un horario estricto son esenciales en este trabajo, quizá le supongan un gran problema. Sin embargo, si todo lo demás le conviene, podría convertirlo en su pequeño reto.

La gente

- ¿Quién será su supervisor?
  - ¿Alguien con quien trabajará codo con codo cada día?
  - ¿Alguien a quien deba ir informando remotamente (por e-mail o teléfono) a lo largo del día?
  - ¿Alguien a quien no suela ver y que se limite a enviarle ocasionalmente una lista de objetivos?

Es posible que necesite que le echen una mano o supervisen a menudo. Si no va a poder contar con su supervisor, ¿hay alguien más disponible que le haga de mentor?

- ¿Le ayudará su jefe para que pueda hacer bien su trabajo? Que el trabajo se adapte a sus necesidades a menudo depende mucho de su jefe. Si él opina que «cada cual debe buscarse la vida» y no presta atención a las particularidades de sus empleados, quizá debería pensar en buscar otro trabajo.
- ¿Le ayudarán sus compañeros? ¿O va a estar nadando entre tiburones? Si en este trabajo se fomenta la competencia entre trabajadores, ¿podrá soportarlo? Algunos adultos con TDAH son muy sensibles a las respuestas de los demás. Si tiene razones para pensar que sus compañeros están en su contra, ¿le inspirará esto para superarles o le será imposible hacer su trabajo?

¿Debería revelar que padezco TDAH durante la entrevista?

Si va a reivindicar su derecho a que su puesto de trabajo sea adaptado de acuerdo con la legislación vigente, sí. Incluso quizá tenga que apelar a las leyes actuales para obtener lo que necesita. Si va a trabajar en un área que requiera formación continua, evaluaciones o certificación, podría necesitar adaptaciones especiales para hacer los exámenes. En tal caso, tendrá que presentar los documentos que acrediten su trastorno. Sin embargo, quizá pueda obtener lo que necesita simplemente buscando el lugar de trabajo más adecuado. Por eso son tan importantes las preguntas de antes, si está seguro de que la empresa y su jefe serán flexibles y comprensivos sin tener que mencionar el trastorno, quizá hasta pueda mantener esa información en privado. Muchos adultos prefieren no revelar que padecen TDAH y puede que usted no necesite hacerlo si hace todo lo que esté en su mano para minimizar sus síntomas. Otra razón para tomar medicación: si normaliza o reduce los síntomas, el TDAH no tiene por qué salir a escena.

Prepare el terreno para que le vaya bien en el trabajo

Muchas de las herramientas y los pasos de preparación para que le vaya bien en el trabajo coinciden con los de los estudios. He aquí un breve resumen de lo que puede hacer para dotarse de una buena base para lograr sus metas:

Si no ha leído el capítulo 24, échele ahora un vistazo aunque no esté estudiando para descubrir más detalles sobre las herramientas y trucos en él mencionados.

- Consulte alguno de los libros de la sección de Recursos del final del libro para familiarizarse con la legislación vigente y las adaptaciones de las que puede disponer en su puesto de trabajo. Quizá ahora no, pero puede que más adelante quiera utilizarlas.
- No deje de practicar las estrategias que aparecían en las ocho reglas para tener éxito propuestas en el Cuarto paso. Si está pensando en aceptar un trabajo en particular, piense en cómo pueden ayudarle estas reglas en dicho puesto.
- Considere la opción de tomar medicación si no lo está haciendo ya. Podría serle especialmente útil si está a punto de hacer la transición de los trabajos menos exigentes de la adolescencia a los de los adultos, que requieren más rendimiento, responsabilidad y habilidades. Como en el caso de los estudios, las formas de liberación prolongada de los medicamentos para el TDAH (a veces complementadas con una sola dosis de liberación inmediata) le mantendrán concentrado durante la mayor parte del día.
- Búsquese un orientador o mentor en el trabajo. Puede ser un compañero, un amigo o un supervisor, cualquiera a quien pueda rendir cuentas sobre el trabajo que vaya completando. Al igual que cuando se estudia, ayuda mucho reunirse un par de veces al día durante cinco minutos, por este motivo es útil tener cerca a su mentor. Establezca sus objetivos diarios durante la primera reunión y revise durante la segunda cuántos ha sido capaz de alcanzar.

> **Encontrar un orientador o un mentor es muy importante y puede beneficiarle en muchos otros aspectos.** Si se gana su respeto, otros lo sabrán y puede encontrarse con aliados que no se haya ganado usted activamente. Por lo tanto, convierta en su prioridad realizar lo que hayan acordado y muéstrele su gratitud con pequeños detalles. Evite pedirle consejo o ayuda con sus problemas personales, limítese a los asuntos de trabajo. (Siempre puede buscarse otro entrenador para los temas personales.)

- Averigüe quién se encarga de los trabajadores con necesidades especiales en el departamento de Recursos Humanos. Esta persona será a quien facilitará los documentos que certifiquen que padece TDAH, quien le explicará las adaptaciones de que dispone en su puesto y quien gestionará con su supervisor la aplicación de las facilidades que solicite. Si necesita terapia o medicación, también podrá ponerle en contacto con los psicólogos, orientadores y médicos (normalmente psiquiatras) con los que la empresa tiene acuerdos.
- Sírvase de todas las herramientas que puedan ayudarle a recordar sus tareas, objetivos, fechas de entrega, promesas, citas y cualquier otra información:
  - Una agenda
  - Una PDA
  - Su diario
  - El organizador de tareas de su correo electrónico
  - Un dispositivo táctil como MotivAider (consulte www.addwarehouse.com), que puede programarse para que vibre a intervalos determinados o bien de forma aleatoria para que le ayude a seguir concentrado en su tarea
- Hágase con una grabadora digital como Smartpen (consulte www.livescribe.com) para grabar reuniones importantes (con el permiso de su supervisor).

> Consulte de nuevo el capítulo 19 para más información sobre cómo utilizar un diario. Debo insistir en lo importante que es un diario para tener éxito en todos los ámbitos de su vida.

Recupere las ventajas de las que le priva el TDAH

No hay ninguna duda de que vivimos en un mundo muy competitivo. Si no hace bien su trabajo, no conseguirá un ascenso ni un aumento de sueldo y puede incluso que lo despidan. Siempre habrá alguien haciendo cola para desempeñar su trabajo. También es parte de la naturaleza humana querer tener éxito, destacar y disfrutar del respeto de sus compañeros. Así que haga todo lo que pueda para rendir siempre al máximo a pesar de su TDAH.

- Averigüe si hay una biblioteca o un centro de información que contenga recursos para aprender más sobre su trabajo y habitúese a utilizarlo de forma regular para asimilar la información que el TDAH le hace difícil retener. Asista a todas las sesiones informativas extraordinarias que pueda, las cuales suelen tener lugar fuera del horario de trabajo. Si se organizan seminarios o talleres de asistencia voluntaria, asista. Todo esto puede parecer aburrido, pero un cambio de escenario es más beneficioso para usted que para el resto de adultos.
- Tome notas durante las reuniones aburridas. Quizá le traiga recuerdos de sus peores momentos en la escuela, pero los ordenadores portátiles han

conseguido agilizar mucho la tarea, especialmente los que cuentan con un dispositivo para reconocer la escritura a mano, además este movimiento le ayudará a no distraerse. Huelga decir lo útil que pueden serle después para recordar lo que se ha dicho en la reunión.
- Use la técnica para incrementar la comprensión lectora que explicamos en el capítulo anterior cuando tenga mucho que leer antes de una reunión u otro acontecimiento.
- Dé un paseo alrededor del edificio, pasee por los pasillos o invente una excusa para ir a la tienda de al lado antes de una reunión larga u otro periodo en el que tenga que estar sentado, guardar silencio y prestar atención. Un poco de ejercicio físico durante unos minutos mejorará su concentración durante aproximadamente una hora.

> Consulte la página 196 del capítulo 24 para más información sobre esta técnica de comprensión lectora.
> Vaya a la página 194 del capítulo 24 para averiguar cómo estar en forma puede ayudarle a rendir al máximo en el trabajo.

Gánese aliados en el trabajo

En el Segundo paso explicamos por qué llevarse bien con los demás a menudo no es cosa fácil para los adultos con TDAH. Las deficiencias en su memoria de trabajo pueden hacer que le sea difícil aprender a leer las emociones de los demás, entender los gestos o comprender las reglas y costumbres sociales. Sus problemas para controlar las emociones pueden exponerle a la censura de los demás al imponerles lo que siente de manera inapropiada. Hablar cuando no debe, cruzar sin mirar y otros comportamientos impulsivos conllevan la desaprobación de los demás. El mero hecho de haber sido criticado en numerosas ocasiones, quizá durante la mayor parte de su vida, pueden haberle convertido en alguien susceptible o demasiado cauteloso a la hora de pedir ayuda o trabar amistades. Por esta razón, quizá no le sea fácil buscarse aliados en el trabajo. Seguro que no para de tener roces con su jefe. Hoy en día, sabemos que el éxito en el trabajo (y en cualquier otro ámbito) depende tanto de las habilidades sociales y del *savoir faire* como de las habilidades prácticas, los conocimientos, la inteligencia y la determinación. He aquí algunas ideas para ganarse la ayuda, la compasión y la predisposición de sus compañeros de trabajo. Las ideas que encontrará a continuación no solo harán que su día de trabajo sea más llevadero, sino que le ayudarán a cumplir con las exigencias de su trabajo.

- Pruebe a hacer clases particulares con algún compañero cuando necesite aprender algo importante sobre su trabajo: un nuevo programa informático, nuevos códigos de regulación, una nueva legislación, tecnología nueva..., cualquier cosa que necesite dominar para hacer bien su trabajo. Quizá cada uno podría leer un capítulo del manual y explicárselo al otro.
- Si en su departamento no se trabaja en equipo, forme uno por su cuenta. Busque los compañeros que tienen las habilidades e intereses de los que usted carece y averigüe qué puede aportar usted al equipo. Identifique un objetivo del departamento que puedan alcanzar más fácilmente trabajando en equipo que de forma individual.
- Encuentre a un compañero que pueda echarle un cable cuando lo necesite, y viceversa. Si uno de los dos olvida material, información o cualquier otra cosa mientras está fuera de la oficina, el otro será quien lo aporte. Puede serle realmente útil si no tiene un asistente y necesita cierta información de la oficina mientras está de viaje.
- Sea justo y razonable a la hora de pedir ayuda y facilidades a su supervisor, al encargado del personal con necesidades especiales o incluso a los compañeros que estén dispuestos a ayudarle. Una persona que conozco me explicó que le resultaba tan útil que Recursos Humanos le informara de las facilidades que no podía pedir como de las que sí. Le habían dejado las cosas claras y solía recordarse dónde estaban los límites cuando tenía la tentación de pedir más ayuda de la que estaba recibiendo. Como resultado obtuvo una relación de respeto mutuo.
- Reúnase con su supervisor más a menudo de lo establecido para revisar su rendimiento o su salario (normalmente una o dos veces al año); entre 3 y 6 semanas sería un intervalo deseable. La persona con quien se reúna no tiene por qué ser su supervisor inmediato, sino alguien de un nivel más alto que pueda darle una perspectiva distinta de cómo le están yendo las cosas. Quién sea esta persona dependerá de la estructura de la compañía. Quizá no pueda reunirse con la primera persona a la que se lo solicite, pero es muy probable que otros responsables respeten su deseo de hacer un seguimiento de su trabajo para poder mejorarlo.

26 El dinero

Hay cosas que me resultan muy difíciles, como revisar mis cuentas, pagar las multas de tráfico, programar las visitas al dentista y otras cosas rutinarias. Pero por lo menos he conseguido pagar el alquiler y las facturas a tiempo, lo cual es toda una victoria. Ya hace tiempo que no me cortan la luz o el teléfono por demorarme en el pago.

Cuando se padece TDAH, los problemas con el dinero afloran con facilidad. Cualquier oportunidad para gastar puede convertirse, y a menudo se convierte, en una compra impulsiva. Los problemas económicos son muy variados: desde gastar en exceso a olvidar pagar las facturas o no contratar un plan de pensiones.

> Nuestras investigaciones demuestran que los adultos con TDAH:
> - Compran a menudo de forma impulsiva
> - Tienden a usar mucho su tarjeta de crédito
> - Exceden sus límites de crédito más que el resto
> - Pagan tarde las facturas, la hipoteca o el alquiler o directamente no los pagan
> - Ven cómo su coche es embargado
> - Tienen menos credibilidad
> - Son más propensos a no ahorrar
> - Suelen guardar menos para la jubilación
> - Dan más cheques sin fondos que el resto
> - No suelen guardar los recibos que podrían aliviar sus cargas fiscales
> - Pierden a sus amigos por no devolverles el dinero que les han pedido prestado

Si usted es como la mayoría de los adultos con TDAH, habrá experimentado muchos de estos problemas. Es probable que entienda por qué para la mujer del principio que no le hubiesen cortado la luz o el teléfono era todo un logro. Los problemas económicos pueden estar presentes en su vida, e incluso dominarla; y es mucho más fácil caer en ellos que solucionarlos.

No obstante, incluso puede tomarse toda la situación a la ligera si no es capaz de analizar fríamente de cuántas maneras el dinero puede ponerle trampas. Realiza una compra impulsiva, olvida pagar el alquiler, no ahorra e ignora su límite de crédito… todo a la vez. Por separado, muchas de estas transgresiones parecen casi inofensivas:

> Sí, ya sé que no debería haberme comprado un iPod, pero en él puedo guardar todas las canciones que quiera, ¡lo necesito!

> He olvidado pagar lo que tengo pendiente de la tarjeta de crédito; bueno, no pasa nada, pagaré el recargo y ya está.

> Ya ahorraré más adelante, ¡aún no tengo ni los treinta!

Ninguna de estas acciones es inofensiva. Un pequeño problema económico puede conllevar muchos otros. Exceder su límite de la tarjeta de crédito y pagar tarde sus facturas a menudo puede hacerle perder credibilidad ante los demás, por lo que podrían fácilmente denegarle una hipoteca o la financiación de un coche nuevo. Seguir viviendo de alquiler o tener que conducir una chatarra que necesita frecuentes y costosas reparaciones puede minar su economía e imposibilitarle ahorrar. ¿Qué hará sin dinero si, por ejemplo, sufre un accidente de coche y tiene que pagar los desperfectos causados?

Los problemas económicos también tienen fama de causar conflictos entre las personas. Cuando se tienen dificultades de dinero, a menudo se piden préstamos a los amigos, la familia o los compañeros de trabajo. De este modo, no solo estará sufriendo sus propios problemas económicos, sino que además cargará con un lastre a los demás, que tendrán que salir en su ayuda.

El dinero suele ser uno de los mayores motivos de disputa entre los matrimonios o las parejas que conviven, incluso si ninguno de los dos padece TDAH. En su caso, el trastorno hace que estas desavenencias sean mucho más frecuentes y hostiles. Gestionar el presupuesto de la casa juntos puede ser duro si difieren en sus habilidades.

Por qué los asuntos económicos le resultan un reto… y qué puede hacer al respecto

Usted no planea tener problemas económicos. De hecho, quizá se repita todos los días que no irá de compras o no se dejará seducir por ese anuncio de Internet. Puede que se diga a sí mismo que ha llegado el día de transferir algo de dinero a su cuenta de ahorros y que, ya que va al banco, aprovechará para comprobar si tiene alguna factura por pagar.

Entonces ¿por qué no consigue hacer lo que se propone? Porque el TDAH no le deja. Es hora de que tome el control, tanto de su trastorno como de su economía. Empiece por centrar su atención en cómo sus déficits le llevan por el mal camino y en cómo puede reconducir su vida.

El dinero y la visión de la mente

La compra impulsiva puede convertirse en compra compulsiva cuando su memoria de trabajo no verbal es débil, ya que no puede visualizar lo que pasó la última vez que compró algo caro e innecesario, ni consolarse aplazándola hasta que haya conseguido ahorrar algo de dinero. Asimismo, no ha desarrollado una conciencia de sí mismo suficiente para darse cuenta de que para usted entrar en una tienda de antigüedades es como abrir las puertas del infierno. La visión de la mente es muy importante para controlar el impulso de comprar cosas que no necesita o no puede permitirse.

Usando las estrategias del Cuarto paso, usted podría exteriorizar su deseo de no gastar por gastar. Por ejemplo, podría llevar en el bolsillo una foto de una meta que quiera conseguir a largo plazo (ir de vacaciones, una casa, una bicicleta para su hijo, etc.) para verla siempre que sienta el deseo de gastar. También podría adquirir la práctica de preguntarse en voz alta si realmente necesita hacer esa compra antes de sacar la cartera. Después podría encender su televisión imaginaria y verse abriendo la carta del banco la última vez que gastó más de la cuenta.

> Para más información sobre cómo funciona la visión de la mente vaya al capítulo 9 y para saber cómo aprovecharla al máximo, al capítulo 17.

Su economía y la voz de la mente

Recuerde, la voz de la mente es su refuerzo cuando la visión de la mente es miope. Si siente la urgencia de sacar la tarjeta de crédito y no puede visualizar ninguna imagen de lo que pasó la última vez que gastó demasiado, plantéese unas cuantas preguntas. Si está en una tienda, salga a la calle y hágalo allí. Como mencioné en el Cuarto paso, no le encerrarán por sufrir delirios. La gente pensará que está hablando por teléfono cuando en realidad se estará preguntando si la compra es o no sensata.

Si tiende a posponer el pago de sus facturas, incluso cuando se ha puesto una alarma para recordárselo, sería un buen momento para decirse a sí mismo que debe hacerlo inmediatamente. La voz de la mente es también la facultad que le permite formular y aplicar reglas. Establezca ciertas normas sobre cómo ahorrar y gastar su dinero y repítaselas en voz baja cuando se encuentre bajo la presión del TDAH, o bien escríbalas en una tarjeta y guárdela junto con su tarjeta de crédito para que cada vez que la saque no tenga otro remedio que ver primero sus reglas.

Si la razón principal por la que no paga sus facturas a tiempo es porque se le olvida, utilice cualquiera de los medios que le propusimos en el Cuarto paso, junto con su diario, para que esto no ocurra.

> Vaya al capítulo 9 para saber más sobre la voz de la mente. Consulte el capítulo 18 para profundizar en la manera de entrenar la voz de la mente. Relea el capítulo 19 para informarse de los medios a su disposición para recordarse que debe ahorrar más y gastar menos.

El corazón de la mente en el mundo del dinero

¿Es usted un consumidor emocional? ¿Siempre invita a una ronda en el bar cuando se siente bien? ¿«Necesita» ropa nueva cuando se encuentra bajo de ánimos? Si está enfadado con su casero, ¿se lo «demuestra» «olvidándose» de pagar el alquiler? ¿Se siente tan mal por no tener dinero para salir con sus amigos que tira de tarjeta de crédito? Va a tener que recurrir a toda su bolsa de imágenes mentales y a todos sus trucos para dialogar consigo mismo con el fin de reconocer cuándo sus emociones están llevándole por el mal camino y recuperar el control. Intente llevar una vida sana, la privación de sueño, el exceso de cafeína, alcohol o drogas, la falta de ejercicio y una dieta pobre pueden volverle mucho más vulnerable al estrés diario y dificultar el control de sus emociones.

No olvide que también puede usar las emociones en su favor. ¿Odia pagar facturas? Pues sienta el futuro: haga todo lo posible para experimentar el alivio de habérselas quitado de encima cuanto antes. ¿No encuentra la motivación para ahorrar? Piense en lo bien que se sentirá cuando junte lo suficiente para sus vacaciones en el Caribe.

> Consulte el capítulo 9 para saber más sobre el corazón de la mente, y el capítulo 20 para descubrir cómo utilizar sus emociones para que le motiven a administrarse como quiere.

Planificación económica y resolución de problemas en el área de recreo de su mente

Para muchos adultos, tengan TDAH o no, los asuntos de dinero son para los peseteros y los contables, lo que a menudo significa que no saben cómo hacerlo: cómo planificar su economía, hacer un presupuesto, controlar sus gastos, dejar de pagar recargos por retrasarse en los pagos o evitar ser acosados por las agencias de cobro de morosos... Tal como se insiste en el Cuarto paso, haga de ello algo tangible. Utilice objetos y dispositivos gráficos para manipular los números siempre que pueda. En las páginas siguientes le daremos algunas ideas, pero recuerde lo básico: haga listas con los pasos que debe completar para realizar las tareas financieras que le resulten más difíciles. Asimismo, tome nota en su diario de sus hábitos de consumo para poder analizar los hábitos que más le están afectando y aquellos que le están beneficiando.

Tome el control de su dinero

> Vuelva al capítulo 9 para saber más sobre el área de recreo de la mente y al capítulo 22 para obtener más ideas sobre cómo hacer más tangible el dinero.

Afortunadamente, tiene a su disposición muchos recursos para recuperar el control de su situación económica, tanto presente como futura. Hay muchas estrategias para refrenarse cuando vaya a gastar dinero y ciertas herramientas y dispositivos que pueden ayudarle a cumplir con sus obligaciones económicas a tiempo. También puede crear sistemas que refuercen su capacidad de ahorro para así no tener que luchar una y otra vez contra la urgencia de gastarse todo lo que gana.

Una nueva manera de administrar su dinero

He aquí algunas ideas para empezar a ir por el buen camino:

- *Aproveche los recursos sociales disponibles si se encuentra en apuros.* Es muy importante que se informe de todos los recursos sociales que tiene a su disposición, como por ejemplo asistencia bancaria, cooperativas de crédito u otras asociaciones que puedan ayudarle a solucionar sus problemas financieros. Puede beneficiarse de una reorganización de su deuda, orientación para solicitar un crédito, consejos para fijarse un presupuesto y asistencia en caso de bancarrota. Si ha contraído deudas que no puede asumir o cree encontrarse al borde de la bancarrota, quizá su banco o una cooperativa de crédito puedan asesorarle de forma gratuita. Estas organizaciones a menudo pueden ayudarle a reorganizar su economía, consolidar sus deudas o renegociar los tipos de interés, por lo general bastante altos, además de reunirse con usted todos los meses para controlar su presupuesto y discutir con usted la evolución de su situación.
- *Deje que sea su pareja o sus padres quienes gestionen su dinero.* Antes de nada, asegúrese de que esta persona no padezca también TDAH y de que puede confiar en ella para gestionar su dinero de acuerdo con sus intereses (los de usted, por supuesto). Sería sensato que considerara esta opción si se siente sobrepasado por los problemas que está atravesando y le es imposible controlar sus gastos u otros hábitos económicos. Siempre puede probarlo durante un periodo de tiempo determinado o hasta alcanzar cierto objetivo, ya sea pagar una deuda o ahorrar una cantidad concreta. Confíele todo su sueldo. Esta persona deberá asignarle una pequeña cantidad para sus gastos diarios y reunirse regularmente con usted para estudiar sus facturas, extractos bancarios y deudas que esté pagando a plazos. Si fuera necesario, permítale domiciliar las facturas más importantes como el alquiler, la hi-

poteca o la letra del coche para que se los deduzcan de su cuenta corriente automáticamente cada mes.
- ¡Fíjese un presupuesto! Cree una hoja de cálculo con su presupuesto mensual en la que aparezcan todos sus gastos fijos, incluyendo la duodécima parte de sus gastos anuales (los que paga solo una vez al año como determinados impuestos, el seguro del coche, el seguro del piso, etc.). Necesita tener delante un plan financiero mensual en el que consten todas sus facturas para ser consciente de lo que realmente debe; este presupuesto no deberá superar su sueldo mensual. Téngalo siempre visible para poder consultarlo a menudo. Gastar sin control puede ser un desastre mayúsculo, por no hablar de que pueden cortarle la luz o el agua o embargarle el coche.

> Hay programas informáticos que pueden ayudarle a fijarse un presupuesto, pero yo recomiendo hacerlo a la antigua: papel y lápiz, que es mucho más fácil y barato.

- *Empiece a vivir dentro de sus posibilidades* **hoy mismo.** No gaste al mes más de lo que gana y recurra luego a tarjetas de crédito, anticipos u otros préstamos para llegar a fin de mes. Sus gastos deben mantenerse por debajo del 90% de sus ingresos mensuales y debe intentar ahorrar ese 10% restante. Pídale a algún familiar, gestor o empleado del banco en quien confíe que le ayude a calcular sus gastos y a averiguar cuál es el mejor método para ahorrar.
- *Ponga en marcha todo un sistema de cuentas y depósitos para incrementar sus ahorros.* Si no cotiza a la seguridad social o no lo suficiente, hágase un plan de pensiones. Además, dé orden al banco de que transfiera automáticamente el 10% de su sueldo a una cuenta de ahorros

> En algunos países, los gastos médicos inesperados son uno de los mayores motivos de gasto imprevisto, deudas importantes e, incluso, bancarrota.

en cuanto le ingresen la nómina. Cuanto menos dinero vea, menos podrá gastar impulsivamente. Necesitará también otra cuenta de ahorros para emergencias, para todos esos gastos inesperados como una avería del coche o una multa. Si no le queda suficiente dinero para sus pagos mensuales habituales, recórtelos. Seguro que encuentra gastos superfluos que puede recortar para poder empezar a ahorrar.
- *En los países en que no existe una cobertura sanitaria pública, que sea gratuita y universal, intente hacerse un seguro médico con la empresa para la que trabaja.* Si no disponen de tales seguros, intente encontrar un trabajo similar en el que lo haya. Si no puede, considere trabajar como funcionario, pues estos empleos casi siempre tienen este tipo de seguros.

> Si no ahorra por lo menos un 10% de sus ingresos, se estará gastando ahora el dinero de sus vacaciones y de su jubilación, y tendrá que trabajar durante toda la vida para poder pagar.

- *Revise el extracto del banco cada mes sin excepción.* No intente adivinar cuánto dinero le queda en la cuenta, ya que esta es una de las principales causas de que le devuelvan los cheques, use en exceso la tarjeta de crédito y acumule deudas. Tenga también mucho cuidado de no quedarse al descubierto, ya que la tasa de penalización puede resultar muy elevada y dejarle sin un dinero que necesita o incluso hacerle sobrepasar con creces su nivel de gasto habitual.
- *Guarde todos los recibos de sus compras y pagos.* Métalos en la cartera y cada noche al llegar a casa, sáquelos y guárdelos. Le servirán para controlar cuánto gasta y no perderlos, ya que pueden serle útiles para desgravar al hacer la declaración de la renta.

Modere sus gastos

Además de las ideas para controlar el impulso de comprar expuestas anteriormente, pruebe las siguientes:

- *Intente pagar en metálico.* Saque dinero de su cuenta corriente solo cuando sea realmente necesario y lleve encima lo menos posible para evitar la tentación de comprar de forma impulsiva cosas que no necesita.
- *NO lleve tarjetas de crédito o débito si es posible.* Deshágase de todas las tarjetas de compra y conserve solo una general como Visa o MasterCard. Colóquele una pegatina que diga: «Utilizar solo en caso de emergencia». Transfiera lo que deba en cada tarjeta de compra a esta única tarjeta e intente saldarla lo antes posible.

  ¡Normalmente existe un periodo mínimo para saldar la deuda de la tarjeta de crédito!

- *NO vaya a un centro comercial o un hipermercado si no necesita comprar nada.* Y quiero hacer hincapié en que he dicho «necesitar», y no «querer». El último lugar al que una persona con TDAH necesita ir es a unos grandes almacenes llenos de atractivos productos que parecen gritar: «¡Cómprame!». La solución más simple y eficaz es no poner un pie en ellos.
- *No preste dinero a nadie más que a sus hijos.* Y punto. Incluso así nada le garantiza que recuperará el dinero, así que limite los préstamos para conceptos de educación u otros gastos necesarios, nada de ropa o entretenimiento. Tiene muchas posibilidades de no volver a ver ese dinero. Si da dinero a alguien más, mejor considérelo un regalo y no un préstamo.
- *Manténgase alejado de los casinos.* Ellos siempre ganan. No juegue a las cartas apostando o al menos no más de unos céntimos por mano. Usted es demasiado impulsivo para jugar a juegos de azar, así que, al igual que en el caso anterior, evite estos lugares, donde su impulsividad puede dominarle.
- *Aproveche los tratamientos cognitivo-conductuales para la compra impulsiva si las demás medidas no funcionan.* Si le cuesta dejar de comprar y de

gastar en cosas que no necesita, busque la ayuda profesional de un psicólogo o un asesor financiero.

> ## Si debe llevar un teléfono móvil…
>
> Cómprese el modelo más barato y contrate el plan de llamadas más económico que pueda encontrar. No necesita que tenga cámara ni acceso a Internet, al correo electrónico, a Twitter o Facebook en todo momento. Deje de utilizar su teléfono móvil como fuente de entretenimiento y comience a usarlo como una herramienta práctica para llamar y recibir llamadas, y nada más. No necesita un iPhone o una Blackberry a no ser que lo pague la empresa.

Controle sus préstamos

Aparte de pagar todas las deudas de su tarjeta de crédito y no llevar ninguna encima, pruebe lo siguiente:

- *Nunca pida un préstamo para comprar cosas superfluas, ropa o algo para entretenerse* (una pantalla plana, un iPhone, etc.), solo en caso de necesitar comprar una casa, un coche (depende) u otra inversión razonable.
- *NO firme ningún préstamo, hipoteca o compromiso similar sin que el administrador de su dinero (ya sea un familiar o un profesional) lo revise y compruebe que realmente lo necesita.*
- *Jamás de los jamases pida un crédito fácil.* Los intereses son tan altos que puede que nunca pueda saldar la deuda. Se trata de una usura legalizada de la que debe mantenerse alejado. Y punto.

> Solo debería comprar algo que pierda su valor inmediatamente después de comprarlo si se trata de una necesidad.

27 Las relaciones con las personas

Mi mujer le contó al consejero matrimonial al que acudimos que estar casada conmigo era como tener otro niño en casa, que ya tenía tres y que un cuarto era demasiado, y que si no podía ayudarnos con nuestro matrimonio y enderezarme me iba a dejar. Le dijo que yo no terminaba nada, que tenía la casa llena de proyectos a medio hacer y que era incapaz de tener nada listo a tiempo. Ahora es ella quien se encarga del pago de las facturas porque cuando lo hacía yo, nos cortaron el teléfono y la luz dos veces por no pagar los recibos o pagarlos tarde.

Los novios me duran mucho menos que a las demás mujeres que conozco. Los chicos con los que he salido solían decirme que estaba en las nubes porque me hablaban de cosas que eran importantes para ellos, y yo me quedaba mirándoles o soñando despierta, estaba claro que no les escuchaba, o les interrumpía para hablar sobre cualquier cosa que se me ocurriera en ese momento. Una vez estaba saliendo con un chico encantador y la cosa parecía ir en serio, pero una noche fui a un bar con unas amigas, conocí a otro tipo y me acosté con él. Una de las chicas que iba conmigo se lo contó a mi novio y fin de la historia. No sé por qué hago cosas así. No consigo comprometerme ni concentrarme en lo que los demás me cuentan. ¡Soy mi peor enemiga!

El TDAH juega sucio. Usted dedica el mismo tiempo que sus compañeros (o incluso más) a su educación y formación, pero siempre va rezagado. Comienza un trabajo con la misma energía y optimismo y, de todas maneras, termina el último en la lista de ascensos. Estoy seguro de que también quiere una pareja, buenos amigos y una familia que le apoye, aunque quizá encuentre que no termina de cuajar con las personas que acaba de conocer, ni tampoco con las que ya conoce desde hace tiempo. Tiene más *conocidos* que amigos de verdad. La manera en que el TDAH actúa en su contra puede perjudicarle más en el plano personal que en cualquier otro.

Quizá no haga falta que un psicólogo le diga de qué maneras el TDAH y los problemas de autocontrol que conlleva dificultan su vida social. Si ya tenía el trastorno de niño, quizá conserve algunas cicatrices emocionales por haber sido tratado como a alguien diferente o incluso evitable. Hoy, quizá mire con envida a aquellos que parecen hacer amigos sin apenas esfuerzo, a los que tienen relaciones de larga duración o a aquellos que pueden acudir a sus padres o hermanos en busca de compañía o consuelo.

Una mirada rápida a los síntomas del DSM ilustra de cuántas maneras el TDAH puede hacer que dé una mala impresión y cause justamente el efecto contrario al que quiere causar en las personas con las que interactúa:

- Sus problemas de perseverancia pueden hacer que le sea difícil mantener una relación estable y larga.
- Distraerse con facilidad durante una conversación puede ofender a su interlocutor, que pensará que le está aburriendo o molestando.
- Decir lo primero que se le ocurre le garantiza que tarde o temprano dirá algo inapropiado, lo cual hará que le tachen de desconsiderado o maleducado (¡cuando quizá lo único que sentía era entusiasmo!).
- Tener fama de hablar demasiado puede provocar que aquellos que más desea ver echen a correr en dirección contraria cuando le vean aparecer.
- No ser capaz de terminar lo que empieza hará que la gente piense que no quiere acabarlo, en lugar de que no puede. Creerán que le falta carácter.
- Evitar las tareas que requieran varios pasos puede hacerle parecer egoísta, como si intentara escaquearse de las tareas más pesadas y endosárselas a los demás.

Estos son solo algunos ejemplos que ni siquiera cubren los 18 síntomas del DSM, ni abordan tres aspectos del autocontrol que debería tener especialmente en cuenta, ya que influyen sobremanera en sus relaciones:

Cuando sus emociones le hacen perder el control

La función ejecutiva llamada *control emocional* causa muchos problemas a los adultos con TDAH. Por desgracia, al no parecer estar conectada a síntomas más conocidos como la falta de atención o la hiperactividad quizá usted no asocie automáticamente esta alteración en sus emociones con el trastorno. Sin embargo, los adultos que lo padecen afirman que sus problemas para controlar la frustración, la rabia y la hostilidad cuando se les provoca les ocasionan una infinidad de conflictos sociales. Parte de lo que nuestra sociedad considera «ser adulto» consiste en controlar nuestro temperamento, manejar discretamente nuestra frustración, no dar importancia a pequeños desaires y ahorrar a los demás nuestro mal humor. Por

> Consulte el capítulo 9 para más información sobre los problemas que tiene para controlar sus emociones a causa del TDAH.

eso no resulta sorprendente que muchas personas se muestren reticentes a tolerar los estallidos emocionales y eviten a las personas que los tienen.

> Los problemas con el control emocional pueden hacerle actuar de manera escandalosa, tonta o melodramática, pero lo que más pone en peligro sus relaciones es la ira incontrolada.

Cuando el TDAH le deja sin conciencia de sí mismo

El TDAH disminuye su habilidad para controlar el comportamiento que tiene en cada momento. Con la capacidad de retrospección, sobre todo si la ha estado practicando la visión de su mente, podría ser capaz de ver que sus emociones pueden llegar a ser aplastantes o cuanto menos incómodas para aquellos que se encuentran en la línea de fuego. Quizá reconozca, avergonzado, que algunas personas han desaparecido de su vida porque no podían aguantar el calor. *No obstante, ser consciente de ello no hace que automáticamente adopte un comportamiento distinto cuando le provocan.* Agudizar su capacidad retrospectiva ayuda, pero dada toda la fuerza de sus emociones, la autoconciencia podría no ser suficiente para detener la embestida. Existen otros métodos para calmar su agitación incipiente que también podrían ayudarle.

> Relea la regla 2 (capítulo 17), en la que aparecen un par de estrategias que puede practicar para agudizar la visión de su mente y así ganar autoconciencia en momentos clave.
> Para conocer otros métodos para controlar su ira consulte Taking Charge of Anger, de W. Robert Nay (Guilford Press, 2004), y Is It You, Me or Adult A.D.D.?, de Gyna Pera (1201 Alarm Press, 2008).

> Nuestros pacientes adultos nos han dicho a menudo que no se daban cuenta de la mala impresión que daban a los demás en las reuniones sociales, o al menos no antes de que fuera demasiado tarde. Algunas de las reglas sociales que infringían eran:
> - Monopolizar la conversación con interminables monólogos o historias que no iban a ningún sitio.
> - No escuchar atentamente.
> - No responder ni respetar los turnos durante una conversación.
> - Hacer comentarios sin tacto alguno.
> - No respetar los protocolos sociales de una determinada situación.

Cuando el TDAH emborrona el guión de su vida

Entender las señales que le indican cuándo salir a escena o abandonar el escenario es tan importante como lo que hace sobre él.

Las reuniones sociales requieren algo más que el intercambio normal de una conversación u otras acciones sociales. Los adultos tienen que estar extremadamente atentos para saber cuándo intervenir, cuándo redirigir la conversación, cuándo seguir hablando o cuándo callarse. Para poder desarrollar el papel de espectadores de nuestro propio comportamiento cuando interactuamos con los demás, deberemos seguir estos pasos:

1. Leer las señales no verbales de nuestro interlocutor, tanto faciales como del resto del cuerpo.
2. Percibir los matices emocionales en su tono de voz.
3. Ajustar nuestro propio comportamiento de acuerdo con lo anterior.

Usted ya sabe que los déficits en sus funciones ejecutivas hacen que estos pasos le resulten particularmente difíciles. ¿En qué radica su complejidad? Cada vez que interactúa con otra persona se dan multitud de trampas que pueden exacerbar los problemas que usted ya tiene con compañeros de clase o trabajo o cualquier otro conocido. Estas trampas se convierten en verdaderos escollos para las relaciones que usted quiere que perduren, incluyendo las amistades u otras relaciones más estrechas, como las de pareja. Veamos más de cerca los distintos tipos de relaciones.

Parejas y cónyuges

Los dos testimonios al principio del capítulo relataban amargamente cómo el TDAH puede afectar a las relaciones de pareja. El balance de las tareas de la casa se desequilibra cuando uno de los miembros tiene un desorden que no le permite contribuir con la parte que le corresponde. No es difícil imaginar el conflicto que puede ocasionar. El TDAH también puede causar malentendidos y herir los sentimientos de una de las partes, cuando la otra parece no entenderla o interesarse por ella. Si no puede controlar sus propias emociones ni es capaz de percibir las sutilezas de las emociones de su pareja, su relación puede verse amenazada. De hecho, nuestros estudios muestran que las relaciones de pareja son problemáticas o insatisfactorias por diversas causas que aparecen resumidas más adelante.

Curiosamente, no tenemos ninguna evidencia de que las personas que tienen TDAH desde niños se casen, separen o divorcien más o menos que los demás. Sin embargo, podría deberse a que nuestros estudios de seguimiento no fueron más allá de los 20 a 30 años, edades en las que de un 55% a un 67% de los adultos siguen solteros.

> En nuestras investigaciones y en otros estudios hemos podido observar que los adultos con TDAH tienen más posibilidades de tener:
>
> - Relaciones informales regulares o insatisfactorias (¡cuatro o cinco veces más probable que el resto!).
> - Matrimonios de menor calidad (nuestros estudios hallaron una diferencia de más del doble).
> - Relaciones extramatrimoniales.

Impida que el TDAH arruine sus relaciones

Desafortunadamente, hasta la fecha no se ha realizado ningún estudio centrado en cómo abordar los problemas que el TDAH puede imponer en la pareja, así que no puedo ofrecerle consejos con una base científica. Sin embargo, aquí tiene algunas ideas de sentido común que derivan de lo que hemos observado en nuestros estudios:

- Hágase un diagnóstico que le permita recibir tratamiento, si no se lo ha hecho ya. Cuando hemos trabajado directamente con los adultos, mis colegas y yo hemos podido comprobar que la medicación, al mejorar los síntomas, también hace prosperar las relaciones de pareja.
- Lea el libro de Gina Pera titulado *Is It You, Me or Adult A.D.D.?* (1201 Alarm Press, 2008). Es el mejor libro que conozco para las parejas formadas por un miembro que padece el trastorno. Aunque los muchos consejos del libro no están contrastados científicamente, parecen estar bien fundados en lo que la ciencia ha revelado sobre el TDAH en los adultos.
- Aplique las estrategias que leyó en el Cuarto paso. Muchas parejas sienten que pueden ser ellas mismas con las personas a las que aman, y quizá sea cierto; aunque deberían ser *lo mejor* de ellas mismas, alguien que se esfuerza por:
  - Pensar antes de hablar o actuar.
  - Recordar cómo ha ayudado o dañado a su pareja en el pasado.
  - No olvidar fechas importantes como los cumpleaños o los aniversarios, utilizando las mismas herramientas externas de que se sirve para acordarse de las citas con el médico, las fechas de entrega del trabajo y otras obligaciones.
  - Escuchar.
  - Ejercitar su tacto, amabilidad y cortesía.
  - Repartir justamente las tareas de la casa.
  - Ser un buen padre o madre si se tienen hijos, lo que nos lleva a...

Ser padres

Ser padre es el rol más estresante que muchos de nosotros ejerceremos en la vida. Estas son algunas de las maneras en las que el TDAH eleva aún más la exigencia:

> Los adultos con TDAH presentan un nivel de estrés parental mucho más elevado que el resto.

- Es doblemente importante que usted se cuide ya que un niño pequeño le necesita.
- Tiene que pensar en otra persona en primer lugar, lo cual es mucho pedir cuando se tienen problemas para resistir los impulsos de hacer lo que se quiere en el momento en que se quiere.
- El control emocional se vuelve más importante que nunca, ya que inevitablemente los niños ponen a prueba la paciencia de sus padres y además aún no han desarrollado las funciones ejecutivas que les permiten controlarse a sí mismos.
- Los niños no saben expresarse con claridad todo el tiempo, lo cual significa que es su trabajo adivinar qué necesitan, qué debería decir y cuándo debería callar, cuándo debería ser firme y cuándo ceder... Todo esto requiere las sofisticadas habilidades de intercambio antes mencionadas.

Ahora añada la posibilidad de que su hijo también tenga TDAH.

> Los estudios sugieren que entre el 30% y el 54% de los hijos de adultos con TDAH también padecerán el trastorno.

Obviamente, sufrir TDAH hará que a su hijo le cueste más entender y obedecer sus reglas, acordarse de hacer los deberes y las tareas, controlar sus emociones cuando esté frustrado o cansado y comportarse tanto en casa como en público.

> Uno de nuestros estudios halló que los hijos de los adultos con TDAH eran más propensos a desafiar y desobedecer a sus padres, *incluso si no padecían el trastorno.*

Si el TDAH es genético, ¿significa eso que no debería tener hijos?

Por supuesto que no. El TDAH no es ninguna enfermedad mortal ni ninguna deficiencia grave del desarrollo que vaya a condenar automáticamente a su hijo a una muerte segura o a un estado vegetativo de por vida. Eso sí que son cosas que, si se pudieran predecir, disuadirían a los padres. Tener TDAH no es una condena de por vida al dolor o al fracaso. Considere las posibilidades durante un momento. Si su propio trastorno no fue resultado de la herencia genética (nadie lo tiene en su familia y quizá lo produjeron factores prenatales, como por ejemplo un parto prematuro), las posibilidades de que su hijo también lo tenga son las mismas que para cualquiera: del 5% al 7,5%. Esta no es una razón para no tener hijos. Si lo fuera, nadie los tendría.

Ahora bien, si su TDAH es de tipo genético, esto tampoco garantiza que su hijo vaya a padecerlo, aunque sí tendrá más posibilidades. Sus descendientes tienen entre un 20% y un 50% de posibilidades de sufrir el trastorno; lo que significa también que existen entre un 50% y un 80% de que no sea así. Mirándolo de ese modo, las probabilidades de que no lo padezca son más que decentes.

Y si finalmente su hijo naciera con el trastorno, ya sabe que es uno de los que cuenta con más tratamientos en psiquiatría y que puede manejarse con éxito, sobre todo si se identifica a una edad temprana. Que su hijo lo padezca no quiere decir que no pueda tener una vida larga, feliz y productiva. Cuando reciben el tratamiento adecuado, muchos niños y adultos con TDAH acaban viviendo una vida satisfactoria y haciendo grandes aportaciones a nuestra sociedad.

Ser buen padre teniendo TDAH

- Hágase un diagnóstico y trátese. No podrá criar a sus hijos tan bien como desearía si el TDAH le impide controlar su comportamiento.
- Si ve indicios del trastorno en su hijo o le preocupa algún otro aspecto de su desarrollo psicológico, no dude en acudir a un profesional para que le haga un análisis y le prescriba un tratamiento si fuera necesario. Un padre o una madre con TDAH que no ha recibido diagnóstico ni tratamiento intentando criar a un hijo con estas mismas características es la receta perfecta para un conflicto crónico y otros desastres psicológicos, por no hablar del riesgo de accidentes que entraña para el pequeño.

> La culpa, el miedo y el deseo de evitar más estrés pueden hacer que reste importancia a los signos del TDAH que observe en su hijo. En tal caso, confíe en su pareja o en un familiar sin TDAH que tenga las mismas sospechas.

> Varios estudios prueban que los padres con TDAH tienden a supervisar menos las actividades de sus hijos que el resto, uno de los factores por los que se incrementa el riesgo de accidentes y heridas en estos niños. Esto podría explicar en parte por qué los niños con TDAH presentan más lesiones de toda clase: porque sus padres también lo tienen.

- El TDAH puede hacer que los padres presten menos atención a sus hijos y los recompensen menos. Intente reservar ciertas horas para dedicárselas a su hijo. Utilice herramientas externas para acordarse de acudir a estas «citas» y obsequiar a su hijo con las recompensas que quiere darle por sus logros y su buen comportamiento.
- Después de la escuela, los fines de semana, en vacaciones o en cualquier otro momento en que su hijo esté en casa y usted sea el responsable de supervisarlo, póngase una alarma a intervalos frecuentes, cada 15 o 30 minutos, para acordarse de que debe dejar lo que está haciendo en ese momento y vigilar dónde está su hijo y qué está haciendo. Será incluso más importante si éste también tiene TDAH.
- Las propias contradicciones son el aspecto más temido por los padres con TDAH. Un día usted puede ser el padre más exigente y tirano del mundo y al siguiente, el más relajado y bondadoso; o puede que reaccione impulsivamente ante cualquier comportamiento incorrecto de su hijo y le diga lo primero que le venga a la cabeza, le dé algunas órdenes, se ponga a gritarle o le eche una reprimenda. Esto puede confundir a los niños. Fije unas normas familiares con su pareja, escríbalas y téngalas siempre a la vista cuando esté en casa. Proporciónese tiempo antes de actuar cuando su hijo se comporte de forma incorrecta para poder recurrir a las respuestas que con su pareja haya acordado darle.

> En el capítulo 16 encontrará estrategias para detener la acción y en el capítulo 19 herramientas para externalizar la información.

- Los padres con TDAH tampoco suelen ser muy hábiles a la hora de resolver los problemas de comportamiento de sus hijos. Haga todo lo que pueda para aprender técnicas de resolución de problemas que servirán de modelo para que su hijo desarrolle esta importante habilidad a la vez que usted elimina el conflicto.
- Asista a clases de orientación para padres con hijos con problemas de comportamiento que suelen organizarse en las clínicas de salud mental, los hospitales, la universidad o los centros de salud. La mayoría de las grandes ciudades disponen de estos recursos. Si vive en un área rural que no cuenta con estos servicios o no puede encontrar un curso de este tipo, lea nuestro libro *Your Defiant Child* (Guilford Press,

> Vaya al capítulo 22 para aprender estrategias que mejorarán su habilidad para resolver problemas.

1998) para aprender algunos métodos que pueden ayudarle a criar a un niño con TDAH. Para los adolescentes, consulte nuestro libro *Your Defiant Teen* (Guilford Press, 2008). A los padres con TDAH no suele irles bien en estas clases si su propio trastorno no está siendo tratado, así que antes de nada empiece un tratamiento.
- Aíslese durante unos minutos (en una habitación silenciosa, por ejemplo) si se siente sobrepasado o estresado por su hijo.
- Como mínimo una vez por semana, dese un respiro. Búsquese una afición, un deporte, una organización, un proyecto o una actividad lúdica que le guste, que le renueve emocionalmente, que lo libere del estrés o que le dé tiempo para recargar sus baterías paternales. Todos los padres necesitan dedicarse un tiempo cada semana para recuperarse, sobre todo los que padecen el trastorno.

Cuidar de los hijos inteligentemente en pareja

Las siguientes tareas deberían delegarse al progenitor que no sufra TDAH:

- *Supervisar los deberes de la escuela*, sobre todo si no se está tratando para el TDAH. La mayoría de los padres no son buenos tutores para sus hijos, y puede estar seguro de que será su caso si padece el trastorno.
- *Ocuparse del niño al final del día o después de clase en días alternos* para que ninguno de los dos cargue con toda la tarea. Turnarse es especialmente importante si el niño tiene TDAH.
- *Ocuparse de las actividades temporalizadas del niño,* como las citas con el médico, las reuniones en la escuela o la fecha de entrega de sus proyectos escolares. Usted puede compensarlo ocupándose de las tareas que no requieran un horario estricto (hacer la colada, limpiar la casa, ocuparse de las reparaciones del coche o de la casa, cuidar el jardín, bañar a los niños, leerles un cuento antes de dormir, etc.).
- *Llevar en coche a los niños a sus actividades siempre que pueda* (a no ser que usted esté tomando medicación).
- *Aprobar las medidas disciplinarias que usted quiere adoptar con el niño* **antes** *de aplicarlas.* No es que usted no tenga ni voz ni voto, sino que decidirlo con su pareja puede prevenir la arbitrariedad o incluso una disciplina excesiva.

Las amistades

¿Tiene usted muchos amigos? ¿Y viejos amigos? Los exhaustivos estudios que realizamos con adultos con TDAH revelaron importantes problemas a la hora de trabar amistades y conservarlas. Por lo general, los adultos que padecen el trastorno confiesan tener menos amigos íntimos que los demás, aunque la mayoría afirma tener unos cuantos. Casi invariablemente, las amistades no duran tanto como en el caso de los adultos sin TDAH. Asimismo, aseguran que constantemente acaban distanciados de las personas que consideraban sus amigos, a menudo porque no saben cómo resolver los conflictos habituales o porque son incapaces controlar su rabia u otras emociones. A veces este comportamiento hace que acaben quedándose bastante aislados, e incluso que se recluyan.

> Se ha descubierto que por lo menos el 50% y hasta el 70% de los niños con TDAH aún no tienen ningún amigo íntimo cuando llegan a segundo o tercero de primaria. Cuando un niño con TDAH intenta integrase en un nuevo grupo, como ocurre por ejemplo en los campamentos de verano, no tarda meses o años en ser rechazado, sino *horas* o incluso *minutos*.

¿Por qué esta experiencia típica de la niñez puede ser relevante para usted? Pues porque a no ser que se haya tratado para el TDAH, se haya esforzado por usar estrategias similares a las propuestas en el Cuarto paso y haya desarrollado las habilidades sociales que normalmente bloquea el TDAH, es muy probable que estas dificultades para relacionarse le hayan seguido hasta la edad adulta, del mismo modo que lo ha hecho el TDAH.

¿Qué puede hacer al respecto? Aplique todos los consejos que hemos señalado en este capítulo a las demás relaciones y no olvide la tan importante regla 8 del Cuarto paso: demuestre que puede reírse de sí mismo y que está intentando superar los problemas sociales que el TDAH le está causando. Muchas amistades se construyen (y conservan) sobre los cimientos de la honestidad y la humildad.

28 Un peligro al volante y para su propia salud (los malos hábitos)

Todas las multas de velocidad y aparcamiento que he ido acumulando durante toda mi vida no bastan para explicar por qué me han retirado el permiso de conducir tantas veces, aunque sabe Dios que eran justificadas. También es culpa de mi absoluta falta de memoria y mi pésimo sentido del tiempo. Por ejemplo, en una ocasión me multaron por no haber pasado la ITV. El policía me advirtió de que si no pagaba la multa, me quitarían el carnet; pero me olvidé y, efectivamente, me lo retiraron. Encima acabé arrestado porque me pillaron conduciendo y me obligaron a hacer un curso de seguridad vial, pero se me pasó la fecha en la que tenía lugar. El problema es que esto me ha ocurrido ya tres veces seguidas. Volvieron a mandarme a la autoescuela y de nuevo olvidé el día en que empezaba el curso y me salté la primera clase. El juez me ordenó asistir a la siguiente y realizar algunos servicios a la comunidad, que por supuesto no cumplí. He seguido conduciendo de todas maneras y me han vuelto a pillar. ¡Irónicamente, esta vez descubrieron que conducía sin carnet porque la pegatina del parabrisas mostraba que tenía la ITV caducada! Así que ya es la cuarta vez y todo por no pasar la ITV.

¿Corro demasiado con el coche? Pues, claro. Si no lo hiciera, no podría concentrarme en la carretera y me pasaría el rato jugando con la radio, mandando mensajes con el móvil o haciendo varias cosas a la vez sin prestar demasiada atención. Por eso es por lo que voy tan rápido, porque me divierto y eso me ayuda a concentrarme en el volante.

> Si no ha leído el libro en orden, ahora es un buen momento para echarle un vistazo al Segundo paso.

¿Cómo decidimos lo que es o no arriesgado? Fijándonos en las consecuencias, es decir, *en el posible resultado futuro* de nuestras acciones.

Si ha leído este libro en orden, seguro que habrá llegado a la misma conclusión que yo: sin un buen sentido del tiempo, ¿cómo va a juzgar correctamente lo que es arriesgado y lo que no?

> El TDAH le deja ciego ante las probabilidades, es decir, que usted no es capaz de mirar hacia el futuro para considerar seria y racionalmente las consecuencias de lo que está pensando hacer.

Sencillamente, no puede.

Quizá durante toda su vida le hayan acusado de dejarse llevar por un comportamiento imprudente, lo cual no sería justo si tenemos en cuenta que eso implicaría que era capaz de comprender los riesgos a los que se exponía y, aun así, decidía asumirlos. Más bien todo lo contrario, usted tiene un déficit en las funciones ejecutivas que le ayudan a evaluar el peligro. En resumen, cuando se trata de riesgos, usted es incapaz de verlos por ningún lado.

Si a esta limitada capacidad de anticipación y su consecuente falta de evaluación de los riesgos le sumamos el resto de síntomas del TDAH, los adultos que padecen el trastorno sufren:

- más problemas al volante,
- más heridas provocadas por accidentes,
- más problemas de salud derivados de una insuficiente preocupación por llevar una vida saludable,
- más embarazos no deseados y enfermedades de transmisión sexual.

En nuestras investigaciones quedó patente que todas estas amenazas para la salud, la seguridad y el bienestar se daban en mayor medida en los adultos con TDAH. Si usted ya ha tenido su ración de accidentes de coche, multas, huesos rotos, quemaduras, embarazos no deseados o relaciones de una noche de las que luego acaba arrepintiéndose, y quiere gozar de mejor salud..., ¿no cree que ha llegado la hora de evitar las situaciones de riesgo y dejar de oír a los demás despotricando contra su falta de prudencia?

Conduzca de forma segura

Empezaré hablando de los riesgos que entraña conducir, ya que los problemas al volante son frecuentes en los adultos con TDAH, además de potencialmente mortales.

Mis propias investigaciones, los estudios de mis colegas e incluso los informes de la Dirección General de Tráfico señalan que los adultos que padecen el trastorno tienen más posibilidades que el resto de:

- que les retiren el carnet de conducir de forma temporal o definitiva,
- que les multen por conducir sin el carnet en regla,
- tener un accidente,
- ser los responsables de dicho accidente,
- que les multen por exceso de velocidad e, incluso, conducción temeraria.

Es obvio que se trata de consecuencias graves, aunque puede que no sean suficientes para que usted aborde sus propios problemas al volante; sin duda porque, como suele decirse, «las estadísticas no son sino personas que han debido enjuagar sus lágrimas». Así que permítame que le cuente una historia personal que ilustra lo costosos que pueden llegar a ser los problemas al volante de una persona con TDAH. Muchas cosas quedaron sin decir en el artículo, como que Ron era mi hermano gemelo (no idéntico o mellizo). Quizá contar su historia hará que su trágica pérdida y la de mi familia sirvan para ayudarle a usted y a otros adultos con TDAH.

Accidente de coche mortal en Keene

Escrito por: Andrea VanValkenburg

Redactora del *Press Republican*, Plattsburgh, Nueva York

26 de julio de 2006

KEENE.- Un vecino de la localidad de Elizabethtown falleció la noche del pasado lunes cuando su vehículo volcó tras impactar contra un muro de contención. Ronald Barkley, de 56 años, viajaba en dirección sur por la carretera Barlett, en Keene, aproximadamente a las 22:06 h. cuando al tomar mal una curva su vehículo se salió de la calzada por el arcén derecho. De acuerdo con las declaraciones de la policía de Ray Brook, [...] el conductor salió disparado de su monovolumen debido al impacto y quedó atrapado bajo el vehículo cuando este volcó. Un transeúnte notificó a las autoridades el accidente poco después de que se produjera. La policía y diversos voluntarios del cuerpo de bomberos de Keene acudieron en cuestión de minutos, pero el conductor ya estaba muerto cuando llegaron. Según la policía, la víctima circulaba por encima de los límites de velocidad cuando tuvo lugar el accidente y las investigaciones realizadas revelan que podría no haber llevado puesto el cinturón de seguridad en el momento del impacto. La autopsia se llevó a cabo ayer martes en el centro médico de Adirondack y determinó que la víctima había fallecido debido a un traumatismo craneal. Al cierre de esta edición no disponemos de más información.

Mi hermano Ron padecía TDAH en grado moderado a grave desde la infancia. El trastorno lo había acompañado durante toda su vida, una vida que acabó de forma abrupta y violenta la noche del lunes 24 de julio del verano de 2006. Aquel fatal accidente puede atribuirse indirectamente a su TDAH y de forma más directa al efecto que provocaba el trastorno en su manera de conducir: exceso de velocidad, comportamiento imprudente, déficit de atención, consumo de alcohol y falta de uso del cinturón de seguridad. Todos estos factores conspiraron aquel fatídico día para acabar prematuramente con su vida a la edad de 56 años.

Cabría destacar el contexto del accidente. Mi hermano había salido a dar una vuelta con el coche por una carretera rural, para disfrutar del hermoso paisaje de las Montañas Adirondack en una agradable noche de verano, como solía hacer a menudo. Trabajaba como cocinero y después de un turno de 10 horas, había picado algo para cenar y había decidido irse a tomar una copa con nuestra madre de 92 años y después salir a dar un paseo en coche en un monovolumen de segunda mano que acababa de comprarse y que había reparado él mismo. Quizá también se hubiera tomado un par de copas durante la cena, no lo podemos saber a ciencia cierta, aunque en el certificado de defunción se mencionaba que el alcohol había sido uno de los factores atenuantes del accidente. Unos días antes, habíamos hablado por teléfono y parecía mucho más feliz de lo que lo había sido en una temporada debido a su nuevo trabajo y al hecho de que, después de años realizando trabajillos aquí y allá y dedicándose principalmente a tocar la guitarra y cantar en distintos grupos de rock, por fin iba a estar asegurado.

Verá, Ron dejó el instituto a los 16 años, cuando estaba a punto de suspender el mismo curso por segunda vez, y se dedicó a tocar la guitarra. Con el tiempo empezó a dársele muy bien el rock y el blues, y formó parte de innumerables grupos durante los 40 años siguientes a lo largo de toda la costa este y el sur de California. Estaba claro que tenía un don para la música y todos se quedaban impresionados al oírle tocar. Era el alma de la fiesta, siempre estaba charlando, contando chistes, haciendo el payaso y entreteniendo a todo el mundo. Sin embargo, no tenía cabeza para los negocios, solía gastar más de lo que ganaba y era incapaz de administrarse el tiempo. Se enfadaba con facilidad, era muy impulsivo y tenía tendencia a aburrirse en todos los trabajos que realizaba; por lo que constantemente cambiaba de grupo. Cuando no se dedicaba a la música, solía trabajar como cocinero para llegar a fin de mes, pero nunca duraba en los trabajos. Se casó y separó dos veces y convivió con muchas mujeres, aunque siempre por poco tiempo. Abusaba de la bebida, el tabaco y, en particular, la cocaína. Incluso visitó en varias ocasiones la cárcel por posesión o venta de drogas. Tenía tres hijos, aunque como no podía proporcionarles los cuidados y el apoyo que necesitaban, acabó limitándose a pasarles la pensión alimenticia y perdió toda o parte de su custodia.

Volvamos al tema que nos ocupa. Sus antecedentes como conductor eran pésimos. Casi todos los factores de riesgo que se han identificado en distintos estudios (tanto míos como de otros colegas) estaban presentes en su expediente, así como en su trágico accidente y prematura muerte. Resulta irónico siendo yo un experto tanto en el TDAH como en las consecuencias que acarrea al volante. Por este motivo, he insistido tanto en mis últimos estudios en los daños irreparables que esta actividad aparentemente mundana puede ocasionar en los adultos con TDAH (y sus allegados). Asimismo, he hecho hincapié en el hecho de que estos problemas pueden solventarse gracias a la medicación. (Mi hermano solía tomarla a regañadientes, cuando no se olvidaba de hacerlo o de ir a comprarla si se le acababa.)

Diversos estudios han probado que los problemas al volante son frecuentes tanto en adolescentes como en adultos, y en especial en los adultos que padecen TDAH. Al igual que mi hermano, estos adultos:

- tienen tiempos de reacción más lentos y variables,
- cometen más errores derivados de su impulsividad,
- difieren en su manera de conducir,
- están menos atentos y se distraen con mayor facilidad que los adultos de la población general,
- no suelen usar el cinturón de seguridad y, en lugar de prestar atención a la carretera, se dedican a toquetear los botones de la radio, enviar mensajes, hablar por el móvil o simplemente charlar demasiado despreocupadamente con el resto de ocupantes del vehículo,
- son más propensos a conducir de forma agresiva cuando están enfadados y a protagonizar episodios de furia al volante.

Mi hermano cumplía todas estas características.

La causa común de accidentes es la falta de atención por parte del conductor, por lo que es fácil ver por qué los adultos con TDAH son propensos a:

- sufrir accidentes más graves, en lo que se refiere a los daños económicos y los heridos resultantes,
- conducir bajo los efectos del alcohol,
- verse más afectados por el alcohol que otros adultos.

Todos estos factores estuvieron involucrados en el accidente mortal que sufrió mi hermano.

Aún más relevante que el hecho de que los adultos con TDAH tengan más incidentes al volante que el resto es la mayor frecuencia con la que los tienen:

> A los adultos con TDAH no solo les multan por exceso de velocidad entre tres y cinco veces más que al resto, sino que también les ponen más multas de aparcamiento, ya que estacionan impulsivamente en cualquier parte, pues carecen de paciencia para buscar un lugar en el que sí esté permitido aparcar.

- Les suspenden o retiran el carnet de conducir una media de tres veces más.
- Tienen el doble de accidentes.
- Les multan casi tres veces más por exceso de velocidad.
- Son responsables de más de la mitad de los accidentes en los que se ven envueltos.

- En su expediente constan más del doble de multas de aparcamiento y citaciones.

> Los adultos con TDAH tienen 2,5 más posibilidades de morir prematuramente debido a distintos reveses como los accidentes de coche.

Estrategias para su seguridad

Afortunadamente, algunos estudios recientes han revelado que su habilidad al volante puede mejorar considerablemente con la medicación para el TDAH (con los estimulantes y la atomoxetina, aunque los primeros son más efectivos en este aspecto). Adopte las siguientes medidas:

- Si padece un TDAH de moderado a grave, asegúrese de tomar su medicación siempre que vaya a conducir.
- No olvide tomarla si en su trabajo debe conducir o manipular maquinaria pesada.
- Es muy importante que se fije un horario para tomar la medicación y que lo cumpla, con el fin de asegurarse de que contará con los niveles apropiados de medicamento en su flujo sanguíneo a las horas que por lo general deba conducir, como a primera hora de la mañana y última de la tarde para ir o volver del trabajo, o cuando tenga que conducir por la noche por motivos de trabajo o porque vaya a acudir a algún acto social. Los efectos de una dosis temprana, incluso si se trata de formas de liberación prolongada, pueden desaparecer muy pronto. La mayoría de los adultos toman una dosis de refuerzo de un medicamento de liberación inmediata al final del día para asegurarse de estar cubiertos. *Lo que está en juego es su vida y la del resto de personas que estén en la carretera.*
- Si no se está medicando o se le ha pasado el efecto, deje que sea otro quien conduzca. Olvídese de su orgullo y deje el volante a su mujer, un amigo u otra persona con carnet mientras usted disfruta del paisaje y se encarga de la música desde el asiento del copiloto.
- Póngase **siempre** el cinturón de seguridad. Puede dejarse una nota en el salpicadero o, mejor aún, sobre el contacto para acordarse de abrochárselo antes de arrancar. No quiero que acabe como mi hermano, que salió disparado a pesar de no circular a mucha velocidad y fue aplastado por su propio monovolumen.
- No pruebe ni gota de alcohol si piensa coger el coche. Y no hay más que hablar.
- No utilice su teléfono móvil, iPhone, BlackBerry o PDA mientras esté conduciendo, ya que se están convirtiendo en una de las fuentes de distracción más frecuentes al volante e incrementan el riesgo de accidente. Y usted ya tiene bastantes distracciones con su TDAH. Si tiene que utilizar el teléfono, contestar a una llamada, enviar un mensaje o un correo electrónico, ¡pare el

coche y podrá hacerlo tranquilamente! Nunca, bajo ninguna circunstancia, lo haga mientras esté conduciendo. En el caso de que le resulte imposible resistir la tentación, cómprese el Key2SafeDriving, un aparato que le permite bloquear la señal del teléfono y que fue inventado en la Universidad de Utah por el profesor Xuesong Zhou. Puede adquirirlo en www.accendolc.com y cuesta unos 50 dólares, pero vale la pena. La llave del coche se introduce en el dispositivo, en el que encaja a la perfección, como la hoja de una navaja plegable cuando se introduce en el mango. Para sacarla deberá pulsar un botón que simultáneamente enviará una señal de *bluetooth* que bloqueará su móvil, de modo que no podrá conducir y hablar por teléfono a la vez. Este aparato podría solventar su problema de dependencia, así como el de cualquier otro miembro de su familia que también conduzca.

> Lea más acerca de este dispositivo en www.scrippsnews.com/node/39057 o www.dsc.discovery.com/news/2009/02/04/texting-driving.html. La página web de la empresa que lo comercializa es www.accendolc.com.

> Los estudios demuestran que los adultos con TDAH:
> - Conducen como si se encontrarán en estado de embriaguez aunque no hayan probado el alcohol.
> - Se ven más afectados por el alcohol a la hora de conducir que los conductores que no padecen el trastorno, incluso aunque la cantidad de alcohol consumida no sea significativa.

Evite las heridas

El TDAH puede poner en peligro su vida.

No solo corre el riesgo de sufrir un percance con el coche, sino que se encuentra expuesto a accidentes de todo tipo que pueden causarle heridas graves. De acuerdo con diversos estudios, los niños con TDAH tienen más posibilidades que otros de acabar en la unidad de quemados del hospital, accidentarse cuando van caminando o montan en bicicleta, intoxicarse, romperse algún hueso, hacerse una herida en la cabeza o perder algún diente. Si tiene el trastorno desde que era pequeño, seguro que habrá llegado a considerar la sala de urgencias como su segunda casa. De hecho, los accidentes que sufren los niños con TDAH tienden a ser más graves que los del resto y sus madres suelen decir a menudo que los atraen.

QUINTO PASO: CAMBIE DE SITUACIÓN

> ℹ️ Un estudio que realizamos recientemente probó que los niños que padecen TDAH (y otros problemas de comportamiento) tienen el triple de posibilidades de fallecer antes de los 46 años que los niños que no sufren este tipo de trastornos (el 3% frente al 1%).

¿Y ahora qué? Como sabrá, estos riesgos continúan presentes en la edad adulta.

> ℹ️ Una de mis últimas investigaciones junto con los estudios de otros de mis colegas revelaron que los adultos con TDAH:
> - Tienen casi un 50% más de posibilidades de sufrir una herida seria a lo largo su vida.
> - Tienen cuatro veces más posibilidades de intoxicarse gravemente por accidente.
> - Tienen más posibilidades de interponer una demanda de indemnización por accidente laboral que el resto de adultos.

¿Qué puede hacer al respecto?

- Contrarreste su **impulsividad**. Si no puede controlar sus impulsos, se lanzará de cabeza a hacer las cosas sin pensar en el riesgo que implican. Uno de mis pacientes me contó que cuando era pequeño, él y sus amigos decidieron construir una rampa con nieve al pie de una colina. Su intención era lanzarse con los trineos desde arriba y saltar por encima de una carretera por la que siempre circulaban muchos coches. Sin embargo, cuando estuvo lista la rampa, fue el único que se atrevió a probarla. Acabó aterrizando con su trineo sobre un coche en lugar de salvar la carretera, y resultó herido de gravedad. Desafortunadamente, este tipo de historias son muy comunes en los adultos que padecen el trastorno. **Practique las estrategias para detener la acción que vimos en el capítulo 16.**
- **Medíquese para reducir la facilidad con la que se distrae y su falta de atención**. Cuando va en bici por una carretera concurrida o cruza a pie la calle, es bastante probable que no esté prestando tanta atención al tráfico como otros adultos y que, por lo tanto, le cueste más evitar posibles accidentes. **Ejercite también su diálogo interno y su imaginario mental** (consulte los capítulos 17 y 18) para que le ayuden a fijar su atención en la actividad potencialmente peligrosa que está realizando o a punto de realizar.

- Cuando hable consigo mismo, **pregúntese si no será algo de rebeldía o prepotencia infantil** lo que hace que se niegue a tomar las medidas de seguridad convencionales. El 65% o más de los niños con TDAH tienden a adoptar una actitud desafiante. Si usted era así de pequeño, es bastante probable que haya adquirido el hábito de ignorar las normas que se aplican al resto de la población y quizá piense que siempre saldrá airoso ignorando el peligro.
- **Conozca sus límites físicos.** Los niños que padecen el trastorno pueden ser más patosos y tener una coordinación deficiente. Sus habilidades motrices sueles ser inferiores y el desarrollo de las mismas más lento; en algunas ocasiones, al llegar a adultos no consiguen ponerse al día. Si usted es consciente de que no goza de mucha coordinación, sea humilde, siga la regla 8 (ver el capítulo 23) y ríase de sí mismo; y después póngase el casco de la bici, abróchese el cinturón o corra por la acera en lugar de por la calzada.

Haga del sexo un asunto seguro

Existen pocos estudios acerca de las actividades sexuales de los adolescentes y adultos con TDAH, dos de los cuales los realizó mi equipo de investigación. Descubrimos que los jóvenes que padecían el trastorno empezaban a tener relaciones sexuales por lo general un año antes que el resto, tenían más parejas y usaban menos los anticonceptivos; asimismo los embarazos adolescentes eran **10 veces** más frecuentes (fuera el padre o la madre quien tuviera el trastorno) y contraían **cuatro veces** más una enfermedad de transmisión sexual. A los 27 (6 años después del estudio), el mismo grupo se había igualado con la población general en cuanto a anticoncepción y enfermedades de transmisión sexual, pero seguían teniendo hijos a edades más tempranas.

¿Cuál es nuestro consejo? Bueno, no se ha comprobado científicamente la viabilidad de unas u otras medidas para estos problemas; sin embargo, le proponemos algunas ideas de sentido común que puede probar:

> *Diversas páginas web, como www.advocatesforyouth.org o http://www.fpfe.org/, facilitan información sobre temas sexuales para adolescentes y jóvenes.*

> Varios estudios llevados a cabo por mi amigo y colega el Dr. Eric J. Mash y sus estudiantes de la Universidad de Calgary (Canadá) revelaron que existían más posibilidades de que las mujeres embarazadas con TDAH no estuvieran casadas y no hubieran planificado sus embarazos que en el caso de las mujeres sin el trastorno. Estas madres también sufrían ansiedad y depresión en mayor proporción, tanto antes como después de nacer el bebé. Antes del parto, las madres tenían menos expectativas positivas con respecto a su maternidad y después experimentaban más dificultades para criar al recién nacido.

- Si nunca asistió a una charla de educación sexual, infórmese ahora por su cuenta. Todas las grandes librerías tienen una sección sobre salud y bienestar en la que encontrará libros sobre sexualidad o también manuales para cuidar su cuerpo que acostumbran a incluir capítulos sobre sexo. Sírvase también de Internet. Lo importante es que se informe sobre sexo, medidas anticonceptivas y otros temas relacionados que le ayudarán a llevar una mejor vida sexual.
- A no ser que esté pensando en tener un bebé, use **siempre** anticonceptivos. Para las mujeres es más fácil porque la píldora debe tomarse cada día. Sin embargo, tanto hombres como mujeres tendrán que acordarse de llevar siempre preservativos encima, ya que la píldora no previene las enfermedades de transmisión sexual. Desafortunadamente, una cosa más que puede olvidar por la excitación del momento. Si tiene antecedentes de relaciones sexuales impulsivas de las que luego acaba arrepintiéndose, pídale a su médico que le recete la píldora del día después, que puede reducir el riesgo de embarazo después del acto sexual. También puede considerar la opción de los anticonceptivos subdérmicos, que consisten en implantar una varilla de pequeño tamaño bajo la piel de la mujer, normalmente en el brazo, que va liberando un fármaco para el control de la natalidad durante largos periodos de tiempo. Si ya es mayor o ha tenido todos los hijos que deseaba, una vasectomía en el caso de los hombres o una ligadura de trompas en el de las mujeres es otra opción que puede tener en cuenta para no tener que estar pensando en las medidas anticonceptivas. Aun así, necesitará tomar las medidas pertinentes para evitar enfermedades venéreas.
- Considere ponerse la vacuna contra el papiloma humano, que hoy en día puede administrarse incluso a las niñas. Las personas con TDAH tienen de media más parejas sexuales que el resto de la población durante su vida sexual activa. Además de los antecedentes familiares, el mejor indicador de que una mujer padecerá cáncer cervical es su número de parejas sexuales. Vacunarse puede prevenir la infección del virus, conocido por potenciar el riesgo de esta enfermedad. Ahora existe incluso una vacuna para los hombres.

Reduzca los riesgos para su salud y los malos hábitos

Debido al TDAH, usted necesita prestar más atención que el resto de los adultos a los riesgos comunes para la salud y los malos hábitos. El TDAH le hace:

- Más vulnerable al consumo de drogas y su dependencia (ver el Capítulo 30), algunas de ellas legales como la cafeína, la nicotina y el alcohol.
- Más propenso a padecer sobrepeso por la falta de ejercicio, la realización de actividades más sedentarias como la televisión o los videojuegos, y una dieta menos saludable que la del resto de adultos.

- Más reticente a los cuidados médicos y dentales preventivos y, por tanto, más proclive a terminar con problemas serios de salud derivados de problemas menores que no fueron detectados a tiempo

> Los estudios revelan que la mitad de las muertes que se producen en Estados Unidos están causadas por malos hábitos en relación con:
>
> - El tabaco (19%)
> - La dieta y el ejercicio físico (14%)
> - El alcohol (5%)
> - El uso de armas de fuego (2%)
> - El comportamiento sexual (1%)
> - La manera de conducir (1%)
> - El consumo de drogas ilícitas (1%)
>
> De igual modo, un estudio de investigación canadiense demostró que el 50% de las muertes prematuras podrían haberse evitado con un cambio de hábitos en estos mismos ámbitos.

Estos malos hábitos inducidos por el TDAH incrementan el riesgo de padecer enfermedades coronarias y cáncer, entre otros problemas médicos y dentales.

Como ya comentamos, el TDAH puede convertirse en una enfermedad mortal. La naturaleza misma de sus síntomas, y en particular los problemas de inhibición y autocontrol, pueden hacer que su vida sea más corta. Si no es capaz de considerar seriamente las consecuencias futuras de su comportamiento, no se preocupará mucho por llevar una vida saludable (hacer ejercicio, seguir una dieta adecuada o consumir con moderación cafeína, tabaco y alcohol).

Y después está la responsabilidad, considerada una de las cinco dimensiones principales de la personalidad. Ser responsable es tender hacia lo *opuesto* de lo que los síntomas del TDAH le imponen: controlar sus impulsos, pensar en las consecuencias de sus actos, perseverar en la consecución de sus metas, etc. Ahora sabemos que la responsabilidad está estrechamente relacionada con el riesgo de sufrir distintos problemas de salud e, incluso, con la esperanza de vida.

Dado que su responsabilidad innata se ha visto reemplazada por los síntomas del TDAH, usted va a necesitar la ayuda de médicos y profesionales de la salud para eliminar estos riesgos derivados de su estilo de vida, con programas para dejar de fumar, una dieta apropiada, tablas de ejercicios, etc.

¡No deje que el TDAH acorte su esperanza de vida al entrañar estos factores de riesgo! Tome las medidas que necesite para 1) controlar su TDAH y 2) llevar

QUINTO PASO: CAMBIE DE SITUACIÓN

un estilo de vida más sano. El trastorno parece cobrarse más víctimas cuanto más se tarda en tomar medidas.

¿Qué puede hacer para empezar hoy mismo a proteger su salud y su longevidad?

> Las personas que habían sido diagnosticadas en la edad adulta eran tan activas como el resto de la población general; por el contrario, los adultos (27 años) que habían sido diagnosticados de pequeños *eran en su mayoría menos dados a practicar ejercicio de forma habitual* (un 44% frente al 69% de la población general). *Si no se modifican sus costumbres, estos adultos serán más propensos a padecer problemas de salud derivados de la falta de ejercicio más adelante.*

- Pida cita con su médico para hacerse un chequeo general si hace tiempo que no se hace uno o no se ha hecho ninguno desde niño. Consiste en comprobar si está desarrollando algún problema, con el fin de tratar de erradicarlo en una fase temprana mediante la medicina preventiva. Si evita los cuidados médicos, lo hace con un riesgo a largo plazo; así que no se la juegue pensando que como se encuentra bien o no tiene ningún problema en el presente, es imposible que esté incubando alguna enfermedad que esté latente o no haya sido detectada. Hágase una revisión rutinaria y siga los consejos de su médico.
- Si fuma, pídale a su médico que le recomiende un programa para dejar de fumar.
- ¿Bebe mucho? Es difícil juzgar nuestro propio comportamiento, sobre todo si no creemos que pueda ser perjudicial. Por eso mismo, si alguien le dice que bebe demasiado, intente escucharle. Marque en un papel las bebidas que se toma cada día y échele un vistazo al final de la semana. ¿Es más de lo que bebía antes? ¿Es más de lo que beben sus familiares o amigos? ¿Suele tener resaca a menudo o siente que piensa más lentamente a la mañana siguiente de haber bebido? Hable con su médico, que está ahí para ayudarle y no para juzgarle. Si tiene un problema con el alcohol, pídale que le inscriba en un programa de rehabilitación para alcohólicos u otro similar.

> ¿No tiene seguro médico y no puede permitirse ver a un doctor?
> Pida a algún hermano, padre u otro familiar que cubra los costes. Compruebe en el ayuntamiento o en el gobierno local si puede hacerse un examen médico a cargo del estado, en caso de encontrarse por debajo del umbral de pobreza. Llame a servicios sociales por si pueden dirigirle a clínicas de cuidados gratuitos.

- Lo mismo con las drogas. Su médico puede ayudarle a encontrar un programa de desintoxicación.
- Asegúrese de visitar al dentista. Los problemas o enfermedades dentales no detectados pueden hacer que pierda algunos o todos los dientes, que tengan que ponerle una dentadura o algunas piezas postizas, que precise cirugía o que padezca un absceso en los dientes, que puede llegar a ser letal si la infección pasa al riego sanguíneo y ataca al corazón.

  > Si tiene sobrepeso, la medicación para el TDAH puede ser doblemente beneficiosa para usted, ya que a menudo conlleva pérdida de peso.

- Comience a practicar ejercicio físico regularmente todas las semanas. A todos nos cuesta seguir este consejo, pero eso no es una excusa para no intentar incorporar el ejercicio a nuestro estilo de vida. También proporciona el beneficio añadido de ayudar a las personas con TDAH a controlar mejor sus síntomas y liberar esa enorme cantidad de energía extra e hiperactividad. Mis pacientes y otros adultos aquejados con el trastorno afirman que correr, montar en bicicleta, nadar y otros deportes aeróbicos, incluso las artes marciales, han resultado ser eficaces a la hora de reducir sus síntomas y constituyen una válvula de escape más saludable para su energía.
- Considere la opción de tomar medicación para tratar su trastorno. A menudo, los riesgos médicos y dentales que hemos identificado en nuestras investigaciones derivan de una falta de control del TDAH, así como de los efectos desorganizadores que causan en su vida. Controlar su TDAH con medicación puede ayudarle a adoptar las medidas preventivas en cuanto a salud general y dental que todos los adultos precisan.

29 Otros problemas mentales y emocionales

Si lleva años luchando contra los síntomas del TDAH sin saber en realidad qué le pasaba, el diagnóstico debe de haber sido un gran alivio. No solo ha encontrado por fin una explicación a sus problemas, sino que además tiene acceso a tratamientos científicamente probados que pueden aliviar sus síntomas y poner el éxito a su alcance.

Pero ¿qué pasa si la medicación y las estrategias de autoayuda descritas en este libro no son suficientes? ¿Qué puede hacer si sus días continúan siendo terriblemente duros? ¿Y si aun así no puede progresar en el trabajo, terminar su educación o disfrutar de su vida social y familiar? ¿Sigue sintiéndose miserable y frustrado la mayor parte del tiempo? ¿Cuál podría ser la causa?

Considere la posibilidad de que el TDAH no sea el único problema mental o emocional que padezca. En el capítulo 1, ya comentamos que el 80% o más de los adultos con TDAH sufren por lo menos otro trastorno psiquiátrico y más del 50% como mínimo dos más. En la página 27, encontrará una lista con las dolencias que suelen coexistir con el TDAH. En orden descendente de prevalencia, los más frecuentes son:

- un trastorno negativista desafiante,
- un trastorno de la conducta o personalidad antisocial,
- las adicciones,
- la ansiedad,
- la depresión.

El porcentaje de estas enfermedades en los adultos con TDAH varía según los estudios, por lo que este orden no es inamovible. No obstante, le da una idea de lo que puede pasar

> Padecer otro trastorno además del TDAH es bastante común y, por tanto, dispone de mucha ayuda a su alcance. Solo uno de cada cinco adultos padece únicamente TDAH

cuando el TDAH no explica todos los obstáculos que encuentra en el camino para tener la vida que desea.

En las páginas siguientes le explicaré a grandes rasgos cómo son estas dolencias, qué se siente y cómo las abordan los profesionales de la salud. Huelga decir que la única manera de estar seguro de que tiene uno de estos trastornos es mediante un análisis y su correspondiente diagnóstico.

Si ya le han diagnosticado TDAH, ¿por qué quien le examinó no se dio cuenta de que había algo más? En un mundo ideal, su análisis para el TDAH habría revelado cualquier otra enfermedad que tuviera, pero vivimos en un mundo imperfecto, en el que un sinfín de factores pueden ocultarla. Quizá usted y su médico estaban tan centrados en la idea del TDAH que usted obvió otros síntomas que simplemente pasaron a formar parte del trasfondo de su historia. Es posible que la enfermedad fuera tan leve en el momento del diagnóstico que no se tuvieran en cuenta sus síntomas. Siempre puede darse el caso de que el evaluador no tuviera la suficiente experiencia en general o identificando otros trastornos psiquiátricos más allá del TDAH. Incluso podría ser que su médico viera signos de otros problemas pero creyera que era mejor que usted se centrara en controlar el TDAH antes de pedirle que aceptara y batallara con nada más.

Pida hora a su médico, preferiblemente el mismo que le diagnosticó el TDAH. Prepárese para describirle los síntomas que está experimentando, las limitaciones que persisten a pesar del tratamiento para el TDAH y los ámbitos de su vida en los que más le afectan. Las preguntas que encontrará a continuación le servirán para ayudar a su médico a identificar el problema.

Trastorno negativista desafiante

¿Se siente a menudo furioso con el mundo?
¿Pierde los nervios de forma regular, o incluso a diario?
¿Piensa que la gente le ve como a un inconformista, un tramposo y un rebelde?
¿Tiende a ponerse a la defensiva cuando alguien le dice que ha hecho algo mal?
¿Le han despedido de muchos trabajos?

A más respuestas afirmativas, más probabilidades de que usted padezca un trastorno negativista desafiante. Si lo que le está haciendo la vida imposible, a pesar de la mejora que la medicación ha causado en los síntomas del TDAH, es sentir que no encaja, que siempre es el «chico malo», el incomprendido, el que no le gusta a nadie, el apartado y rechazado, quizá la causa sea un trastorno negativista desafiante (TND). Si de niño era hostil y obstinado, y se comportaba de manera que los adultos consideraban desafiante y que siempre acababa metiéndole en líos, puede que ya entonces tuviera TND, aunque no se lo diagnosticaran. *En la mitad de los casos, el trastorno persiste hasta la edad adulta.* ¿Cuáles son sus causas? No estamos seguros, pero podría tratarse de un patrón de rebeldía que adquieren los niños con TDAH al estar enfrentándose constantemente a los adultos, que intentan hacer que se comporten de una manera que sus deficiencias en las funciones ejecutivas imposibilitan. Para cuando los niños llevan dos o tres años padeciendo TDAH, *entre el 45% y el 84% sufre además TND*. Pero también podría ser que las dificultades que genera el TDAH para regular las emociones los predispusieran a los problemas para controlar su rabia y frustración. No hay duda de que las emociones impulsivas provocan que uno se enfade, impaciente o frustre con mayor rapidez, lo que puede ser el detonante del TND. Desahogarse y decir todo lo que uno piensa lleva a muchos conflictos, en especial con las figuras autoritarias. Quizá esta sea la razón por la que los adultos con TND tienden a ser despedidos, aunque sea más fácil identificar su bajo rendimiento en el trabajo con el TDAH.

Tratamiento: En muchos casos, la medicación utilizada para tratar el TDAH atenúa con el tiempo también los síntomas del TND, ya que facilita el control emocional y otros tipos de autocontrol que le ayudan a encajar mejor en la sociedad. Si los medicamentos para el TDAH no han conseguido regular por completo su impulsividad emocional, apúntese a un programa para aprender a controlar la agresividad en la consulta de un profesional de la salud mental, una clínica cercana o un centro social. También puede probar los métodos de autoayuda que W. Robert Nay publicó en *Taking Charge of Anger* (Guilford Press, 2004), del que ya hemos hablado antes. Por último, algunos adultos requieren una segunda medicación exclusiva para controlar este aspecto de sus problemas además de la que ya toman para tratar el TDAH. Consúltelo con su médico.

Trastorno de la conducta o personalidad antisocial

> ¿Tuvo problemas con la ley cuando era niño o adolescente?_____
> ¿Se escapó de casa?_____
> ¿Faltaba a menudo al colegio o se saltaba la hora de volver a casa?_____
> ¿Y ahora? ¿Tiene antecedentes penales?_____
> ¿Desafía las leyes, ordenanzas, reglas y regulaciones?_____
> ¿Le han echado de su casa?_____
> ¿Tiene antecedentes de alcoholismo o drogadicción?_____
> ¿Se ve envuelto a menudo en peleas en los bares?_____
> ¿Ha sido acusado alguna vez de acoso o abuso sexual?_____

Muchos de los que responderían afirmativamente a la mayoría de las preguntas anteriores no estarían ni siquiera leyendo este libro, pero para aquellos que sí lo estén haciendo: si tiene un historial de comportamiento criminal o cercano a lo criminal, quizá aún tenga dificultades a pesar de estarse tratando el TDAH porque en cierto modo se encuentra al margen de la sociedad. Puede que necesite tiempo y orientación profesional para reintegrarse.

Podríamos considerar el trastorno de la conducta (TC) como un paso más allá (o un paso antes) del trastorno negativista desafiante. Los niños y adolescentes con un trastorno de la conducta no solo tienen una actitud desafiante; mienten, roban, se ven envueltos en peleas, llevan armas, provocan incendios y cometen abusos sexuales. En resumen, violan los derechos de los demás y las normas y leyes sociales. Si bien la gran mayoría de los adultos con TDAH no cumplen los requisitos para ser diagnosticados, del 17% al 35% recuerdan haber encajado en este perfil cuando eran más jóvenes. Los que aún lo hacen al llegar a adultos (entre el 7% y el 44% de de los que aún padecen TDAH; según mi estudio de seguimiento, se acercaría más a la segunda cifra), serían en este momento diagnosticados con un trastorno de personalidad antisocial (TPA), que es en esencia una evolución del trastorno de la conducta. ¿Cómo puede alguien desarrollar unos problemas de comportamiento tan graves? En parte se debe a los problemas de inhibición y autocontrol que acompañan al TDAH, aunque estos síntomas tampoco lo explican del todo, ya que solo una minoría acaba padeciéndolos. Es más probable que se trate de un TDAH combinado con otros factores: la genética, que los padres padecieran un trastorno de la conducta o abusaran de las drogas; crecer en el seno de una familia desestructurada, monoparental o un entorno social desfavorable; carecer de supervisión paterna o materna; o relacionarse con otros adolescentes que presenten un comportamiento delictivo o consuman drogas. Como ampliaremos en el capítulo 30, el abuso de las drogas y el comportamiento antisocial suelen ir de la mano.

Los trastornos relacionados con el consumo de drogas afectan a una importante minoría de adultos con TDAH; hablaremos de ellos en el capítulo 30.

Tratamiento: vuelva a leer las opciones de tratamiento que hemos enumerado para el trastorno negativista desafiante. Si tiene un problema con las drogas, busque ayuda. Y recuerde que los amigos antisociales no son en absoluto sus amigos. Haga todo lo que pueda para salir de un entorno social que propicie el comportamiento delictivo y antisocial; si es necesario, manténgase ocupado con distintas aficiones. Sin duda, lo mejor sería buscar un nuevo entorno social que propicie las actividades positivas y productivas.

Ansiedad

¿Se pone extremadamente nervioso cada vez que piensa que tiene que hacer cosas que no quiere hacer?

¿Está siempre preocupado por una lista interminable de cosas que podrían sucederle?

¿Tiene alguna fobia (miedo irracional a las arañas, a las alturas, etc.)?

> ¿Le asustan los acontecimientos sociales, hasta el punto de verse obligado a cancelarlos en el último momento?_____
> ¿Odia hablar delante de un grupo de personas?
> _____

La ansiedad puede ser muy difícil de reconocer. Suele definirse como un comportamiento anormal dominado por las preocupaciones y los miedos, en su mayoría irreales y a menudo a cosas que nunca pasarán. Sin embargo, en su caso puede parecer perfectamente razonable y lógico que evite repetir las situaciones sociales en las que ha sido humillado decenas de veces en el pasado, o que se ponga a temblar de miedo antes de presidir una reunión de trabajo si en ocasiones anteriores ha acabado perdiendo el hilo de lo que decía, olvidando los materiales que necesitaba o quedándose en blanco durante el turno de preguntas. ¿No es acaso sensato que se proteja de desastres que ya le han ocurrido antes? Podría serlo, pero eso no significa que no esté sufriendo un cuadro clínico de ansiedad que podría ser tratado, con lo que su vida sería mucho más fácil. Aproximadamente una cuarta parte de los niños que padecen TDAH sufre también ansiedad; en cambio, entre los adultos el índice asciende hasta el 17-52%. El estudio de seguimiento que realizamos a un grupo de niños con TDAH en Wisconsin mostró que cuanto más tiempo llevaran padeciéndolo, más propensos eran de adultos a desarrollar además un trastorno de ansiedad. Creo que tiene sentido suponer que el historial de fracasos crónicos en las actividades principales de su vida pueda ser el culpable. Pero puede que también exista un riesgo genético compartido entre los dos trastornos. Esté al tanto de los últimos hallazgos.

Tratamiento: Existen muchos tratamientos de psicoterapia para la ansiedad, sobre todo las terapias cognitivo-conductuales, además de medicamentos de eficacia probada. Recuerde que la atomoxetina es un no estimulante que puede aportarle ciertos beneficios al no acentuar la ansiedad, e incluso tratarla hasta cierto punto. Pregúntele a su médico qué le recomienda.

Depresión

> ¿A menudo le cuesta levantarse de la cama y se siente exhausto incluso después de haber dormido muchas horas?_____
> ¿Son más los días en los que se siente triste que en los que no?_____
> ¿Se pone furioso con la gente y siente que se irrita con facilidad?_____
> ¿Tiene poco apetito… o demasiado?_____
> ¿Se aburre al realizar actividades con las que antes solía disfrutar?_____

Si ha respondido afirmativamente a muchas de estas preguntas, hay signos de que pueda estar sufriendo una depresión. No obstante, en las investigaciones sobre el riesgo de la misma entre los adultos con TDAH se obtienen resultados más bien dispares, por lo que no podemos afirmar que debe prestar una atención especial a sus síntomas puesto que está predispuesto en cierta medida a padecerla. En general, el riesgo de sufrir depresión de alguna clase es más de tres veces mayor en las personas con TDAH, según nuestros estudios. Curiosamente, a diferencia de la ansiedad, en nuestro estudio de seguimiento de Wisconsin observamos que el índice de depresión pasaba del 28% cuando eran niños al 18% a la edad de 27 años. Ciertos estudios revelan que podría haber un riesgo genético compartido entre los dos trastornos, lo que significaría que tener uno de los dos en la familia les predispondría para que hubiera otros miembros que padecieran el otro. Pero el entorno también tendría su parte de culpa: tanto la depresión como el TDAH están asociados con una mayor exposición al estrés, la confusión social, las desventajas y las adicciones.

Tratamiento: Al igual que en el caso de la ansiedad, existen muchos medicamentos efectivos para tratar la depresión (antidepresivos), además de enfoques cognitivo-conductuales de eficacia probada.

> Ciertos estudios sugieren que los adultos con TDAH podrían tener un mayor riesgo de padecer un trastorno bipolar (depresión maníaca), pero la mayoría, incluyendo el mío, no comparte estas conclusiones. Sin embargo, lo que sí existe es un riesgo mayor para los adultos con un trastorno bipolar de tener TDAH. Este riesgo varía en función de cuando aparece el trastorno bipolar: de 20 a 25% si aparece en la edad adulta, de 35 a 45% en la adolescencia y de 80 a 97% en la infancia.

30 Drogas y delitos

Cuando era un adolescente, e incluso aun con veintitantos, andaba por ahí con otros tipos que, como yo, buscaban emociones fuertes para las noches del fin de semana. Nos dedicábamos a ir de bar en bar y beber demasiado, y muy a menudo esperábamos ansiosos a que alguien dijera algo que no nos gustara o nos pareciera estúpido para iniciar una pelea. Me metí en tantas que ni siquiera recuerdo cuántas fueron. Por ese motivo nos echaron de un montón de bares y a menudo acabábamos heridos, pero eso no nos impedía volver a hacerlo al fin de semana siguiente. Quizá solo estábamos aburridos o queríamos pavonearnos delante de las chicas, pero por la razón que fuera, la bebida nos volvía más temerarios e impulsivos, lo cual nos llevaba a hacer cosas realmente estúpidas.

Una vez, al salir de un bar después de habernos tomado un montón de cervezas, nos encontramos un coche con las llaves puestas. Uno de mis amigos dijo: «¡Eh!¿Nos damos un paseíto?». Y allá fuimos. Estábamos todos bastante bebidos y nos retábamos los unos a los otros para ver quién conducía más rápido. Nos metimos por caminos de tierra y en un campo de golf para hacer trompos. Fuimos haciendo el tonto por los diferentes barrios de la ciudad hasta que dejamos el coche hecho papilla y nos arrestaron por robo. En aquella época éramos jóvenes y tontos, íbamos borrachos y nos comportábamos de forma muy estúpida. Además, mi impulsividad empeoraba cuando bebía. Sigo vivo de milagro.

Pero un día me encontré a un tipo que conocía del instituto que siempre parecía hacer lo correcto y al que las cosas le iban bastante bien. Me habló de una clínica de desintoxicación en la que trabajaba como voluntario. Cuando conseguí dejar la bebida, me presenté a unas pruebas para bombero y las pasé. Empecé como voluntario después de recibir la formación apropiada, gracias a lo que conseguí un trabajo remunerado como bombero más adelante. Y después conocí a Karen, que es ahora mi esposa, y ella terminó de enderezar mi vida. Me dio una razón para vivir, para hacer las cosas bien, para mantenerme alejado del alcohol, para diagnosticarme y tratar mi TDAH y para llevar una vida ordenada. Todos los chicos con los que solía juntarme están ahora en la cárcel; yo soy el único que hizo algo de provecho en la vida.

No hay duda de que los adultos con TDAH son más propensos a consumir drogas que el resto. El alcohol es de la que más a menudo abusan, hasta un tercio tiene o ha tenido problemas con la bebida; si bien también dependen, aunque en menor medida, de la marihuana, la cocaína u otros estimulantes, los opiáceos (heroína, morfina, opio) y las drogas con receta.

El problema es que la propia naturaleza de los trastornos por consumo de drogas, combinada con la naturaleza del TDAH, puede hacer que le sea terriblemente difícil reconocer que tiene un problema «real». La población general acostumbra a tardar bastante en reconocer que necesita ayuda y buscarla. Con una autoconciencia limitada por los déficits en la función ejecutiva que propicia el TDAH, admitir que tiene una adicción y tomar cartas en el asunto puede resultar incluso más difícil.

> El consumo de cocaína y otras drogas duras y el abuso de drogas con receta están más asociados con un trastorno de la conducta y un comportamiento antisocial (véase capítulo 29) que con el TDAH.

Si está empezando a preguntarse si es posible que la causa de que se encuentre mal, a pesar de recibir tratamiento para el TDAH, sea en realidad un problema de dependencia o abuso de drogas, este capítulo le ayudará a decidir qué hacer.

¿Qué le aporta consumir drogas?

Dejar de consumir una sustancia que nos gusta, sobre todo si hemos llegado a creer que la necesitamos, no es un panorama muy atractivo. La mayoría de los expertos están de acuerdo en que la gente que consume o abusa de las drogas a menudo está buscando un efecto positivo en ellas. A muchos de nosotros, el alcohol nos relaja y nos desinhibe, volviéndonos más sociables y menos tímidos; la nicotina y la cafeína nos estimulan cuando estamos cansados y necesitamos concentrarnos. Sin embargo, estos efectos típicos no son suficientes para explicar por qué los adultos con TDAH son más propensos a consumir estas sustancias que los demás, en detrimento de su salud y bienestar. Quizá saber qué le aportan esas sustancias, que están empezando a ser un problema para usted, le ayudará a darles esquinazo, con lo que mejorará su salud e incluso puede que le salve la vida. Empecemos por el alcohol.

El alcohol

El alcohol no trata los síntomas del TDAH; de hecho, puede incluso empeorarlos. Después de una copa o dos, el alcohol reduce sus inhibiciones, lo que significa que puede meterle en más problemas de los que ya de por sí le causa su impulsividad.

> ¿Suele tomar sus peores decisiones impulsivas después de haber bebido? ¿Algún ejemplo?

Entonces, ¿qué le hace seguir bebiendo? El impulso de hacerlo de por sí es ya el principal sospechoso. Si una gran parte de su vida social tiene lugar en bares y otros lugares donde se sirven bebidas, es bastante difícil que pueda resistir la tentación.

> ¿Cuando queda con sus amigos gira normalmente la ocasión en torno a la bebida?

Hace muchas páginas, comenté que usted tenía infinidad de opciones para moldear su entorno con el fin de controlar tanto su TDAH como su vida y evitar que fuera el trastorno el que le dominara. Sus amigos son, sin duda, una parte importante de su entorno. ¿Son realmente los más adecuados para usted?

> ¿Siente que al beber puede olvidar las cosas en las que no quiere pensar?

Se sabe que tras las primeras copas, el alcohol restringe su capacidad para recordar acontecimientos pasados y crea una especie de visión en túnel que centra su atención principalmente en el momento. Quizá sea eso lo que lo hace tan atractivo a los ojos de muchos adultos con TDAH: les ayuda a olvidar sus preocupaciones y les hace vivir el momento sin que importen los problemas recientes o los peligros futuros.

El alcohol también es famoso por reducir la ansiedad. Si esas cosas en las que no quiere pensar le producen ansiedad, el alcohol moderará dichos miedos, por lo menos temporalmente.

La marihuana

Como ocurre con el alcohol, los adultos con TDAH consumen marihuana en mayores cantidades que otros adultos. El porqué no me queda muy claro. Una posibilidad es que produzca un efecto similar al del alcohol y que les ayude a olvidar sus problemas, centrando su atención en el presente y quizá reduciendo cualquier nivel inusual de ansiedad. Lo que sí sabemos es que los fumadores tienen más números de pasarse a la marihuana, así como que los adultos con

TDAH son más propensos que el resto a fumar..., lo que nos lleva a uno de los hallazgos más interesantes en cuanto al TDAH y el consumo de drogas.

El tabaco o la nicotina

La mayoría de la gente no consideraría fumar como una adicción, pero yo creo que merece ser considerado de esta manera por un par de razones. En primer lugar, porque la nicotina puede ser la sustancia más adictiva del planeta; y en segundo, porque sabemos que, de todos los hábitos inventados por el ser humano, fumar es el que acarrea las peores consecuencias para la salud (cáncer de pulmón, entre muchas otras). Depender o abusar de la nicotina es excepcionalmente común entre una considerable minoría de adultos con TDAH, con el doble de riesgo que el resto de la población de que se convierta en una actividad habitual. ¿Qué hace que fumar sea tan atractivo?

> El doctor Scott Kollins y sus colegas de la universidad de Duke publicaron recientemente un estudio que relacionaba de forma directa el TDAH y el tabaco. Realizaron el seguimiento de 15.197 adolescentes hasta los primeros años de la edad adulta y encontraron una relación lineal entre el nivel de los síntomas de TDAH y el hábito de fumar. *En concreto, el hábito de fumar aumentaba de forma considerable con cada síntoma adicional del TDAH;* no solo eso, sino que cuantos más síntomas tenía el adolescente, antes empezaba a fumar.

> La cafeína también se considera un estimulante; por lo tanto, no nos sorprende que los jóvenes con TDAH sean más propensos a consumir bebidas con cafeína que los que no tienen el trastorno.

Algunos científicos han sugerido que fumar podría ser una forma de automedicarse, ya que la nicotina tiene un efecto estimulante en los transportadores de dopamina que se encuentran en el cuerpo estriado del cerebro muy similar al del metilfenidato (ver Tercer paso). **Fumar podría servir incluso para tratar los síntomas del TDAH hasta cierto punto**, aunque en este caso los riesgos (por ejemplo, de cáncer) están muy por encima de los posibles beneficios, sobre todo si tenemos en cuenta que disponemos de estimulantes seguros y con receta médica que nos pueden proporcionar el mismo efecto positivo.

> **?** *Tomé Ritalin durante mucho tiempo cuando era niño. Algunas personas me han comentado que podría ser la causa de mi adicción a la cocaína… ¿es cierto?*

Algunos adultos pueden llegar a preguntarse si haber tomado estimulantes para el TDAH de niños les ha predispuesto para consumir y abusar de las drogas de adultos, sobre todo de los estimulantes ilegales, o hacer un uso ilegal de los estimulantes con receta. He leído muchos artículos sobre si estos tratamientos podían conducir al abuso de otros estimulantes como la nicotina, la cocaína, el crack o las metanfetaminas al llegar a la edad adulta; y puedo asegurarle que no se ha encontrado tal asociación en ninguno de los 16 estudios que, como mínimo, se han llevado a cabo al respecto. Aunque uno de los estudios sí que relacionaba ambos fenómenos, sus resultados no estaban analizados rigurosamente, lo cual pudo haber llevado a una falsa asociación entre los estimulantes infantiles y el abuso de drogas adulto. Por lo tanto, una abrumadora mayoría de pruebas está en contra de dicho riesgo. Unos cuantos estudios, incluyendo los míos, sugieren que tomar estimulantes para el TDAH de niño podría, de hecho, protegerlo de consumir cierto tipo de drogas al crecer. Sin embargo, este efecto no era muy fuerte y no existía consistencia entre los resultados de los diversos estudios. Por tanto, todavía no está claro si un tratamiento temprano puede reducir el riesgo de drogadicción, si bien sí que es bastante definitiva la idea de que los tratamientos tempranos no contribuyen a un mayor riesgo de abusar de las drogas en el futuro.

Siga leyendo para descubrir por qué usted podría estar consumiendo cocaína.

La cocaína y otras drogas duras

Consumir drogas ilegales como la cocaína o la *tiza* o abusar de los medicamentos que se obtienen con receta podría perfectamente ser un intento de automedicarse para el TDAH, tal como ocurre con la nicotina, ya que todos ellos son estimulantes. Por supuesto, es una pésima decisión. Estas drogas y todas sus consecuencias le matarán literalmente.

¿Por qué debería optar por una droga ilegal y peligrosa en lugar de un medicamento legal y seguro? Como mencioné antes, consumir cocaína y otras drogas duras está más asociado con un trastorno de la conducta y una personalidad antisocial (véase capítulo 29) que con el TDAH. Las investigaciones revelan claramente que los adolescentes y jóvenes con TDAH que consumen o abusan de las drogas, son también los más propensos a cometer actividades delictivas o antisociales.

30. DROGAS Y DELITOS

Pongamos que es adicto al crack. ¿Cómo va a comprar una droga tan cara? Es posible que tenga que robar para obtener el dinero que le permita costeársela. Si bebe en exceso, será más pro-

> Un comportamiento antisocial le predispone a consumir drogas y el consumo de drogas le predispone a adoptar un comportamiento antisocial.

penso a las peleas que los demás. En ambos casos, mostrará más inclinación a llevar e incluso utilizar armas. Asimismo, si comete ciertos actos delictivos como robar o pelearse, es posible que lo haga en compañía de otras personas también proclives a adoptar un comportamiento antisocial y consumir drogas, que influirán en usted para que también las consuma.

Existe otro vínculo entre el consumo de drogas y un comportamiento antisocial y delictivo: la impulsividad. Como demuestran diversos estudios, cuanto más impulsivo sea usted, más propenso será a probar las drogas ilegales si le desafían o, incluso, si tan solo se lo sugieren. Lo mismo parece aplicarse también a la posibilidad de cometer una actividad ilegal: cuanto más impulsivo sea, es decir, cuanto menos dado a considerar las consecuencias de sus acciones, más probable será que acabe cediendo a un capricho o una apuesta y cometiendo algún delito, como entrar en una casa ajena.

Después encontramos la influencia de los grupos sociales con los que se relacione en su tiempo libre. Como ocurría con la bebida, si anda en compañía de gente propensa a meterse en actividades ilegales, pueden influirle para que usted también participe. Las bandas son el ejemplo más extremo de este tipo de influencia social negativa, aunque no hace falta un grupo tan organizado como este para influir en usted, sobre todo con el TDAH haciendo de las suyas. Todo lo que necesita para ir en esa dirección es un par de amigos que tengan un comportamiento antisocial y consuman drogas.

En nuestras investigaciones, descubrimos que aún había un factor más que contribuía al riesgo de verse envuelto en actividades delictivas, y era el nivel educativo. Las personas con TDAH que habían recibido menos educación, sobre todo las que no habían terminado el instituto, eran mucho más propensas a participar en cosas antisociales que las que sí lo habían hecho o las que habían continuado estudiando.

Finalmente, nos quedaría por comentar la gravedad del TDAH y su persistencia en el paso a la adolescencia. Estos factores tienen un efecto menor, pero aun así son importantes indicadores de la posibilidad de que estas personas se vean envueltas en algún tipo de delito en la edad adulta.

> En mis investigaciones, los delitos más asociados con el TDAH eran el consumo y la posesión y venta ilegal de drogas, y el robo cuyo objetivo era conseguir dinero para comprarlas. Aproximadamente una de cada cuatro personas que padecen el trastorno, como mínimo, son propensas a tener problemas con las drogas al llegar a adultos.
>
> ¿Está seguro de que quiere ser una de ellas?

Evite (o deje) la trampa de las drogas

- A la minoría sustancial de adultos con TDAH que tienen problemas con las drogas (entre el 20 y el 30%), yo les recomendaría un programa de desintoxicación. Es difícil tratar el TDAH si abusa de las drogas, ya que sus síntomas pueden empeorar o puede desarrollar otros problemas psicológicos. Si sus intentos para tratar el trastorno no están funcionando, plantéese abordar primero o simultáneamente su problema con las drogas.
- Sigue siendo muy importante recibir un tratamiento contundente para el TDAH, cuando quiera que lo empiece.
- Cambie de entorno si el que tiene está llevando su vida por mal camino. Busque nuevos amigos (esta es una de las razones por las que los programas de 12 pasos, como el de Alcohólicos Anónimos, resultan tan atractivos, porque proporcionan un nuevo entorno social a los que intentan empezar de cero sin las drogas) y opte por actividades de ocio que no tengan lugar en los bares.
- Fórmese. Si interrumpió su educación por culpa del TDAH, retómela ahora. Una mejor educación significa mejores oportunidades laborales, que no solo suponen una forma legal de ganarse la vida, sino también una ocasión ideal para dejar de vivir al margen de la sociedad.

El consumo de drogas y las actividades delictivas, por insignificantes que sean, son grandes escollos para los adultos con TDAH. Manténgase alejado de ambos y comience a llevar la vida que tanto merece.

Apéndice: Análisis pormenorizado de los síntomas del TDAH

Criterios oficiales para el diagnóstico del TDAH

Mis colegas y yo hemos identificado una lista, incluida en el primer capítulo, con los nueve síntomas más precisos a la hora de diagnosticar el TDAH en la edad adulta; si bien los profesionales de la salud mental se sirven de los criterios oficiales que propone la cuarta edición del *Diagnostic and Statistical Manual of Mental Disorders* [*Manual diagnóstico y estadístico de los trastornos mentales*], más conocido como DSM-IV. Estos se aplican a todos los pacientes (adultos inclusive, aunque se fijaron para diagnosticar a los niños) y están compuestos por los 18 síntomas siguientes (extraídos del manual con autorización, copyright 2000 de la Asociación Americana de Psiquiatría), nueve de los cuales hacen referencia al déficit de atención y los otros nueve a los problemas de hiperactividad o impulsividad.

Síntomas relacionados con el déficit de atención:

1. A menudo no presta atención a los detalles o comete descuidos al hacer los deberes, su trabajo u otras actividades.
2. A menudo tiene dificultades para mantener la atención cuando realiza sus tareas o juega.
3. A menudo no parece escuchar cuando se le habla directamente.
4. A menudo no sigue las instrucciones ni acaba los deberes o tareas del colegio, la casa o el trabajo (sin que sea debido a una actitud desafiante o la falta de comprensión de las instrucciones).
5. A menudo le cuesta organizar sus tareas y actividades.

6. No le gustan los trabajos que requieren un esfuerzo mental continuo (como los trabajos o deberes del colegio), a menudo los evita o los hace a regañadientes.
7. A menudo pierde las cosas que necesita para realizar determinadas tareas o actividades (como por ejemplo, juguetes, deberes, lápices, libros o herramientas diversas).
8. A menudo se distrae fácilmente con estímulos externos.
9. A menudo se muestra olvidadizo con lo que respecta a sus actividades diarias.

Síntomas relacionados con la hiperactividad y la impulsividad:

1. A menudo mueve nerviosamente manos y pies o se revuelve en su asiento.
2. A menudo se levanta en clase o en otros contextos en los que debería permanecer sentado.
3. A menudo se pone a correr o a dar saltos de forma excesiva en situaciones en las que no es apropiado (en el caso de adolescentes o adultos, puede limitarse a un sentimiento subjetivo de agitación).
4. A menudo tiene problemas para jugar o realizar actividades lúdicas en silencio.
5. A menudo se mueve de aquí para allá o actúa como si lo impulsara un motor.
6. A menudo habla excesivamente.
7. A menudo profiere una respuesta antes de que la pregunta haya terminado.
8. A menudo tiene dificultades para esperar su turno.
9. A menudo interrumpe a los demás o se inmiscuye en sus vidas (por ejemplo, se entromete en las conversaciones o juegos ajenos).

Cabe señalar la presencia de *a menudo* en cada uno de los síntomas, ya que usted debe asegurarse de que los experimenta durante la mayor parte del tiempo y con más frecuencia que otras personas de su misma edad. También es importante que los síntomas lleven manifestándose por lo menos 6 meses, de forma que podamos garantizar que no son meros problemas transitorios, sino un estado permanente de su nueva vida.

Otros síntomas asociados con el TDAH en la edad adulta

Para estar más seguro de si su cuadro clínico coincide con el del TDAH en la edad adulta, compruebe cuántos de los síntomas que aparecen en las siguientes páginas se corresponden con los que usted experimenta.

APÉNDICE: ANÁLISIS PORMENORIZADO DE LOS SISTEMAS DEL TDAH

Síntoma	Adultos con TDAH (%)	Adultos de la población general (%)
1. Me resulta difícil tolerar la espera, soy impaciente.	75	5
2. Tomo decisiones de forma impulsiva.	79	3
3. Soy incapaz de inhibir mis reacciones o respuestas ante los acontecimientos externos o el comportamiento de los demás.	61	2
4. Me cuesta interrumpir lo que estoy haciendo o dejar de comportarme de determinada manera cuando debería.	75	2
5. Tengo problemas para modificar mi comportamiento cuando me reprenden por mis errores.	68	4
6. Me distraigo fácilmente con pensamientos irrelevantes cuando tengo que concentrarme en algo.	96	3
7. Tiendo a soñar despierto cuando debería estar concentrado.	89	8
8. Pospongo las cosas hasta el último minuto.	94	27
9. Hago comentarios impulsivos.	56	3
10. En el trabajo, suelo tomar atajos o no hacer todo lo que se supone que tendría que hacer.	65	6
11. Rehúyo los trabajos aburridos o difíciles.	58	5
12. Soy incapaz de posponer las recompensas inmediatas en favor de objetivos a más largo plazo.	69	2
13. Soy propenso a actuar sin tener en cuenta las consecuencias de mis acciones.	60	1
14. Cambio de planes en el último minuto por capricho o impulso.	72	9
15. Empiezo los proyectos o tareas sin leer o escuchar atentamente las instrucciones.	89	11
16. Tengo una escasa percepción del tiempo.	63	3
17. Pierdo mucho el tiempo o no me lo sé administrar.	86	5
18. No tengo en cuenta los acontecimientos importantes de mi pasado o las experiencias personales que he vivido antes de responder ante situaciones determinadas.	44	1
19. No pienso tanto en el futuro como otras personas de mi edad.	47	8

* Nota: Los resultados provienen de BARKLEY, RUSSELL A.; MURPHY, KEVIN R.; y FISCHER, MA-RIELLEN. *ADHD in Adults: What the Science Says*. Guilford Press, 2008. [*El TDAH en adultos: lo que nos dice la ciencia*, J&C Ediciones Médicas, Barcelona, 2008].

Síntoma	Adultos con TDAH (%)	Adultos de la población general (%)
20. No preparo con anterioridad mi trabajo o las tareas que me asignan.	58	1
21. Soy incapaz de cumplir las fechas de entrega.	65	1
22. Tengo problemas a la hora de hacer planes para el futuro o de preparar acontecimientos próximos.	81	6
23. Me olvido de hacer las cosas que tengo que hacer.	82	5
24. Tengo dificultades con el cálculo mental.	55	14
25. Soy incapaz de entender tan bien como debería lo que leo y, por lo general, tengo que volver a leerlo para entender su significado.	81	12
26. No recuerdo lo que he oído o leído previamente.	77	12
27. Me es imposible alcanzar los objetivos que yo mismo me he fijado.	84	7
28. Llego tarde al trabajo o a las citas que tengo programadas.	55	5
29. Me cuesta organizar mis pensamientos o pensar con claridad.	75	2
30. No soy consciente de las cosas que digo o hago.	39	1
31. No puedo retener en la mente las cosas que debo recordar hacer.	83	7
32. Tengo problemas para ser objetivo con los temas que me afectan.	64	5
33. Me resulta complicado ponerme en la piel de los demás ante cierto problema o situación.	48	6
34. Me cuesta tener presente el propósito u objetivo de lo que estoy haciendo.	51	1
35. Pierdo el hilo de lo que estoy diciendo cuando hablo con los demás.	75	2
36. Si me enseñan a hacer algo complicado, me es imposible retener el proceso para repetirlo después y realizarlo correctamente.	53	1
37. Apenas presto atención a los detalles en el trabajo.	60	1
38. Me cuesta realizar varias actividades a la vez.	68	8
39. No puedo acabar nada a no ser que se aproxime su fecha límite.	89	6
40. No me gustan los deberes o los trabajos en los que debo pensar más de lo normal.	60	2

Síntoma	Adultos con TDAH (%)	Adultos de la población general (%)
41. Tengo problemas para calcular el tiempo que necesitaré para hacer algo o ir a algún sitio.	72	6
42. Me cuesta motivarme para ponerme a trabajar.	80	6
43. Me enfado u ofendo rápidamente.	63	7
44. Me frustro con facilidad.	86	8
45. Reacciono de forma exagerada.	68	6
46. Tengo dificultades para automotivarme y acabar el trabajo que estoy llevando a cabo.	84	4
47. No puedo perseverar en aquello que no encuentro interesante.	96	13
48. No me esfuerzo en el trabajo tanto como debería o como hacen los demás.	60	4
49. Tengo problemas para prestar atención en situaciones aburridas.	86	11
50. Me dejo llevar fácilmente por lo que ocurre a mi alrededor.	70	15
51. No encuentro la motivación necesaria para prepararme con antelación las cosas que sé qué debo hacer.	80	4
52. No puedo concentrarme cuando leo, preparo el papeleo administrativo, trabajo o asisto a clase.	91	7
53. Me aburro con facilidad.	81	9
54. Suelen decirme que soy perezoso o que carezco de motivación.	57	2
55. Dependo de los demás para terminar mi trabajo.	44	2
56. Todo tiene que tener una recompensa inmediata para mí o no consigo terminar nada.	70	2
57. Tengo problemas para finalizar una actividad antes de pasar a la siguiente.	87	7
58. Me cuesta resistir la tentación de dedicarme a algo divertido o más interesante cuando se supone que debería estar trabajando.	87	5
59. Los amigos o las parejas me duran menos que a los demás.	46	5
60. Mi trabajo es inconsistente en cuanto a calidad y cantidad.	70	2
61. El futuro no me preocupa tanto como a los demás.	46	10

Síntoma	Adultos con TDAH (%)	Adultos de la población general (%)
62. No pienso las cosas ni las discuto conmigo mismo antes de hacerlas.	48	4
63. Soy incapaz de trabajar tan bien como los demás si no me supervisan o me dan instrucciones con frecuencia.	40	2
64. Tengo problemas para hacer lo que yo mismo me impongo.	81	5
65. No acostumbro a cumplir las promesas que he hecho o los compromisos que he contraído.	68	3
66. Carezco de autodisciplina.	81	5
67. Me falta criterio cuando tengo problemas o me encuentro bajo presión.	51	1
68. Tengo problemas para seguir las normas.	61	4
69. No muestro un comportamiento o una actitud flexibles en función de la situación y soy demasiado rígido en cuanto a cómo me gusta que se hagan las cosas.	53	16
70. Me cuesta ordenar mis pensamientos.	80	4
71. Me resulta difícil decir lo que quiero decir.	70	6
72. Ante un problema, soy incapaz de encontrar o inventar tantas soluciones como los demás.	37	5
73. A menudo, me quedo en blanco cuando intento explicar algo.	58	5
74. Me resulta complicado poner por escrito lo que pienso tan bien o tan rápido como el resto.	58	6
75. Siento que no soy tan creativo o ingenioso como otros con mi mismo nivel de inteligencia.	27	13
76. Cuando intento alcanzar mis objetivos o cumplir con mis obligaciones, me doy cuenta de que no puedo pensar en tantas formas diferentes de hacer las cosas como los demás.	41	5
77. Tengo más problemas que el resto para asimilar actividades nuevas o complejas.	56	4
78. Me resulta difícil explicar las cosas en el orden correcto.	67	1
79. Explicarme me lleva más tiempo que a los demás.	75	9
80. Tengo problemas para hacer las cosas en el orden correcto.	76	3

Síntoma	Adultos con TDAH (%)	Adultos de la población general (%)
81. Soy incapaz de pensar con rapidez o reaccionar de forma tan eficaz como los demás cuando pasa algo inesperado.	37	3
82. Soy torpe, mis movimientos están más descoordinados que los de los demás.	30	6
83. Mi caligrafía es mala y está llena de faltas.	63	21
84. Experimento dificultades para organizar el trabajo en función de su prioridad o importancia; no se me da bien priorizar.	84	4
85. Cuando pasa algo inesperado, mi respuesta es más lenta.	37	5
86. Hago el tonto o el payaso cuando debería estar serio.	58	4
87. No recuerdo tan bien como los demás las cosas que he hecho o los sitios en los que he estado.	62	14
88. Soy propenso a los accidentes.	35	3
89. Tiendo a conducir más rápido que el resto (exceso de velocidad).	67	13
90. Tengo problemas para administrarme el dinero o las tarjetas de crédito.	73	8
91. No soy capaz de recordar tantas cosas sobre mi niñez como los demás.	54	25

RECURSOS

Fuentes de datos científicos

Los datos, las cifras y las recomendaciones de este libro se basan en miles de estudios realizados durante el último siglo. Pero muchos de los hallazgos que se relatan provienen de dos recientes estudios que mis colegas y yo realizamos con financiación del Instituto Nacional de Salud Mental de Estados Unidos.

En uno de los estudios se hizo el seguimiento de niños con TDAH hasta la edad adulta. Este estudio nos dio mucha información sobre la frecuencia de persistencia del TDAH pasada la infancia y cómo cambia (o no varía) cuando los niños con este trastorno crecen.

El otro estudio observaba a adultos que habían acudido a nuestra clínica y a los que diagnosticamos el TDAH. Los comparamos con dos otros grupos de adultos, uno de pacientes tratados por otros trastornos pero no de TDAH, y un grupo de adultos de la población general (que no habían sido diagnosticaods con ningún trastorno psiquiátrico). Este estudio nos dio muchos detalles para entender en qué consiste el TDAH y los retos que este presenta a los adultos.

Pueden leer más sobre ambos estudios (y muchos otros) en este libro: Barkeley, R. A., Murphy, K. R., Fischer, M. (2008). *ADHD in Adults: What the Science Says* (Guilford Press, 2008) [*El TDAH en adultos: lo que nos dice la ciencia*, J&C Ediciones Médicas, Barcelona, 2008].

En él se incluyen multitud de gráficos que muestran los datos que encontramos. El estudio de seguimiento de los niños hasta la edad adulta (llamado *estudio longitudinal*) se llama *estudio Milwaukee*. El estudio que compara tres grupos diferentes de adultos se llama *estudio UMASS*. Encontrarán también muchos detalles de los aspectos específicos del adulto con TDAH si están interesados en un área en particular. La lista de referencias que aparece al final del libro también les dirigirá a otras fuentes de información para ir más lejos.

Lecturas adicionales

Las siguientes obras pueden ofrecerle conocimientos adicionales y consejos para vivir con TDAH. Por favor, tenga en cuenta que casi todo lo que lea en ellos está basado en experiencias clínicas y no en estudios de investigación, pero consideramos que cada uno de estos libros tiene algo muy valioso que ofrecer.

Adler, L. (2006). *Scattered minds: Hope and help for adults qith attention déficit hyperactivity disorder.* Nueva York: G. P. Putnam's Sons.

- Una clara y concisa introducción al TDAH adulto escrito por el director del Programa para el TDAH Adulto de la Escuela Universitaria de Medicina de Nueva York.

Asociación Americana de Psiquiatría. (1994). *Diagnostic and statistical manual of mental disorders* (4.ª ed., texto rev.) Washington, DC: Author.

- Este libro le puede interesar si quiere saber más sobre los criterios en el diagnóstico del TDAH u otros trastornos.

Barkley, R. A. (1994). *ADHD in adults* (vídeo). Nueva York: Guilford Press.

- Si tiene dificultades de lectura, puede ser ideal poder mirar un vídeo.

Barkley, R. A. (1997). *ADHD and the nature of self-control.* Nueva York: Guilford Press.

- El primer libro donde presenté la teoría que he descrito en el paso dos de este libro. Para más detalles, puede leer este otro.

Barkley, R. A. (2006). *Attention-deficit hyperactivity disorde: A handbook for diagnosis and treatment* (3.ª ed.). Nueva York: Guilford Press.

- Aunque está dirigido a profesionales, si quiere el manual completo sobre el TDAH, este es.

Bramer, J. S. (1996). *Succeeding in college with attention deficit hyperactivity disorders: Issues and strategies for students, counselors, and educators.* Plantations, FL: Specialty Press. [Llame a ADD Warehouse al 800-233-9273 para pedirlo.]

- Un valioso recurso si está estudiando o quiere volver a estudiar.

CHADD. (2001). *The CHADD Information and Resijource Guide to AD/HD.* Landover, MD: Author. [Llame a CHADD al 301-306-7070 para pedirlo.]

- Esta organización, dedicada al TDAH en niños y en adultos, mantiene actualizados los últimos recursos, recogidos en esta obra.

Gordon, M. y McClure, F. D. (2008). *The down and dirty guide to adult ADD* (2.ª ed.) De Witt, Nueva York: GSI Publications.

- Directo, conciso y realista, este libro ayuda a los lectores a entender las causas y las controversias sobre el TDAH adulto.

Hallowell, E. M. y Ratey, J. J. (1994). *Driven to distraction.* Nueva York: Pantheon.

Hallowell, E. M. y Ratey, J. J. (2005). *Delivered from distraction: Getting the most out of life with attention deficit disorder.* Nueva York: Ballantine Books.

- Libros muy entretenidos, escritos por autores que tienen TDAH, con una aproximación positiva sobre el hecho de vivir con el trastorno.

Nadeau, K. G. (1994). *Survival guide for college students with ADD or LD.* Washington, DC: Magination Press. [Llame a ADD Warehouse al 800-233-9273 para pedirlo.]

- Esta obra será de gran ayuda a los adultos jóvenes que estudian o aquellos más mayores que han vuelto a estudiar.

Nadeau, K. G. y Quinn, P. (2002). *Understanding women with AD/HD.* Silver Spring, MD: Advantage.

- Un buen recurso para mujeres con TDAH.

Pera, G. (2008). *Is it you, me, or adult A.D.D.?* San Francisco: 1201 Alarm Press.

- Dirigido a las parejas de adultos con TDAH, este libro es fácil de leer y está lleno de anécdotas y ejemplos útiles.

Sarkis, S. M., y Klein, K. (2009). *ADD and your money: A guide to personal finance for adults with attention-deficit disorder:* Oakland, CA: New Harbinger.

- Este es un rico y detallado libro de asesoramiento de cómo manejar las finanzas si eres un adulto con TDAH. Hasta la fecha es el único libro centrado solo en este tema.

Solden, S. (1995). *Women with attention deficit disorder.* Nevada City, CA: Underwood Books.

- Un libro pionero específico para mujeres con TDAH; vídeo también disponible.

Tuckman, A. (2009). *More attention, less deficit: Success strategies for adults with ADHD.* Plantation, FL: Specialty Press.

- Una buena descripción del TDAH y particularmente cómo los adultos pueden enfrentarse al trastorno.

Wender, P. (1995). *Attention-deficit hyperactivity disorder in adults.* Nueva York: Oxford University Press.

- Todo un clásico, escrito para profesionales, pero comprensible para aquellos que quieran profundizar en este tema.

Young, J. (2007). *ADHD grown up: A guide to adolescent and adult ADHD.* Nueva York: Norton.

- Un excelente recurso tanto para profesionales como para adultos con TDAH.

Páginas web

Páginas web generales

ADD Consults

www.addconsults.com
- Este sitio puede ayudarle a encontrar a un entrenador u otro profesional. Enlace especial para madres con TDAH.

ADDitude Magazine

www.additudemag.com
- Una ayuda privilegiada para adultos que incluye desde recursos para el trabajo hasta consejos sobre derechos legales familiares, asesoramiento de viajes, y recomendaciones de salud para adultos con TDAH.

ADHD Foundation of Canada

www.adhdfoundation.ca
- Fuente de encuentros, información y otros recursos en Ontario.

Attention Deficit Disorder Association (ADDA)

www.add.org
- Organización internacional sin afán de lucro dedicada al TDAH adulto. Numerosos recursos, links, grupos de apoyo y productos.

Rusell S. Barkley, PhD

www.rusellbarkley.org

Canadian ADHD Resources Alliance (CADDRA)

www.caddra.ca
- Los miembros son psicólogos, pero hay abundante información para gente que tiene TDAH – niños, adolecentes y adultos.

Centre for ADD/ADHD Advocacy, Canada (CADDAC)

www.caddac.ca
- Organización de abogados sin afán de lucro dedicada a la educación y la defensa de personas con TDAH.

Children and Adults with Attention-Deficit Hyperactivity Disorder (CHADD)

www.chadd.org
- La más antigua y mayor organización sin ánimo de lucro en Estados Unidos dedicada a ayudar a personas con TDAH. Muchos recursos, links y grupos de apoyo tanto para adultos como para adolecentes y niños.

Learning Disabilities Association of America (LDA)

www.ldanatl.org
- Ayuda para adultos con trastornos de aprendizaje, desde pruebas y evaluaciones hasta apoyo para preparar estudios, etc.

National Attention Deficit Disorder Information and Support Sevice (ADDISS)

www.addiss.co.uk
- Organización sin ánimo de lucro cuya web ofrece algunos recursos, información y un enlace a la Red de Apoyo a Adultos con TDAH.

National Institute of Mental Health (NIMH)

www.nimh.nih.gov
- Verifica aquí las noticias de las últimas investigaciones.

Dr. Charles Parker

www.corepsych.com
- El Dr. Parker, escritor, psicofarmacólogo, y director médico en el CorePsych, utiliza evaluaciones médicas funcionales y empíricas, locales o remotas, para revisar la complejidad de los factores que contribuyen al TDAH.

Federación Española de Asociaciones de Ayuda al Déficit de Atención e Hiperactividad (FEAADAH)

www.feaadah.org

ADHD Europe

www.adhdeurope.eu

Liga Latinoamericana para el Estudio del TDAH LILAPETDAH

www.tdahlatinoamerica.org

Fuentes de libros, materiales de lectura y otros productos

ADD Resources

www.addresources.org
- Organización sin ánimo de lucro que tiene algunos materiales de lectura sobre el TDAH en adultos y niños.

ADD Warehouse

www.addwarehouse.com
- Una estupenda tienda online de libros, boletines informativo, DVD y productos como temporizadores.

Grupos de población específicos

ADDvance

www.addvance.com
- Una web dedicada a mujeres y niñas con TDAH, realizada por las doctoras Kathleen Nadeau y Patricia Quinn, autoras de importantes libros sobre el TDAH en niñas y mujeres.

ADHD Roller Coaster: "Is It You, Me, or Adult A.D.D.?"

www.adhdrollercoaster.org
- Un blog de Gina Pera, con enlaces a actuales descubrimientos sobre el trastorno y también información para las parejas de adultos con TDAH.

Opiniones sobre TDAH i Matrimonio

Adhdmarriage.com
- Un blog y un fórum organizado por Ned Hallowell, autor de *Driven to Distraction* y *Delivered from Distraction,* y Melissa Orlov, especialista en cómo el TDAH afecta a las relaciones matrimoniales.

Coaches y coaching

ADD Coach Academy: *www.addcoachacademy.com*

ADHD Coaches Organization: *www.adhdcoaches.org*

American Coaching Association: *www.americoach.org*

Coaching Network: Contact Nancy Ratey, e-mail: *nancy@resnancyratey.com*

Institute for the Advancement of AD/HD Coaching: *www.adhdcoachinstitute.org*

International Coach Federation: *www.coachfederation.org*

Optimal Functioning Institute: *www.addcoach.com*

Pete Quily, Adult ADHD Coach: *www.addcoach4u.com*

- La web del entrenador Quily, quien está en el consejo de CHADD Vancouver y tiene TDAH él mismo, ofrece enlaces a grupos de apoyo en el Reino Unido, Irlanda, Nueva Zelanda, Israel, Australia, Sud África y Chipre, además de Estados Unidos y Canadá.

Centros especializados en TDAH

A continuación proponemos una lista de lugares a los que recurrir en las diferentes regiones de España.

Andalucía

Algeciras
Asociación de Padres de Niños con Hiperactividad y Déficit de Atención Trotamundos
tdahtrotamundos@gmail.com

Almonte
Asociación terapéutica La Tortuga
www.asociacionterapeuticalatortuga.es

Jerez de la Frontera (Cádiz)
Asociacion de Familiares de Niños Hiperactivos AFHIP
www.afhip.org

Córdoba
Asociación ACODAH
http://personales.ya.com/acodah/

Granada
Asociación de madres y padres de niños y adolescentes hiperactivos y con trastorno de conducta (AMPACHICO)
www.tdah-granada.com

Huelva
Asociación de Familias con TDAH Aire Libre
www.asairelibre.org

Málaga
Asociación A.M.A.N.D.A.
www.amanda.org.es

Puente Genil (Córdoba)
Asociación el Puente-TDAH
www.elpuentetdah.com

Sevilla
Asociación ASPATHI
www.aspathi.org

Vélez-Málaga (Málaga)
Asociación TDAH-AXARQUIA
tdahaxarquia@gmail.com

Aragón

Asociación AATEDA
(Asociacion aragonesa del trastorno por deficit de atencion con o sin hiperactividad).
www.tda-h.comaateda.es

Asturias

ANHIPA
Asociación de niños hiperactivos del Principado de Asturias
www.anhipa.com

Baleares

STILL Asociación Balear de Padres de niños con TDAH
www.still-tdah.com

Menorca
Asociación TDAH Menorca
http://web-tdah-menorca.blogspot.com/

Canarias

Isla de Gran Canaria
Asociación de Familiares de Afectados por TDAH Gran Canaria
Asociación TDAH (TDAH-GC)
http://www.tdahgc.org.es/

Isla de la Palma
Asociacion Besay
Asociación de Padres y Madres de Niñas y Jóvenes con Déficit de Atención e Hiperactividad
tdahbesay@hotmail.com

Isla de Tenerife
ATIMANA-DAH (Asociación Tinerfeña de Madres y Padres de Niños y Adolescentes con Déficit de Atención e Hiperactividad)
www.atimana.org

Cantabria

Asociación ACANPADAH
acanpadah@hotmail.com

Fundación CADAH
www.fundacioncadah.org

Castilla y León

Astorga (León)
(ADAHIAS) Asociación de Afectados de Déficit de Atención por el Trastorno de Déficit de Atención con o sin Hiperactividad
http://adahias.blogspot.com/

Aranda de Duero (Burgos)
Asociación Arandina de TDAH-H y TGD
http://a-a-aranda-de-duero.xn--espaa-rta.asociaciones.tdah.tel/

Burgos
Asociación ABUDAH
Centro Sociosanitario Graciliano Urbaneja
www.abudah.es

León
Asociación ALENHI
www.alenhi.org

Palencia
Asociacion TDA-H PALENCIA
www.tdah-palencia.org

Ponferrada (León)
Asociación ADAHBI
maracha@hotmail.com

Salamanca
Asociación Salmantina de Niños Hiperactivos ASANHI
www.asanhi.org

Valladolid
AVATDAH Asociación Vallisoletana de Afectados por Trastorno de Deficit de Atención con o sin Hiperactividad
www.avatdah.org

RECURSOS

Valladolid
FUNDAICYL Fundación de Ayuda a la Infancia de Castilla y León
www.fundaicyl.com

Castilla-La Mancha

Alcázar de San Juan (Ciudad Real)
(HADA ALCAZAR) Asociación Asociación. Hiperactividad-Déficit de Atención de
hadaalcazar@yahoo.es

Almansa (Albacete)
Asociación AVANZA TDAH
avanzatdahalmansa@gmail.com

Ciudad Real
Asociación AMHIDA
www.amhida.es

Cuenca
Asociación Serena
http://serenacuenca.blogspot.com/

Cataluña

Barcelona
Asociación ATEDA
www.ateda.org

TDAH Catalunya
http://tdahcatalunya.blogspot.com

Fundación ADANA
www.fundacioadana.org

Sabadell-Valles Occidental/Oriental (Barcelona)
Asociación TDAH VALLES
www.tdahvalles.org

Tarragona
Asociación APYDA
www.apyda.com

Asociación Ajut per l'hiperactivitat i déficit d'atenció-Terres de l'Ebre (AHIDA-TTE)
www.tortosa.com/ahida-tte

Tárrega (Lleida)
Associació de Famílies Amb Fills en Dificultats d'Aprenentatge (AFAFDA)
afafda_lleida@yahoo.es

Terrasa (Barcelona)
Asociación APDAH
www.apdah.terrassa.net

Vilafranca del Penedés (Barcelona)
Asociación TDAH-PENEDÈS
tdah-penedes@hotmail.com

Extremadura

Badajoz
Asociación EL AMANECER

Cáceres
A.N.D.A.H Asociación de Niños con Déficit de Atención e Hiperactividad
cc.andah@gmail.com

Galicia

A Coruña
Asociación ANHIDA
https://sites.google.com/site/anhidacoruna/

Vigo
Asociación ANHIDA
www.anhida.org

Ferrolterra
Asociación ANHIDA
www.anhida.org

Lugo
Asociación Bule Bule
bulebuletdah@gmail.com

La Rioja

Logroño
Asociación Riojana de Padres de Niños Hiperactivos ARPANIH
www.arpanih.org

Madrid

Cercedilla (Madrid)
A.P.D.E. SIERRA
http://apdecercedilla.blogspot.com/

Alcorcón (Madrid)
Asociación AFANDAH
afandah@hotmail.com

Madrid
Asociación ANSHDA
www.anshda.org

Fundación Educación Activa
www.educacionactiva.com

Murcia

Águilas
Asociación Águilas Vida Activa
aguilasvidaactiva@hotmail.com

Lorca
Asociación Lorca Activa TDAH
http://www.lorcaactivatdah.es

Cartagena
Asociación ADA+HI
www.ada-hi.org

Molina de Segura
Asociación ADAHIMOLINA
adahimolina@gmail.com

Navarra

Pamplona/Iruña
Asociación ADHI
www.adhi.asociacionespamplona.es

Asociación TDAH Sarasate
www.tdahsarasate.com

Tudela Ribera de Navarra
Asociación ANDAR
www.asociacionandar.com

País Vasco

Vitoria-Gasteiz (Álava)
Asociación ANADAHI
www.anadahi.es

Bilbao
Asociación AHIDA Bizkaia
www.ahida.es

Guipúzcoa
ADAHIgi (Asociación de Déficit de Atención e Hiperactividad de Gipuzkoa)
www.adahigi.org

Comunidad de Valencia

Castellón
APADAHCAS Asociación de Padres de Afectados por Déficit de Atención e Hiperactividad de la Provincia de Castellón
apadahcas@gmail.com

Valencia
APNADAH Asociación de Padres de Niños y Adolescentes con Déficit de Atención e Hiperactividad
www.apnadah.org

Alicante
A.A.D.A.H. Asociacion de Alicante para el Deficit de Atencion con o sin Hiperactividad
«Centro Comunitario Playas» http://tdah-alicante-2012.blogspot.com.es/

Andorra

Sant Julià de Lòria
Asociació Andorrana de la Hiperactivitat i Trastorn del Déficit d'Atenció ALBATROS
www.associacioalbatros.com

FEDERACIONES AUTONÓMICAS DE ASOCIACIONES

EUSARGHI
Federación de la Comunidad Vasca de Asociaciones de Trastornos por déficit de atención con/sin hiperactividad.
http://www.eusarghi.org/

FACAM TDAH
Federación Castellano-Manchega de Asociaciones de Familias y Afectados de Trastorno por Déficit de Atención con o sin Hiperactividad.
http://facamtdah.es/

FACYL-TDAH
Federación de Asociaciones de Castilla y León de de ayuda a los afectados de trastorno de déficit de atención e hiperactividad
facyltdah@gmail.com

FAHYDA
Federación Andaluza de Asociaciones de Ayuda al Trastorno Hipercinético y Déficit de Atención
http://fahyda.blogspot.com/

FCAFA TDAH
Federació Catalana d'Associacions de Familiars i Afectats de TDAH
fcafatdah@gmail.com

SOBRE LOS AUTORES

El doctor Russell A. Barkley es conocido internacionalmente por su larga trayectoria en la investigación del TDAH y sus esfuerzos para educar a profesionales y al público en general. Es profesor clínico de Psiquiatría en la Universidad Médica de Carolina del Sur y profesor investigador de Psiquiatría en la universidad estatal Upstate Medical University de Syracuse (Nueva York). Premiado por la Academia Americana de Pediatría y por la Asociación Americana de Psicología, entre otros, el Dr. Barkley ha publicado muchos libros sobre el TDAH y los trastornos relacionados. Su web es *www.russellbarkley.org*.

Chistine M. Benton es escritora y editora.

ÍNDICE

Agradecimientos 11

Introducción 13

PRIMER PASO: PARA EMPEZAR, EVALÚESE 15

1. ¿Es posible que padezca TDAH? 17

¿Cómo describiría sus dificultades? 17
¿Cuánto tiempo hace que tiene estas dificultades? 19
¿Cuáles son sus síntomas? 21
¿Cómo afectan estos síntomas a su vida? 23
¿Qué hacer ahora? 24

2. ¿Es capaz de sobrellevar los problemas sin ayuda? 25

¿Es la causa de sus síntomas algo distinto, como un problema médico? 26
¿Es el TDAH la explicación a todo lo que le pasa? 26
El tratamiento más efectivo, la medicación, requiere receta médica 27
¿Cuáles son exactamente sus puntos fuertes y sus puntos débiles? 28

3. ¿A quién puede acudir en busca de ayuda? 29

Cómo encontrar a un profesional experto en TDAH 29
Preguntas que debe hacer antes de concertar la visita 30

4. ¿Qué necesita para el análisis? 32

Prepárese: qué esperar y qué llevar 32
Vaya con la mente abierta 33
Céntrese en obtener respuestas 35
Tests psicológicos típicos que se llevan a cabo durante un análisis 35

5. ¿Qué le dirá el análisis? 37

¿Coinciden sus síntomas con los criterios del TDAH? 38
¿Cómo afectan realmente esos síntomas a su vida? 41
¿Podrá aceptar las conclusiones del médico? 42
Cuando sus síntomas no coinciden con los del TDAH 44
¿Qué pasa si sigue sin estar de acuerdo con
las conclusiones del médico? 47

SEGUNDO PASO: CAMBIE DE ACTITUD 50

Conozca y reconozca su TDAH 50

6. Conozca su TDAH 52

¿Qué es lo que va mal psicológicamente cuando se tiene TDAH? 52
Cinco áreas de dificultad para llevar a cabo sus actividades diarias 55
El TDAH en los adultos no es un mero trastorno de falta de atención 62

7. Resistir a los impulsos, el primer paso hacia el autocontrol 63

Arrastrado por las distracciones 63
Polvorilla 65
De piñón fijo 67

8. Autocontrol: cómo conseguir lo que quiere 69

Los seis componentes del autocontrol 70

9. Las funciones ejecutivas: las habilidades que conforman el autocontrol... y otras cosas 75

La memoria de trabajo no verbal: utilizar la visión de la mente 78
Memoria de trabajo verbal: utilizar la voz de la mente 83
Autocontrol de las emociones: usar el corazón de la mente 88
Planificación y resolución de problemas: utilizar
el área de recreo de su mente 92

10. La naturaleza del TDAH y cómo dominarlo   96

Miope ante el futuro   96
Tratar su propio TDAH: el panorama general   97
Adapte la solución a su problema específico   97

11. Reconozca su TDAH   100

Una explicación, no una excusa   101
Tener TDAH no es culpa suya, pero aceptarlo sí es su responsabilidad   101

TERCER PASO: INTRODUZCA CAMBIOS EN SU CEREBRO   111

Medicarse para controlar el TDAH   111

12. ¿Por qué tiene sentido probar la medicación?   113

La medicación funciona   113
¿Por qué es tan eficaz la medicación?   114
¿Entre cuántos medicamentos puedo elegir?   118

13. Los estimulantes   121

¿Cómo ayudan los estimulantes?   122
¿Son seguros los estimulantes?   124
¿Qué efectos secundarios puedo experimentar?   126
¿Qué opciones tengo?   129

14. Los no estimulantes   134

Atomoxetina (Strattera)   134
¿Es segura la atomoxetina?   136
Bupropión (Wellbutrin)   138

15. ¿Qué puede esperar del tratamiento?   140

Someterle a un reconocimiento físico y una entrevista   140
Buscar el medicamento correcto   141
Realizar un seguimiento del tratamiento   143
Echarle una mano a la medicación   146

CUARTO PASO: CAMBIE DE VIDA   149

Reglas para tener éxito en la vida diaria   149

16. Regla 1: ¡Deténgase! 151

Descubra dónde le perjudica más su impulsividad 152

17. Regla 2: Vea el pasado... y después, el futuro 155

Identifique dónde residen los puntos débiles de
su memoria de trabajo no verbal 156

18. Regla 3: Hable del pasado... y después del futuro 158

Identifique los principales problemas que le causa
su memoria de trabajo verbal 159

19. Regla 4: Exteriorice la información más importante 162

¿En qué sigue teniendo muchos problemas a
pesar de todo lo que se esfuerza? 163

20. Regla 5: Sienta el futuro 167

Averigüe dónde se encuentra menos motivado
para terminar las cosas 168

21. Regla 6: Divida su tarea... y haga que cada paso cuente 172

¿Qué hace que sus metas siempre le parezcan tan lejanas? 172

22. Regla 7: Exteriorice, materialice y manipule los problemas 177

Sepa en qué aspecto de su vida tiene los problemas
más complicados o urgentes 177
Sea consciente del tipo de ayuda externa que mejor le funciona 178

23. Regla 8: ¡Tenga sentido del humor! 182

QUINTO PASO: CAMBIE DE SITUACIÓN 185

Domine el TDAH en los ámbitos específicos de su vida 185

24. La educación 187

Sepa a qué se enfrenta 188
Prepare el terreno 190

Consejos para que le vaya bien en los estudios 193

25. El trabajo   198

Encuentre el trabajo adecuado para usted 199
Prepare el terreno para que le vaya bien en el trabajo 207
Recupere las ventajas de las que le priva el TDAH 208

26. El dinero   211

Por qué los asuntos económicos le resultan un
reto… y qué puede hacer al respecto 212
Tome el control de su dinero 215

27. Las relaciones con las personas   219

Cuando sus emociones le hacen perder el control 220
Cuando el TDAH le deja sin conciencia de sí mismo 221
Cuando el TDAH emborrona el guión de su vida 221
Parejas y cónyuges 222
Ser padres 224
Las amistades 228

Un peligro al volante y para su propia salud (los malos hábitos) 229

Conduzca de forma segura 230
Evite las heridas 235
Haga del sexo un asunto seguro 237
Reduzca los riesgos para su salud y los malos hábitos 238

Otros problemas mentales y emocionales 242

Trastorno negativista desafiante 243
Trastorno de la conducta o personalidad antisocial 244
Ansiedad 245
Depresión 246

Drogas y delitos 248

¿Qué le aporta consumir drogas? 249
Evite (o deje) la trampa de las drogas 254

Apéndice: Análisis pormenorizado de los síntomas del TDAH 255

Criterios oficiales para el diagnóstico del TDAH 255
Síntomas relacionados con la hiperactividad y la impulsividad: 256
Otros síntomas asociados con el TDAH en la edad adulta 256

RECURSOS 263

Fuentes de datos científicos 263
Lecturas adicionales 264
Páginas web 266
Centros especializados en TDAH 270

SOBRE LOS AUTORES 279